Alexander Osang
Ankunft in der neuen Mitte

W0052837

Alexander Osang

Ankunft in der neuen Mitte

Reportagen und Porträts

Ch. Links Verlag, Berlin

Die Deutsche Bibliothek – CIP-Einheitsaufnahme

Osang, Alexander:
Ankunft in der neuen Mitte : Reportagen und Porträts /
Alexander Osang. – 1. Aufl. – Berlin : Links, 1999
ISBN 3-86153-175-5

1. Auflage, März 1999
© Christoph Links Verlag – LinksDruck GmbH
Zehdenicker Straße 1, 10119 Berlin, Tel. (030) 44 02 32–0
Umschlaggestaltung: KahaneDesign, Berlin,
unter Verwendung eines Fotos von Maurice Weiss/Ostkreuz
Satz und Lithos: LVD GmbH, Berlin
Druck und Bindung: Friedrich Pustet, Regensburg
ISBN 3-86153-175-5

Inhaltsverzeichnis

Freitag nacht im Reich der neuen Mitte

Vorwort

Als ich aus dem U-Bahnhof Friedrichstraße ins Freie stieg, war alles wie immer. Es war ein Freitag abend im Januar. Gut, es war der letzte Januar dieses Jahrtausends, und dies war die Mitte Berlins. Aber daran habe ich wirklich nicht gedacht. Noch nicht.

Die Würfelhäuser fügten sich, die Straße wurde fertig. Im Kulturkaufhaus Dussmann bewegten sich die Abendkunden langsam zwischen den bunten Bücherregalen, die Straße glänzte feucht, die Autos dampften in der Enge. Hinter der S-Bahn-Brücke, an der früher die rote Leuchtreklame des *Neuen Deutschlands* befestigt gewesen war, leuchtete jetzt das *Focus*-Logo. Auf den Stufen zum Tränenpalast, gleich neben der Wand, auf der ein hübscher nackter Frauenkörper einen Hechtkopf tragen muß, stand ein junger Polizist einem alten Trinker gegenüber. Der Trinker brüllte den Polizisten an, der Polizist wackelte unsicher. Der Tränenpalast sah aus, als habe er geschlossen. Das Glas der Türen schimmerte matt und schwarz, aber sie waren offen. Meine Schritte hallten über den leeren, dunklen Gang. Hinter der Garderobe stand ein junger Mann, der mich mitleidig musterte, als ich eine Karte verlangte. Neben ihm lag ein Stapel weißer Blätter, die alle mit der gleichen Nachricht bedruckt waren.

»Leider findet heute Abend das ROCKHAUS-Konzert nicht statt; Grund: ROCKHAUS hat sich wegen innerer Querelen vorzeitig verabschiedet und hat das Konzert abgesagt!!! Ihr tRÄNENpALAST-Team«

Mein Tränenpalast-Team. Auch das noch. Ich war von Teams umzingelt. Kindergärtnerinnenteams. Kantinenteams. Zugbegleiterteams. Im letzten Sommer stand eine Frau vom »Jugendgesundheitsteam Mitte« vor unserer Wohnungstür. Sie hatte »Informationen rund ums Baby« dabei. Team klang beunruhigend. Es klang wie: Wir stehen hier, und du stehst da, und so wie es aussieht, bist du allein. Kollektiv hörte sich wenigstens so an, als sei es nicht ernst gemeint. Ach Scheiße, ich hatte Rockhaus sehr gemocht. Vorzeitig verabschiedet! Wahrscheinlich hielt das Tränenpalast-Team das für witzig.

Aber die Zettel für das Rockhaus-Konzert bezogen sich auf morgen. Bereits gestern war ein Konzert ausgefallen, das von André Herzberg. Heute abend sollte er aber auftreten. André Herzberg war der Sänger der Rockband Pankow. Vielleicht die beste Band, die die DDR hervorgebracht hatte. Pankow hatte sich vor ein paar Wochen aufgelöst. Vorzeitig verabschiedet. Herzberg war der letzte der Mohikaner. Ich zahlte 25 Mark für die Karte und ließ vorsichtshalber die Jacke an.

Vor der Bühne standen ein paar silberfarbene Stühle und Metalltischchen, auf denen Getränkekarten lagen. Die meisten Tische waren unbesetzt. Aus den Lautsprechern lief das Hauff-Märchen »Zwerg Nase« von einer knisternden Litera-Schallplatte. Es waren 26 Gäste da. Herzbergs blonde Managerin zählte nicht und ich eigentlich auch nicht. Blieben 24. Ich holte mir ein Bier und setzte mich hinter ein älteres Paar, das aussah, als sei es vom Weg in den Friedrichstadtpalast abgekommen. Vor der Frau stand ein buntes Mixgetränk, aus dem ein glitzernder Strohhalm ragte, der Mann trug eine exakte schlohweiße Frisur, ein kleinkariertes Jackett und hatte die Beine übereinander geschlagen. Vielleicht war ich ja auch falsch. Vielleicht würden dort vorn gleich ein paar Nackttänzerinnen erscheinen.

Wahrscheinlich ahnte ich jetzt, daß es doch der letzte Januar des Jahrtausends war. Die letzten Tage.

»Strange Days« hieß der Film, den James Cameron vor »Titanic« gemacht hatte. Fremde, verückte, irre, unwirkliche Tage. Die letzten Tage des Jahrtausends in Los Angeles. »Silvester 1999. Ein schlechter Tag zum Sterben«, hatte auf den Filmplakaten gestanden. Ich hatte nie verstanden, was das bedeuten sollte. War nicht jeder Tag ein schlechter Tag zum Sterben? Womöglich war Silvester 1999 besonders schlecht zum Sterben, weil man in der ganzen Aufregung nicht vermißt würde. Man starb unbemerkt.

Im Oktober hatte mich Herzberg gefragt, wie man seinen Tod in die Zeitung kriegen könnte. Er wollte für die Öffentlichkeit sterben, ein paar Wochen untertauchen und im Januar wieder auferstehen. Wahrscheinlich hatte er an Kurt Cobain gedacht, an Gerhard Gundermann. Oder wenigstens an Kunzelmann, den verschollenen Kommunarden. Und er hatte wohl auch daran gedacht, daß dies eine letzte Chance sein könnte. Es war in den vergangenen Jahren nicht so besonders für ihn gelaufen. Wir hatten in seiner Küche gesessen, Herzberg hatte die Details seines Todes diskutiert, seine Augen hatten geleuchtet, und ich hatte nicht den Mut gehabt, ihm das auszureden. Es ist ein Traum, anderen dabei zuzusehen, wie sie um dich trauern. Wie Huck Finn es konnte. Ich wäre nie auf die Idee gekommen, daß sie nicht trauern würden.

Vielleicht hat Herzberg diese Möglichkeit dann doch in Betracht gezogen. Er war jedenfalls nicht gestorben. Er stand jetzt hinter der Bühne und wußte wohl, daß es wieder nicht voll geworden war. Es war der dritte von vier Abenden, an denen er sein neues Programm vorstellte. Die Premiere war noch gut besucht gewesen. Gestern hatte er den Auftritt ausfallen lassen, weil nur 25 Leute da waren. Einer mehr als heute. Herzberg fragte sich vielleicht, woran das lag. Warum, zum Teufel, verstanden sie ihn nicht? Dann zog er den Bauch ein, vergaß das alles und ging raus.

Ich sah, wie sich Herzbergs Managerin zu einem Seitenausgang schlich. Ich wäre ihr gern gefolgt. Ich hatte das Gefühl, zurückgelassen zu werden. Zurückzubleiben. Das ist kein gutes Gefühl, vor allem nicht, wenn man sich gerade in der Mitte Berlins befindet.

»Ich will dabeisein«, sang Herzberg eine gute halbe Stunde später. »Dabeisein, dabeisein.« Er hatte eine bunte Federboa um den Hals, in seinen Augen flimmerte der Irrsinn, und er hatte verdammt recht. Auch wenn es nur 25 Leute hörten.

Ein Freund von mir bewahrt einen Artikel einer unbedeutenden Zeitschrift auf, in dem er als geistiger Kopf der neuen Mitte geführt wird. Als einer der geistigen Köpfe, um genau zu sein. Einer von vielen geistigen Köpfen. Vätern. Gründern. Gründervätern. Eine Liste von Menschen, die in Berlin arbeiten, sie könnte aus Katalogen, Telefonbüchern und Impressen zusammengeschrieben worden sein, eine zufällige Visitenkartensammlung, die der Autor nach einer zweiwöchigen Haupstadtfeuilletonrecherche in seinen Jackettaschen fand, die Gästebücher eines literarischen Salons und einer Volksbühnenpremiere oder was weiß ich. Und mittendrin taucht plötzlich mein guter alter

Kumpel auf. Er hat die Stelle mit Leuchtstift markiert. Der Zeitungsausriß ist schon etwas abgegriffen. Er liegt seit Monaten scheinbar achtlos auf seinem Schreibtisch herum. Immer ist ein Zipfel zu sehen, bei Bedarf zieht er ihn hervor. Eine Trumpfkarte.

Nicht, daß mein Freund wüßte, wo sie liegt, diese neue Mitte. Keiner weiß das. Aber es ist gut dabeizusein. Neue Mitte klingt nämlich so, als sei dort nur begrenzt Platz. Eine Art erster Klasse. Eine Insel. Ein Hochstand, von dem man ohne Hast und Angst auf die alte Mitte herabsehen kann und auf die Außenränder, die am Horizont verschwimmen. Die S-Klasse im Land. Der Rolls Royce unter den Mitten. Jeder will dabeisein, wenn sich die neue Mitte findet.

Ein Sog geht von ihr aus. Oder ein Druck. Je nachdem. Die neue Mitte ist Zeit und Raum und Chance. Sie ist hier, ganz in der Nähe, und sie ist jetzt.

Das Jahrtausend geht zu Ende, in Berlin wächst ein neues Zentrum heran. Europas Zentrum, wenn nicht das der Welt. All diese Bilder einer explodierenden, glänzenden Metropole, die man aus dem *Stern* klappen konnte. Die Infobox am Leipziger Platz, groß, aber schon als Provisorium gebaut, wie der ganze Potsdamer Platz nur ein Übergangsphänomen zu sein scheint. Aufgebaut als Kulisse für irgendeinen Hollywoodfilm, in dem Kometenhagel, Wirbelstürme oder die Faserraketen der Außerirdischen die Innenstädte zerplatzen lassen. Schröder ist der richtige Mann, um am Independence Day in den Düsenjäger zu steigen. Lächelnd zum letzten Gefecht. All die Poster und doppelseitigen Illustriertenbilder der letzten Monate lassen darauf schließen. Die Arme V-förmig gespreizt, Zeige- und Mittelfinger bilden zwei weitere Sieges-V, dahinter die rote, aufgehende Sonne, eher japanisch als sozialdemokratisch, und schließlich das Gewinnergrinsen. Man muß da mit, oder man wird überrollt. Im vorigen Sommer machte ich die Zentrumsschiffsfahrt mit der Weißen Flotte. Als wir mit dem kleinen Dampfer an der Regierungsbaustelle vorbeidümpelten, kam ich mir vor wie Sam Neill bei seiner ersten Fahrt durch den Jurassic Park. Was ich sah, schien so beängstigend, so unbeherrschbar. Und gleichzeitig so großartig, so gewaltig. Wenn ich an der Baustelle des Außenministeriums vorbeifahre, denke ich an Joschka Fischer. Wie fühlt man sich, wenn man diese riesigen Kasten sieht, die für einen gebaut werden? Ich könnte kein Auge mehr zumachen. Vor Aufregung und vor Angst.

Mein Blick hetzt durch Artikel, die die Hoffnungs- und Führungskräfte der neuen Mitte auflisten, die die Generation Berlin benennen. Ich würde zwar keine Funktion übernehmen wollen, ich wäre lieber Hoffnungs- als Führungskraft, aber ich wäre gern dabei. Ich hätte gern einen Platz, ein Ticket. Irgendeine Stange, an die ich mich klammern kann, wenn es richtig losgeht. Bis jetzt hat es noch nicht geklappt, aber ich will nicht undankbar sein. *Radio Eins* hat kürzlich angefragt, ob ich ihnen die beste Single, den besten Sänger und die beste LP aller Zeiten für eine Art Prominentenhitparade nennen könnte. Ich konnte mich nicht entscheiden, aber ich wurde gefragt. Es ist gut, gefragt zu werden. Ich fürchte nur, daß man irgendwann mal eine Antwort braucht. Eine mir unbekannte Hamburger Zeitschrift wollte von mir einen Text mit dem Titel »Die Rückkehr der Edelfedern« haben, den ich nicht schreiben konnte, weil ich gar nicht bemerkt hatte, daß sie weg waren, die Edelfedern. Aber sie hielten mich in Hamburg für kompetent, die Bewegungen der Edelfedern zu beurteilen. Und ich bin einer von den 99 Köpfen dieses Jahres, die das Berliner Stadtmagazin *Zitty* auswählte. Meret Becker ist auch dabei. Aber auch Kunzelmann, der scheintote Provokateur, was mich etwas beunruhigt.

Mein Verleger Christoph Links ist Mitglied der »Generation Berlin«, die der *Tagesspiegel* zusammengestellt hat. Das ist natürlich besser. Erst recht, wenn man weiß, daß der *Tagesspiegel* die Serie »Generation Berlin« nach nur zehn Teilen eingestellt hat. Christoph Links ist einer von zehn. Das ist fast so was wie ein ewiger Weltrekordhalter. Ein Uwe Hohn der deutschen Hauptstadt. Die glorreichen Zehn. Sie reiten wieder. Aber Links zuckt nur mit den Schultern, wenn man ihn daraufhin anspricht. Ich fürchte, er weiß es nicht zu würdigen.

Vor einem knappen Jahr war eine Frau von der *Zeit* in der Stadt, um ihre »Generation-Berlin«-Mannschaft zusammenzustellen. Sie hat sogar die Restaurants genannt, in denen die »Generation Berlin« zusammenhockt. Mich würde interessieren, welche Shampoos sie benutzt, welches Olivenöl und welche Schneider. Die Recherchen der Hamburger Kollegin ergaben, daß sich die »Generation Berlin« in Touristenkneipen trifft. Sie ist demnach neu in der Stadt. Aber wie lange bleibt sie?

Scheidet man aus, wenn man die Stadt verläßt? Ruht die Mitgliedschaft, wenn man zwar in der Stadt wohnt, aber bei einem auswärtigen Arbeitgeber beschäftigt ist? Oder ist es vor allem eine Frage des Alters? Wann entwächst man der »Generation Berlin«? Trifft für sie zu, was mein ehemaliger Chefredakteur Michael Maier über erfolgreiche Journalisten gesagt hat? »Unter Vierzig sollten sie schon sein«?

Ich hätte Roß fragen können.

Der Sachbuchredakteur und -autor Jan Roß gehörte damals zum »Generation«-Team. Er schrieb für die *Berliner Zeitung*, ist inzwischen aber zur *Zeit* gewechselt, die in Hamburg erscheint. Ich weiß nicht, ob sein Platz am »Generation-Berlin«-Tisch dadurch freigeworden ist.

Ich traf Jan Roß vor kurzem auf dem CDU-Parteitag in Bonn. Er schwebte die Treppe zum Großen Saal des Konrad Adenauer Hauses empor. Roß gehört zu den Menschen, die beim Laufen nur die Beine bewegen, während der Oberkörper aufrecht bleibt, als rolle er auf Rädern durch die Gegend. Er wirkt dadurch sehr unabhängig, sehr entschlossen. Er bremste kurz vor mir und erzählte etwas, das aus seinem letzten Leitartikel hätte stammen können, während er die abgewählten CDU-Politiker belustigt musterte. Ich schwieg, nickte und versuchte, so zu gucken, als würde ich begreifen, worum es ging. Wir sprechen irgendwie nicht dieselbe Sprache. Roß dachte wahrscheinlich über die Funktion einer christlichen Volkspartei im nächsten Jahrtausend nach, ich bedauerte den ehemaligen Minister Rüttgers, der ganz allein in der Ecke stand. Das machte den Unterschied. Deswegen befand ich mich unter den 99 *Zitty*-Köpfen und er in der *Zeit*-Mannschaft. Später sah ich ihn auf eine junge, hübsche Frau einreden. Ich habe mich nicht erkundigt, wie er in die »Generation Berlin« geraten ist und ob er sich da wohlfühlt. Vielleicht hat man ihn gar nicht gefragt, ob er mitmachen will. Er ist ausgesucht worden wie Christoph Links oder Tom Tykwer. Aber wenn ich alles richtig verstanden habe, paßt Roß, ob er nun will oder nicht, rein äußerlich ganz gut dazu. Er trägt kleinkarierte Jacketts, eine altmodische Brille und eine Frisur wie Dieter-Thomas Heck. Ich habe nie einen Mittdreißiger erlebt, der mehr wie ein Endvierziger aussieht. Der Witz ist, Roß würde das wahrscheinlich als Kompliment auffassen.

Ich glaube, daß die »Generation Berlin« gern älter aussehen möchte, als sie ist. Sie kann komplizierte Fragen schnell beantworten. Sie lächelt weise. Vielleicht ist das sogar ihr wesentlichster Zug. Dieses nachsichtige, weise Lächeln. Sie ist ohne Zweifel. Wenn ich ein »Neue-Mitte«-Team nominieren müßte, wäre Mathias Döpfner auf jeden Fall dabei. Döpfner ist ein Jahr jünger als ich, war aber schon Chefredakteur bei drei Zeitungen. Zuerst leitete er die *Wochenpost*, dann die *Hamburger Morgenpost*, gerade ist er bei der *Welt*. Ich kenne ihn von Partys einer Freundin, ein jungenhafter, schlaksiger Mensch, der lustig sein kann. Aber beim letzten Mal, es war ein Sommerfest in Brandenburg, begann er schon so zu reden, als sei er in die Zeitmaschine geraten. So offiziell. So würdig. So pfeifenrauchermäßig. Ich glaube, er lief sogar ein bißchen steifer. Kurz danach übernahm er die *Welt*. Seitdem habe ich ihn schon zweimal im »ARD-Presseklub« gesehen. Beim ersten Mal saß er neben Johannes Gross, einem konservativen Publizisten. Einem sehr konservativen Publizisten. Gross verfaßt Aphorismen, was auch nicht für ihn spricht. Er ist klein und alt. Etwa doppelt so alt wie Döpfner und nur halb so groß. Aber im »Presseklub« sah es so aus, als seien sie zusammen zur Schule gegangen. Sie hockten auf der Parkbank wie zwei alte Männer, die jeden Nachmittag die Welt neu aufteilen. Beim zweiten Mal erschien Döpfner ohne Gross. Es ging um die Berliner Republik. Döpfner zitierte Gross, seinen Kumpel aus dem Altersheim, redete Zeugs und lächelte ein weises, nachsichtiges Lächeln, das überhaupt nicht jungenhaft war.

Es hätte auch um den Golfkrieg gehen können, die doppelte Staatsbürgerschaft, den Nasdaq-Index und die Konflikte zwischen 220er Daimler und 5er BMW, Martin Walser und Ignaz Bubis oder zwischen Bubis und BMW sowie Walser und Mercedes. Oder auch um den Konflikt zwischen der 68er und der 89er Generation, in den sich Döpfner vor ein paar Jahren noch als *Wochenpost*-Chef eingeschaltet hatte. Wenn er sich den Konflikt nicht sogar selbst ausgedacht hat. Die neue Mitte ist nicht so riesig, aber für jemanden, der innerhalb von fünf Jahren eine linke ostdeutsche Wochenzeitung *und* eine rechte westdeutsche Tageszeitung leiten kann, reicht der Platz immer. Was heißt schon links und rechts. Sie würden sich schon vertragen. Die neue Mitte ist wie geschaffen für Gerhard Schröder, Matthias Döpfner und Joschka Fischer. Wo immer sie ist, sie ist ein Platz für Streber.

Ein Platz für Männer, die staatsmännische Gesten ausprobieren und italienische Anzüge. Männer, die älter, würdiger und weiser sein wollen, als sie sind. Männer, die vergessen können, was sie gestern gesagt und gewünscht haben.

Als das Haus, in dem ich lebe, geplant wurde, stand es am Rand. Heute steht es in der Mitte. Demnach wohne ich in einer neuen Mitte.

Vor vier Jahren konnte ich aus meinem Küchenfenster noch das Brandenburger Tor sehen. Es waren oft Fotografen bei uns zu Gast. Als die European MTV Awards vergeben wurden, hatten wir fremde Kameraleute zu Besuch. Sie filmten vom Balkon vor unserer Küche das Zelt, das über das Tor gebaut wurde. Marusha aus Berlin war nominiert, aber Mariah Carey kriegte den Frauenpreis, obwohl sie aus Amerika kommt. Wenig später verhüllte Christo den Reichstag, was ebenfalls gut aus unserem Küchenfenster zu beobachten war. Es kamen noch mehr Fotografen, Hubschrauber schrabbten im Morgengrauen über unser Schlafzimmer, wir wohnten für ein paar Wochen im Herzen der Welt. Danach begannen sie, das Hotel Adlon zu bauen. Jetzt sehe ich, wenn ich mich auf die Zehenspitzen stelle, noch ein Stück von der Kuppel des Reichstages. Es ist in Ordnung so. Ich mag das Grün der Dächer. Ich mag Straßen und Häuserschluchten. Ich finde Freiflächen häßlich. Ich empfinde keine Nachteile. Ich sehe die Charité aus meinem Küchenfenster, die Komische Oper, die Europafahne auf dem Adlon-Dach, die deutsche auf dem Bildungsministerium und die des Zaren auf dem Dach der russischen Botschaft.

Ich habe Schallschutzfenster, und ich wohne oben. Im zweiten Stock haben sie die Behinderten untergebracht.

Meine Wohnung wurde im Sozialismus geplant und im Kapitalismus gebaut. Zwischen den Gesellschaftsordnungen haben sie notdürftig den Grundriß verändert. Meine Wohnung hat jetzt weniger, aber größere Räume, und sie hat eine große Küche mit Fenster. Ich habe den Hausmeister gefragt, wer hier ursprünglich wohnen sollte. »Diplomaten und Künstler«, hat er gesagt. Keine Ahnung, ob das stimmt. Er hat mir damals auch gesagt, daß hier bald der Ku'damm des Ostens entstehen wird. Und er vergißt nie, mich an seine Dienstzeiten zu erinnern, wenn ich ihn brauche. Er ist ein Berliner Hausmeister.

Ich weiß nicht, ob die Behindertenwohnungen auch schon im Sozialismus geplant worden sind. Sie liegen im zweiten Stock, was mir logisch erschien, weil es nicht so weit war bis nach unten. Ich habe mit der Zeit begriffen, daß es dem Rollstuhlfahrer egal ist, ob er im siebten oder im zweiten Stock wohnt, wenn der Fahrstuhl nicht funktioniert. Außerdem ist es auch mit Fahrstuhl schwer genug. Einer der Mieter aus dem zweiten Stock lag manchmal unten vor den Briefkästen auf einer kompliziert aussehenden Trage. Zwei Krankenhelfer diskutierten darüber, wie sie ihn am besten in den Aufzug bekämen. Der Mann, ein großer Herr mit dunklem Bart und Brille, lag still daneben. Sie redeten, als hätten sie ein sperriges Möbelstück zu verstauen. Und es war auch so. Manchmal warteten sie mit ihrem Patienten darauf, daß der Hausmeister ihnen die Tür öffnete, die den Fahrstuhl vergrößerte. Ich war immer ein wenig verstimmt, wenn ich ihnen im Flur begegnete, weil es bedeutete, daß ich laufen mußte. Sie hielten mich auf. Das war noch nicht alles. Wenn sich die Fahrstuhltür im zweiten Stock öffnete, schwappte immer auch Gestank in die Kabine. Es gab zwei Wohnungen und einen Müllschlucker in der zweiten Etage. Den einzigen Müllschlucker des Hauses.

In einer der Wohnungen lebte der große dunkle Mann, in der anderen eine verkrüppelte junge Frau mit zwei kleinen, fies aussehenden Hunden. Es stank, es gab Hunde, ich war nicht besonders gerne hier. Ich kippte meinen Müll aus und machte, daß ich wegkam.

Eines Tages warf mein Sohn seinen Schuh aus dem Fenster. Einen winzigen Kinderturnschuh. Er landete auf dem Sonnenschutz über den Fenstern des Restaurants im Erdgeschoß. Auf der Behindertenebene. Von der Wohnung des sperrigen Mannes aus konnte man an ihn herankommen. Ich ging runter und klingelte. Eine müde aussehende Frau öffnete mir. Ich hatte sie nie mit dem Mann zusammen gesehen, auch das Mädchen nicht, das jetzt in ihrem Rücken auftauchte. Ich erzählte ihr von dem Schuh, sie führte mich in ein Wohnzimmer, in dessen Mitte der dunkle Mann wie aufgebahrt lag. Es war ein heller, sonniger Tag. Aber viel Licht schaffte es nicht bis in das Zimmer. Ich kletterte hinter die Gardine, öffnete das Fenster und angelte mir den Kinderschuh. Der Verkehr donnerte unter mir vorbei, es war sehr warm, drüben hoben sie die Grube für das Adlon aus, vom Restaurant stieg der Geruch gerillten Fleisches auf. Leben. Ich hatte den Schuh, ich wollte gehen.

»Die Lampe da habe ich noch selber angebaut«, sagte der Mann auf der Trage und zeigte schwach auf einen Leuchter an der Wohnzimmerdecke.

»Ach«, sagte ich. Das konnte höchstens vier Jahre her sein. Vor vier Jahren war der Mann, der jetzt wie eine heruntergeklappte Schranke in seinem Wohnzimmer lag, noch auf Leitern gestiegen.

Er habe Multiple Sklerose, sagte der Mann. Er erzählte noch ein bißchen von Bulgarien, wo er lange Jahre auf Montagebaustellen gearbeitet habe. Er habe die Krankheit schon damals gehabt, ohne es zu wissen. Vielleicht hätte man noch was machen können. Er erzählte von wissenschaftlichen Forschungen, von ersten kleinen Erfolgen, und ich sah die vielen medizinischen Fachzeitschriften und Bücher im Raum. Ich hätte gern etwas Aufmunterndes gesagt, aber alles, was mir einfiel, war »Lorenzo's Oil«, ein Film mit Susan Sarandon und Nick Nolte, den ich mal gesehen hatte. Weil ich aber nicht mehr wußte, wie der Film ausging, knetete ich den Schuh meines Sohnes und beschränkte mich auf Lächeln. Der Mann erzählte von medizinischen Details, seine Frau stand still in der Ecke. Irgendwie dachte ich, daß sie es genoß, auch mal »Besuch« zu haben und nahm mir vor, öfter vorbeizukommen.

Ich war nie mehr da.

Ich begegnete dem Mann und auch seiner Frau gelegentlich im Flur, aber sie behandelten mich immer wie einen Fremden. Und das war ich auch.

Vor etwa einem Jahr las ich im Anschlagkasten unseres Hauses, daß die verkrüppelte Frau mit den Hunden gestorben war. Sie war so alt wie ich gewesen, wir waren Nachbarn, ich ging zu ihrer Beerdigung. Vielleicht war ich auch nur neugierig. Es waren 20 Leute da. Die einzige, die ich kannte, war die Gemüsefrau aus unserer Kaufhalle. Vier der Trauergäste schienen eine ähnliche Krankheit zu haben wie meine Nachbarin. Es gab keine Rede, wir saßen stumm in einer kleinen Kapelle auf einem hübschen Friedhof in der Ackerstraße, dann drückte ein Mann in einem schwarzen Anzug »auf Wunsch der Verstorbenen«, wie er sagte, die Taste eines Kasettenrekorders. Es erklang »Candle In The Wind« in der Lady-Diana-Fassung.

Auf dem Nachhauseweg dachte ich an den Überlebenden der zweiten Etage. Der Verkehr unter seinen Fenstern war jetzt vierspurig. Inzwischen war das Adlon längst fertig. Sie hoben die Grube für die britische Botschaft aus. Es war bald wieder Sommer, und es gab immer noch keine Möglichkeit, die Multiple Sklerose zu heilen. Draußen raste und lärmte die Zeit durch die neue Mitte. Er war ihr näher als alle anderen, dort unten. Ich habe mir oft vorgestellt, wie es sein muß, den Aufbruch in eine neue Zeit aus dem Rollstuhl beobachten zu müssen. Wahrscheinlich spürt man in der neuen Mitte viel mehr, daß man sich nicht bewegen kann.

Vor ein paar Tagen stand im Anschlagkasten, daß der große dunkle Mann im Alter von 46 Jahren gestorben ist.

Es war, als sei er uns aus dem Weg gegangen.

Es ist ein halbes Jahr her, da rief mich der Schriftsteller Thomas Brasch an, um mir ein Projekt vorzuschlagen. Es rauschte und quietschte im Hintergrund, als stünde Brasch auf einer Kreuzung. Aber das war nicht der Fall, denn Brasch sagte, daß er jetzt erst mal die Fenster schließen müsse.

Es wurde leiser. Brasch kehrte zurück und erzählte, daß er die Zeit einfangen wolle. Er wolle einen Berliner Platz von verschiedenen Seiten beschreiben. Das klang gut. Aber noch nicht richtig schlüssig. Vor allem, weil Brasch offensichtlich immer wieder von neuen Gedankenblitzen getroffen wurde.

»Wir müssen was mit Nina und Meret machen, verstehst du«, brüllte er plötzlich.

Vielleicht war er auch betrunken. Ich weiß nicht. Er redete zunehmend wirres Zeug, aber manchmal hatte ich das Gefühl, ihn zu verstehen. Emotional zu verstehen. Er schien an der gleichen Sache interessiert zu sein wie ich. Die Stadt in dieser Zeit zu beschreiben, die wirkliche Welt. Und er schien wie ich immer weniger zu wissen, wo man anfangen muß. Wer die wichtigen Leute sind und warum. Alles war so beliebig. Es blieb beliebig. Wir kamen nicht weiter. Wir sprachen nicht dieselbe Sprache. Brasch redete, gelegentlich sprach er sogar die Interpunktion mit, ich war dennoch nicht in der Lage, mich an dem Gespräch zu beteiligen. Nach einer halben Stunde hatte wohl auch Brasch das Gefühl, auf eine andere Ebene wechseln zu müssen.

»Hör dir jetzt mal dit an«, sagte er, hantierte an einer Musikanlage und legte das Telefon dann offensichtlich neben eine Box. Es war Saxophonmusik. Gute Saxophonmusik. Ich hätte das gerne bestätigt. Aber Brasch kam nicht mehr ans Telefon zurück. Wir haben im Büro diese kleinen Displays an den Telefongeräten, die uns zeigen, wie lange so ein Anruf dauert. Ich saß eine gute halbe Stunde an meinem Telefon und hörte Musik. Im Hintergrund rauschte immer noch Verkehr. Ab und zu rief ich was ins Telefon. Ich konnte nicht auflegen. Ich war völlig hilflos. Irgendwann polterte es, Brasch kehrte ans Telefon zurück.

»Tut mir leid«, sagte er. »War eingeschlafen.«

Dann legte er auf. Es war klar, daß man etwas tun muß, sich bewegen muß. Vielleicht fing Brasch gerade damit an. Da draußen im Dunklen.

Nach dem Herzberg-Konzert ging ich hinter den Vorhang. Die Musiker standen in einem kleinen Kabuff und redeten irgendwas, um die Stille zu vertreiben. Die Bar war zu, die Gäste waren verschwunden. Ein Typ mit einem Pferdeschwanz rumpelte auf der Bühne rum. Der Pianist erzählte, daß bei der Premiere des Programms jemand mitten im Saal einen epileptischen Anfall bekommen hatte. Sie hätten Angst, daß einmal nur zwei Leute erschienen und einer von den beiden einen epileptischen Anfall bekäme.

»Der andere müßte Arzt sein«, sagte ich.

Sie kicherten. Schlimmer konnte es wohl nicht kommen.

In einem Coca-Cola-Kühlschrank mit einer durchsichtigen Tür standen vier kleine Becks, die wir austranken. Nach fünf Minuten bat der Typ mit dem Pferdeschwanz, fertig zu werden. Er gehörte offenbar zum Tränenpalast-Team. Als wir gingen, sagte er nebenbei: »Ach, Sonntag braucht ihr dann nicht mehr zu kommen.« Der Rauswurf. Das Ende kam zwischendurch. Die Tür stand offen. Irgendwo bedruckte wahrscheinlich schon jemand weiße Zettel mit der Nachricht: »Das Herzberg-Konzert heute Abend fällt aus!!!« Eine S-Bahn donnerte vorbei. Herzberg drehte sich langsam zu dem Typen mit dem Pferdeschwanz um. Dann sagte er: »Klar.«

Klar.

Bei Dussmann brannte jetzt die Nachtbeleuchtung. Herzberg erzählte, daß er noch nie mitbekommen habe, *wie* tot die Gegend hier wirklich sei. Eine Entschuldigung, wofür auch immer. Was sollte man dazu sagen? Mir fiel ein, daß ich vor über zehn Jahren als Zeitungspraktikant einen Lokalbericht darüber geschrieben hatte, wie mitten in der Nacht die gußeisernen Sonnen auf die Weidendammer Brücke montiert wurden. »Mitten in der Nacht ging über der Spree die Sonne auf«, war die Überschrift. Ich war damals sehr stolz darauf. Und dann fiel mir noch ein, wie schick ich das zweistöckige Gebäude mit der Kaufhalle vor dem Handelszentrum einst fand. Und wie billig es heute wirkte, obwohl es sich nicht verändert hatte. Aber das paßte alles nicht.

Wir fuhren mit der Straßenbahn in die Oranienburger Straße und gingen in eine Kneipe in der Tucholskystraße, die Keyser Sozi hieß. Ich kannte sie nicht, und sie konnte wohl auch noch nicht so alt sein, denn Keyser Sozi war eine Figur aus einem guten amerikanischen Kriminalfilm, der erst vor drei Jahren in die Kinos gekommen war. »Die üblichen Verdächtigen«. Die Kneipe war voller schöner Menschen.

Wir stellten uns an einen Tisch neben der Tür zu zwei Mädchen und einem Jungen, die sich auf französisch unterhielten. Seit ein paar Tagen galt der Euro. Der Countdown lief. Die Zeit drückte und die Stadt. Herzberg erzählte, wo er das Programm noch verbessern müsse. Ich sah ihn an. Er war der beste Rocksänger des Ostens. Ein Star. Ich kannte die Texte auswendig. Er war aus Gold, als er in der überquellenden, schwitzenden Leipziger Moritzbastei zu uns runterrief: »Wir wollen anders sein!« Ein Held. Ich habe Pankow Platten bei geöffnetem Fenster in voller Lautstärke gehört, in der irrwitzigen Hoffnung, daß ein Bandmitglied unten auf der Straße entlangläuft und lächelt. Ich wollte zu ihnen gehören. Ich wollte ihnen mitteilen, daß ich anders sein wollte. Genau wie ich Karl Marx gern ausgerichtet hätte, daß sich Produktivkräfte und Produktionsmittel im gewünschten Verhältnis befinden und es bei uns eine Allee gibt, die nach ihm benannt ist. Damals dachte ich allerdings auch noch, daß ihn das gefreut hätte.

es wird winter / es wird hart / zeit zu gehen / wer jetzt bleibt, der muß wissen / es wird hart, sang Herzberg vor vier Jahren.

Er blieb.

Die Bands waren gestorben, die Werte schwankten. Honecker war ja schon lange tot, aber jetzt war auch noch Kohl im Ruhestand. Es gab Schroder. Alles rutschte auf die Mitte zu. Die Grünen, die Sozialdemokraten, die Ostler. Zehn Jahre Wende, ach ja. Die alten, immergleichen Geschichten. Unser Spiel war vorbei, unser Vorschuß war weg. Es sah aus, als würde es langweilig werden. Die emotionalsten Augenblicke hatte ich im Kino oder wenn ich mir alte Springsteen-Platten anhörte. Das Jahrtausend wechselte, die Regierung kam, aber die Spannung war weg. Ständig las ich etwas von Aufbruch, aber die Leute, die ihn beschrieben, meine Leute, waren alle längst angekommen. In ihren Leben ging es nur noch um Wohnungen, um Aktien, Landhäuser, Urlaubsorte, Schuhe, Autos, Eheverträge, Mäntel, Jahresgehälter, Abfindungen, Scheidungen und Korrespondentenplätze. Aber nie direkt, immer verbrämt. Anders sein auf hohem Niveau. Andere Schuhe. Andere Autos. Neulich war ich auf einer Party eines Westkollegen, der sich sicher für unangepaßt hält. Er raucht filterlose Zigaretten, trägt derbe Schuhe und läßt, im privaten Rahmen, das Hemd aus der Hose baumeln. Er lebt in einer riesigen, wunderschönen Wohnung in Friedrichshain. Er habe sich in all den Jahren im Westen nie so richtig zu Hause gefühlt, sagte er mir, während wir die hohen Räume abschritten. Erst hier im Osten fühle er sich unter seinesgleichen. Ich nickte ernsthaft. Er wollte nett sein und auf der richtigen Seite. Wie ich. Wir standen auf abgezogenen Dielen im Niemandsland. Dies war weder Osten noch Westen, wie auch wir weder Ostler noch Westler waren. Wir bezogen beide Jahresgehälter, über die wir nicht mehr öffentlich redeten. Und machten Konversation.

Es gab keine richtige Seite. Oder ich sah sie nicht mehr, weil ich die Seiten zu oft gewechselt hatte. Vielleicht war alles zu schnell gegangen in den letzten Jahren. Vor zehn Jahren war Markus Wolf noch ein Hoffnungsträger. Heute war er vogelfrei. Vor drei Tagen titelte der *Spiegel*: »Wolfs letztes Geheimnis«. Ich hörte irgend etwas einrasten. Es klang wie eine Weiche.

Ich sah Herzberg an. Er redete von Buch- und Theaterprojekten. Es schien nicht so, als würde er sich unterkriegen lassen. Es sah auch nicht danach aus, als würde er sich von Zeit und Stadt unter Druck setzen lassen. Er kannte die neue Mitte und die »Generation Berlin« nicht. Er kannte die Listenmacher nicht. Er kannte ihre Bestsellerlisten nicht. Er hatte sich nie auf ihr Spiel eingelassen. Das schützte ihn, und es schadete ihm. Mein Mitleid versickerte. Wir sollten hier verschwinden. Aber so funktionierte das nicht. So funktionierte das nie. Wir waren einfach zu verschieden.

Herzberg blieb noch, ich lief los. Er wollte noch ein Bier trinken. Ich wollte die letzte Bahn nicht verpassen.

Die Poesie des Kommerzes

*Ein einsamer Tango, ein verhinderter Puff,
ein ratloser Russe, ein lila Flur. Die Friedrichstraße ist
länger als das Lafayette. Und anders.*

Eberhard Diepgen steht in kaltem, weißem Licht. Er steht auf
einer Bühne, und über ihm türmen sich in einem gläsernen Kegel fünf Ringe Menschen. Notdürftig toupierte kahle Stellen am
Hinterkopf, herausgewachsenes Blond, zurückgegelte Locken.
Dreitagebärte, Jacketkronen, solariumgegerbte Dekolletés, zu-
geschminkte Falten. Die Berliner Wirtschaftsschickeria und ein
paar versprengte Prominente vom Kaliber des Porträtzeichners
Oskar, der früher immer bei »Dalli-Dalli« auftrat. Rolf Eden, der
Playboy, ist auch da, und natürlich sind Kommunalpolitiker zu-
gegen. Die Menschen in den gläsernen Ringen laufen nach oben
hin spitz zu und produzieren ein summendes Geräusch aus klir-
renden Champagnergläsern, Tuscheln und gedämpftem Lachen.
   Licht mischt sich mit Leben. Das war die Idee des Glaskegels.
Das war die Idee des französischen Architekten, der wenig später, nachdem er verkündet hat, daß ihn »die Poesie des Kommerzes« beeindrucke, ins nahegelegene Borchard fliehen wird,
um mit Wim Wenders zu essen.
   »Es ist ein wichtiger Tag«, sagt Eberhard Diepgen in den sum-
menden Glaskegel. »Und es ist ein schöner Tag.«

Ein paar Meter entfernt sitzt Otto Metzler-Hadrich an einem
Tisch, der mit billigem Furnier beklebt ist, auf einem Stuhl, der
mit fadenscheinigem Tuch bespannt ist, raucht eine HB und
sieht die Sache etwas anders als sein Regierender Bürgermeister. Vielleicht ist das ein wichtiger Tag. Aber auch ein schöner?
   In seinem Rücken tanzt ein einsames Paar einen langsamen
Walzer. Otto Metzler-Hadrich ist Tanzlehrer und 71 Jahre alt,
seine Tanzschule zog 1957 hier in der Friedrichstraße ein. Sie
ist eines der ältesten Geschäfte der Straße, aber zur Lafayette-
Eröffnung haben sie Otto Metzler-Hadrich nicht eingeladen.
»Die kleinen Geschäftsleute sind ihnen wohl zu piefig«, grum-
melt er.

Nicht, daß er gegen den Fortschritt wäre, um Himmels willen, nein, aber er findet es schon komisch, daß drüben auf der anderen Straßenseite die großen Glaspaläste aus der Erde wachsen und er hier nicht mal eine ordentliche Heizung hat. Otto Metzler-Hadrich drückt die Reste seiner HB zu den anderen Kippen, stemmt sich hoch und läuft übers knarrende alte Tanzparkett, um die Risse in den Wänden zu zeigen, die schiefen Fenster und die uralten Elektroleitungen. »Kupfer auf Aluminium gibt Wakkelkontakte«, sagt er.

In der Ecke des Tanzsaales steht ein großer gelber Kachelofen. Für den muß er Kohlen schleppen, aber er funktioniert wenigstens. Ein Drittel seiner Wohnung ist überhaupt nicht beheizbar. »Dabei hatte das Haus früher sogar Zentralheizung«, sagt Otto Metzler-Hadrich. Die Leitungen sind noch da, nur eben keine Heizkörper. Es gibt auch einen Fahrstuhlschacht ohne Fahrstuhl. »Die haben hier nur ein paar Potemkinsche Rekonstruktionen an der Fassade gemacht, wie ich das nenne«, erklärt der alte Tanzlehrer. Das Paar tanzt einen Paso doble.

An den Wänden hängen Spiegel, Kunstblumengebinde und Urkunden seiner erfolgreichsten Tanzpaare. Herr und Frau Lehmann gewannen am 12. Mai 1968 das Berliner Amateurtanzturnier in der B-Klasse. Im September '69 waren sie sogar bei einem Schautanzen im Bolschoitheater. »Es kann ja nicht sein, daß die sich da drüben feiern, und ich habe hier Zustände wie 1945«, sagt Otto Metzler-Hadrich. »Schlechter als '45.« Das einsame Paar tanzt Tango.

Vor dem Lafayette stehen Menschen in Abendgarderobe auf roten Teppichen und rauchen. Die Polizei bewacht sie. Sie hat alle Straßen rund ums Warenhaus abgeriegelt, weil es Drohungen aus der autonomen Szene gab.

»Wo haben Sie denn Ihre entzückende Gattin gelassen?« fragt ein großer dicker Mann einen kleinen dicken Mann.

»In Florida«, sagt der Kleine. »Da ist sie aber zu beneiden«, sagt der Große und nickt mit dem Kopf leicht gequält zu dem Glashaus in seinem Rücken.

Licht mischt sich mit Leben. Das war die Idee. Was aber ist das Leben?

Otto Metzler-Hadrich

Das Lafayette ist offen. Ein Kaufhaus. Nur ein Kaufhaus. Nur? Irgendwie scheint es, als sei mit ihm eine ganze Straße zum Leben erwacht. Zumindest aber der Abschnitt zwischen Leipziger Straße und Unter den Linden. Die Menschen laufen mit gereckten Hälsen an den glänzenden neuen Häusern vorbei, die da scheinbar über Nacht aus dem Boden gewachsen sind. Sie reiben sich erstaunt die Augen. War hier nicht gestern noch ein großes Loch? Und jetzt das. Schrecklich. Wunderschön. Kalt. Ästhetisch. Protzig. Großstädtisch. Der Ku'damm stirbt. Der Ku'damm lebt. Eine komische Straße.

»Schreiben Sie, wir versprechen uns viel vom Lafayette-Kaufhaus«, erklärt Katrin Schenke, die Chefin des berlin-cosmetik-Ladens in der Friedrichstraße. »Belebung der Straße und das alles. Sie wissen schon. Eine Konkurrenz für uns ist das eigentlich nicht, weil die ja nur französische Produkte in ihrer Parfümerie anbieten. Wir haben hier Berliner Produkte, die sind natürlich preiswerter. Und eben aus Berlin. Wir sind in diesem historischen Gebäude schon gut aufgehoben. Ostprodukte werden ja oft so ein bißchen stiefmütterlich behandelt, da ist es wichtig, daß wir an so repräsentativer Stelle liegen. Schreiben Sie die Hausnummer auf? Wäre schön. Weil wir Werbung gebrauchen können. Als *B 1* mal einen Bericht über uns gebracht hat, da haben wir ein ganzes Jahr von gelebt. Silke, bestellst du mal was zu essen? Also hier in der Straße kriegt man ja nichts, und die Buletten vom Imbiß nebenan, die hängen mir wirklich schon zum Hals raus. Wir haben da einen Chinesen in der Linienstraße, der auch liefert, also das ist in Ordnung. Wichtig ist, daß Sie schreiben, daß man bei uns eine Farbberatung für 60 Mark kriegt. Das sind zwei Stunden Arbeit. Da verlangen die Handwerker ja heutzutage mehr. Natürlich kostet der Farbpaß extra. Aber dafür machen wir in zwei Stunden einen Handwerker zum Manager. Oder sagen wir mal, einen Beamten zum Finanzierungsfachmann. Im Finanzierungsbereich darf man nämlich nicht aussehen wie ein Kanarienvogel. Im Finanzierungsbereich trägt man Grau oder Blau, auf keinen Fall aber Braun. Braun ist negativ vorbelastet. Historisch, Sie verstehen schon. Sind das schon die Chaoten da draußen, Silke?«

Katrin Schenke gönnt uns eine kurze Verschnaufpause, in der sie durch die Scheiben ihres Geschäftes auf die Friedrichstraße schaut. Aber es sind keine Steinewerfer zu entdecken. Nur Journalisten, Kameraleute, Polizisten und Bauarbeiter.

Wo waren wir stehengeblieben?

»Wichtig ist, und so beginne ich jede meiner Beratungen, daß es für den ersten Eindruck keine zweite Chance gibt«, sagt Katrin Schenke. »Und für den ersten Eindruck hat man nicht mehr als sieben Sekunden Zeit.«

Ob man den Satz, mit dem Katrin Schenke immer ihre Beratungen beginnt, auch auf Dinge anwenden kann? Auf Zimmer, Häuser, Städte? Oder Straßen? Sieben Sekunden Friedrichstraße könnten dann eine Baugrube sein, in die man stolpert. Oder ein Stoppschild. Oder ein Polizist, der einem erklärt, daß man hier nicht weiterlaufen darf, weil da hinten ein Kaufhaus eröffnet wird. Eine Staubwolke. Ein Preßlufthammer. Sieben Sekunden Eberhard Diepgen, und die Friedrichstraße hätte verloren. Das wäre ein bißchen ungerecht. Und glücklicherweise räumt Katrin Schenke jetzt ein: »Natürlich kommt es auch auf die inneren Werte an. Persönlichkeit und so was.«

Seit gestern nagen die Bagger am Casino. Im April soll es weg sein. Der schwarze Glasklumpen an der Ecke zur Leipziger Straße war das letzte Zeugnis der DDR-Pläne, die Friedrichstraße in eine Vergnügungsmeile zu verwandeln. Ein verspiegeltes Casino im Herzen der Hauptstadt, das hatte Ende der 80er Jahre in einem Land, wo man um Zehntel-Pfennige Skat spielte, schon was ziemlich Schlüpfriges. Aber Detlef Hänisch weiß noch mehr.

Hänisch ist 22 Jahre alt und Abrißarbeiter. Er steht in der ersten Etage des ehemaligen Casinos vor einem riesigen Kabelhaufen, den er und seine Kollegen aus der Ruine gezerrt haben. Es ist ein großer Raum, von dem Hänisch vermutet, daß er mal so was wie ein Kongreßzentrum werden sollte. »Erst hier Verhandlungen führen und später hoch«, sagt Hänisch und lächelt womöglich vielsagend, was man aber nicht so richtig erkennen kann, weil er eine Staubmaske trägt.

Wir balancieren auf geländerlosen, freischwebenden Treppen hoch in die zweite, dritte und vierte Etage, wo Detlef Hänisch die Spielsalons ansiedeln würde. Die Reste einer großen gläsernen Bar liegen auf dem Boden verstreut, von dem Hänisch vor kurzem das Parkett riß. »Richtich jutet. Eiche rustikal. Haben wir allet weggeschmissen. Is schon Wahnsinn«, sagt Hänisch, der aus Lichtenberg kommt. Worüber er sich gewundert hat, waren die vielen Bäder und kleinen Zimmer neben den Spielsalons. »Wofür brauchste denn wohl so ville Duschen beim Roulette«, sagt er und grinst jetzt ganz bestimmt unter seiner Staubmaske.

Der fünfte Stock zerstreut die letzten Zweifel über den Charakter der Veranstaltungen, die hier einmal stattfinden sollten, Hänisch nimmt die Maske ab.

Wir laufen durch ein einziges türkisches Bad, mit orientalischen Fliesen an der Wand, Whirlpools, Tauchbecken, zwei Saunen, vielen Ecken, Winkeln und einer gekachelten Bar, die sich quer durch den Raum zieht. Die Decken waren mit Stuck verziert, unter dem sich Lautsprecher verbargen. Die Fenster reichen bis zum Boden und geben einen Blick auf die Friedrichstraße, den Checkpoint Charlie, die Kuppel des deutschen Domes frei. Die Fenster sind halbverspiegelt, man kann nur rausschauen. Was für ein Ort. Nasse fette Bäuche und hängende Hintern zwischen wohlgeformten Klassenkämpferinnen, und irgendwo eine Schaltzentrale mit vielen Monitoren, an der mit feuchten Fingern Material zusammengeschnitten wird.

»Die Grenze nich weit weg, zwecks Devisen, und denn leichte Mädels, mit andern Worten, dit sollte ein richtiggehender Puff werden«, faßt Detlef Hänisch zusammen.

Die meisten Fenster fehlen bereits. Eine polnische Firma baut sie aus und nimmt sie mit. Wir schauen durch ein fensterloses Loch runter auf eine Terrasse, die zum Innenhof weist. Fünf Arbeiter schleppen ein großes Stück Dachpappe an den Terrassenrand und werfen es in die Tiefe. »Als wir hier im Januar mit der Entkernung anfangen haben, da hingen noch die ganzen Baulampen. Als hätten die dit Haus mitten in der Arbeit fluchtartig verlassen«, sagt Hänisch. In eine der bunten Fliesen ist das Produktionsdatum gebrannt. 1990.

Wie kauft man einen Mercedes?

Man läßt sich Zeit.

Etwa ein halbes Jahr dauert die Entscheidung bei Privatkunden. Geschäftskunden kaufen zügig und per Telefon, aber der Privatmann grübelt. Er kommt im Winter, wenn er im Sommer ein Auto kaufen will. Er kommt mit der Frau, er kommt mit der Tochter. Dann mit beiden. Dann wieder allein. Man erkennt ihn nicht an Jeans oder am Anzug, nicht an Mantel oder Intellekt, und die letzten acht Male vorm Kauf braucht er, um sich für eine Farbe zu entscheiden. Jedenfalls sind das die Erfahrungen, die Birgit Rückert gesammelt hat, die in der Friedrichstraße Mercedes-Autos verkauft.

»So ein Auto ist eine große Anschaffung. Das verlangt Überzeugungsarbeit bei der ganzen Familie«, sagt Birgit Rückert. Und das verlangt Fingerspitzengefühl. Für die Männer ist eher die Motorisierung wichtig, für die Frauen die Automatik. Bei Farbe kann man nicht viel sagen.»Ich habe gerade einen Kunden, der über den Zeitraum von sechs Wochen mit seiner Frau und seiner Tochter die Farbwünsche diskutiert. Jetzt ist er wieder bei der Anfangsfarbe. Da halte ich mich zurück.« Soviel aber kann gesagt werden: der Geschäftskunde bevorzugt dunkle Töne wie Blauschwarzmetallic oder Smaragdschwarz. Der Privatmann favorisiert Rosenholz oder Rubinrot. Ein Klassiker bei beiden Gruppen ist Brillantsilber.»Brillantsilber ist dankbar bei jedem Wetter.«

Das lange Grübeln des Mercedes-Käufers fällt im Mercedes-Haus in der Friedrichstraße besonders auf, weil hier nur relativ wenige Mercedes-Käufer aufkreuzen. Heute waren zwei »mit ernsthaftem Kaufinteresse« da. Im Durchschnitt verkauft Birgit Rückert ein bis zwei Autos im Monat. Oft kommen Leute rein, um zu fragen, wo man hier in der Nähe Kaffee trinken kann. Viele kommen, um nur zu gucken. Das merkt man daran, daß sie schnell an Birgit Rückert vorbei hinter zu den Autos gehen. Aber manchmal kommt eben lange Zeit gar keiner. Dann schaut Birgit Rückert durch die großen Fenster raus auf die Friedrichstraße und macht Blickbekanntschaften. Wenn einer drei-, viermal in den Laden geguckt hat, während sie gerade aus dem Laden rausguckte, dann grüßt man sich eben mit der Zeit.»Die Bauarbeiter kenne ich alle«, sagt Birgit Rückert.»Vor allem die Baggerfahrer.«

1991 hat Mercedes-Benz seine Niederlassung in der Friedrichstraße eröffnet, und Birgit Rückert glaubt schon, daß »die historische Präsenz« dabei eine Rolle gespielt hat. Aber die hat ihren Preis.»Allein den Kunden zu erklären, wie sie unseren Parkplatz finden, ist eine mittlere Katastrophe. Leipziger Straße hochfahren, dann links in die Glinkastraße, zweite Straße rechts in die Mohrenstraße, bis die Friedrichstraße kreuzt, da links rein, vorbei am Mercedes-Laden, links in die Taubenstraße, bis zur Baustelle, dann ist links die Schranke, wo sie reinfahren können, wenn sie an der Wechselsprechanlage mitteilen, daß sie zu Mercedes wollen. Es gibt praktisch keinen direkten Weg, uns zu erreichen. Weder von der Leipziger Straße noch von Unter den Linden.«

Birgit Rückert findet, daß sie im mit Abstand schönsten Mercedes-Laden von Berlin arbeitet. Sie hätte nur gern mehr zu tun. »Ich glaube nicht, daß man das Geschäft auf Jahrzehnte aus Prestigegründen halten wird. Irgendwann muß es sich rechnen.«

Jetzt, kurz vor Ladenschluß, kommt doch noch ein Besucher. Er geht schnell hinter zu den Autos. Wohl kein »ernsthaftes« Kaufinteresse. Birgit Rückert läßt ihm erst mal Zeit, bevor sie später vielleicht hinterhergehen wird, um den Mann in den Wagen zu setzen. Denn es kommt darauf an, »den Kunden in den Wagen zu kriegen«. Ich verlasse den Laden, Birgit Rückert nickt mir aus ihrem gläsernen Gefängnis freundlich zu. Wir sind jetzt Bekannte.

Es wäre interessant zu wissen, was der französische Lafayette-Architekt vom Haus der russischen Wissenschaft und Kultur hält. Der Kommerz ist nicht poetisch, er ist nicht mal da. Und Licht und Leben können sich nicht mischen, weil es kein Licht gibt und nur wenig Leben. Das graue Betonhaus macht sich trotzig zwischen den Hausnummern 176 und 179 breit. Im kleinen Schaufenster neben dem Eingang wirbt die Buchhandlung Raduga mit dem Stadtplan von Kiew, einer Videokassette der Donkosaken sowie Büchern von Jelzin, Gorbatschow und Lenin. Lenin ist am besten plaziert, Jelzin am schlechtesten. Das Haus gibt sich keine Mühe, besonders modern zu erscheinen. Das Haus der Wissenschaft und Kultur der Russischen Föderation ist so, wie sein Name klingt. Ein Überlebender.

Und es ist, auch wenn das etwas merkwürdig klingt, so was wie ein Zauberschloß. Sobald man es betritt, wird man verschluckt. Man geht vorsichtig durch das leere, großmäulige Foyer, in dem es viele Garderoben gibt, viele Holzverkleidungen und hinten in der Ecke ein paar verschämte Ölbilder mit russischer Landschaft, und drückt auf den Liftknopf. Man tritt ein, der Fahrstuhl rumpelt los und nimmt einen mit auf eine Zeitreise. Die Türen öffnen sich in der sechsten Etage, ein leerer, mit Linoleum belegter Flur, Neonlampen, viele Türen ohne Namensschilder. Manche sind verschlossen, aber manche lassen sich öffnen. Da sitzt ein Mann in einem großen Büro an einem leeren Schreibtisch.

»Wofür sind Sie hier verantwortlich?« frage ich.

»Für Wissenschaft«, sagt der Mann.

»Aha, und für welche Art Wissenschaft?«

»Nun«, sagt der Mann, »für alle Arten von Wissenschaft.« Und lächelt.

Ich denke an Dornröschen, mache die Tür leise wieder zu und lasse den Multiwissenschaftler an seinem verwunschenen Schreibtisch zurück.

Ein paar Zimmer weiter sitzt Sergej Shurawljow. Sergej Shurawljow hat Zeit. Natürlich hat er Zeit. Er muß nur noch schnell den kleinen Fernseher ausmachen, auf dem eine russische Sendung läuft. Sergej Shurawljow ist stellvertretender Direktor des russischen Kulturhauses und zur Zeit mit einer Analyse beschäftigt. Was für eine Analyse? »Eine Analyse der verschiedenen Tätigkeiten unseres Hauses«, erklärt Sergej Shurawljow. Und gibt es schon Ergebnisse? »Nun, ich muß sagen, ich habe mehr Fragen als Antworten«, gesteht der stellvertretende Direktor. In der Bücherwand stehen ein paar dünne Prospekte und sechs Telefonbücher. In der Ecke unter einem Kalender sitzt versteckt Pjotr Kudinow. Der ist eigentlich Botschaftsrat in Bonn, aber zur Zeit in Berlin, weil es ein Treffen gab. »Ein Treffen mit Organisationen aus 50 deutschen Städten«, sagt Pjotr Kudinow. Und wie er es sagt, hat man den Eindruck, daß ihm besonders die Zahl 50 wichtig ist.

Das Haus der Wissenschaft und Kultur steckt in finanziellen Schwierigkeiten. Die Personalzahl ist von ehemals 150 Leuten auf 65 Beschäftigte runtergeschraubt worden, und viele von denen sind auch noch Familienangehörige der offiziellen Gesandten. Man war gezwungen, das Erdgeschoß zu vermieten, weil es vom Zentrum für internationale Beziehungen aus Moskau kaum Unterstützung gibt. »Die Leiterin des Zentrums ist Valentina Tereschkowa«, sagt Sergej Shurawljow. Vielleicht ist es der Name der Kosmonautin aus guten Zeiten, der den Direktor ermutigt, nun einen Sack von Aktivitäten auszuschütten. Im Dezember machte das russische Wissenschaftsministerium eine Telekommunikations-Ausstellung, im Januar präsentierte sich das russische Hauptinstitut für Flugzeugmaterialien, und gestern gab der russische Sänger Leschenko ein Konzert. »Außerdem planen wir eine Russicholympiade. Und eine Fotoausstellung zum Thema Berlin aus den Augen der Ausländer«, sagt Shurawljow. Was die Fotoausstellung angeht, haben sie Eberhard Diepgen im Januar einen Brief geschrieben, in dem sie um Unterstützung bitten. »Er wird sicher bald antworten«, erklärt der Direktor optimistisch.

Vor seinem Fenster glitzern die Penthäuser des Quartiers 206. Wie sieht er denn Berlin? »Nun«, sagt Shurawljow. »Berlin ist nicht Deutschland. Deutschland ist gemütlicher als Berlin. Besonders als die Friedrichstraße.« Es sei sehr laut gewesen in den letzten Jahren, und sie haben von den Bauarbeiten 150 Risse im Haus, weswegen sie eine Million Mark Entschädigung von den Baufirmen haben möchten. »Aber die haben da eine andere Sehweise«, sagt Shurawljow traurig und erklärt sich bereit, ein paar Risse zu zeigen. Pjotr Kudinow begleitet uns.

Es ist ein großes Märchenschloß. Es gibt endlose Gänge und viele Aufzüge, die auf- und zuschnappen und wieder zu Gängen führen, die wiederum an Aufzügen enden und so weiter. Manchmal begegnen uns ein paar Menschen, aber selten. Es gibt viele Risse zu besichtigen, breite und schmale, lange und kurze. Zwischendurch führt Pjotr Kudinow stolz das Gästeappartement vor, in dem er zur Zeit wohnt. Es hat einen weichen lila Fußbodenbelag und eine Bauernecke vor der Küchendurchreiche. Es ist so gemütlich wie Deutschland.

Irgendwann stehen wir in der Wohnung von Sergej Shurawljow. Er lebt mit seiner Frau und seinen Kindern Oleg und Jelena in drei kleinen Zimmern. Oleg ist 17 und langweilt sich in Deutschland, Jelena ist 14 und muß aus Platzmangel im Wohnzimmer schlafen, dessen eine Wand sie mit Caught in the act-, Back-Street-Boys- und Bon-Jovi-Postern zugeklebt hat. »Die Jugend«, sagt Shurawljow verlegen. Von draußen dröhnt der Baulärm der Jägerstraße.

Ein paar Minuten später stellt Shurawljow uns Galina Forner vor, die den hauseigenen Klub Dialog leitet.

»Frau Forner war kürzlich Gast bei Herrn Weizsäcker«, sagt Shurawljow stolz.

»Ich war bei einem Empfang von Bundespräsident Herzog«, korrigiert Frau Forner leise.

»Nun«, sagt Shurawljow, »dann eben bei Herrn Herzog.«

Wenn man an einem klaren, sonnigen Morgen auf dem Dach des russischen Kulturzentrums steht, begreift man die Architektur dieser Straße. Eine schlichte, glänzende, großstädtische Eleganz mit ein paar ehrwürdigen Brüchen und ein paar Lücken. Es ist kühl und schön, Kräne schaukeln am staubigen Horizont, und man kann, wenn man bereit ist, die Metropole schmecken, die um uns wächst. Unter uns auf der Straße sind zwei kleine Punkte zu sehen, die mit einem Preßlufthammer die Schwelle des H+M-Geschäftes bearbeiten, während dort Hemden und Jacken eingeräumt werden. Die beiden Punkte sind Hardy Biermann und Georg Ryschka von der Tiefbaufirma August Nitze.

»Warum hacken wir denn die Schwelle noch mal auf?« fragt Georg Ryschka.

»Na, da kommen die Platten rin«, sagt Hardy Biermann.

»Was denn für Platten?«

»Dit weeß ick doch nich.«

E. O. Müller erreicht man über einen langen hellblauen Flur mit Turen, an denen »Eve + Rave e. V. Interregionales Projektbüro« oder »Dieter & Marina von Nordkontakt« steht. Wenn dann das Hellblau in Lila wechselt, ist man da. E. O. Müller sitzt im Vorstand des Hauses der Demokratie und gilt, vermutlich weil er die Zeitschriften *Forum Bürgerbewegung* und *Zukünfte* herausgibt, als jemand, der mit der Presse klarkommt. Es kann aber auch daran liegen, daß E. O. Müller eine beeindruckende Formulierung dafür gefunden hat, was das Haus der Demokratie für die Friedrichstraße ist.

»Das Haus der Demokratie ist das Augenzwinkern der Friedrichstraße«, sagt E. O. Müller, während er auf einer braun-gelb gemusterten Couch mit braunen Kunstlederarmlehnen lungert, die vor der lila Tür seines Büros steht. E. O. Müller liegt fast in der Couch, und so wie er es sagt, weiß man, daß er es schon oft gesagt hat. Und daß er damit zufrieden ist. Manchmal nennt er das Haus der Demokratie auch Oase in der Friedrichstraße, die sich nicht als »kontraproduktiver Antipol, sondern als Stätte eines multikulturellen Miteinanders in der Mitte der Stadt« versteht. Müller findet den »Bauhausstil« da draußen »kalt und langweilig«, die Friedrichstraße brauche Leben, Bäume und eine Straßenbahn. Sie brauche ein Flair und eine Vision. Demnächst wird Müller ein »Round-Table-Gespräch« moderieren, in dem über die »Friedrichstraße 2000 – Visonen für ein Stadtviertel« diskutiert wird. Das Flugblatt ist gerade fertig.

Das Gebäude war am Anfang des Jahrhunderts mal der Firmensitz der Münchner Hacker-Pschorr-Brauerei, bevor es in den

Besitz des Oberschlesischen Steinkohlesyndikates wechselte, das nach dem Krieg enteignet wurde. Bis zur Wende beheimatete es dann die SED-Kreisleitung, die im Revolutionsherbst den Bürgerbewegungen weichen mußte. Die Eigentumsverhältnisse sind ungeklärt, aber Müller ist sich sicher, daß sie »mindestens bis zum Jahre 2004« Haus der Demokratie sein werden. Jetzt, da die Zeit der wilden politischen Veränderungen vorbei ist, sei es im übrigen auch an der Zeit, »das Haus ein bißchen gemütlicher zu machen«, erklärt Müller. »Hier steht ja überall noch das Mobiliar der SED rum. In den Boden eingelassene Stahlschränke und so was. Das muß raus.« Im Arbeitszimmer des ehemaligen 1. Kreissekretärs sitze heute übrigens der Hausmeister. Das sollten wir uns doch mal ansehen. Aber vorher gibt E. O. Müller noch einen Tip. »Das Augenzwinkern der Friedrichstraße. Das wäre doch 'ne Überschrift, was?«

»Der Hausmeister is nich da. Der hat Magengeschwüre, die immer mal wiederkommen und dann wieder weg sind«, sagt Peter Adrian, der als Reinigungskraft im Haus der Demokratie arbeitet. »Und jetzte sind se eben gerade wieder da.« Weiß er denn, daß er hier im Zimmer eines ehemaligen Berliner Parteichefs sitzt? »Ick interessier ma nich für Politik«, sagt Peter Adrian.

Licht mischt sich mit Leben. Der Glaskegel summt immer lauter, je länger Eberhard Diepgen redet. Jetzt ruft er ihm zu: »Ich wünsche allen Berlinerinnen und Berlinern, daß sie hier spannende Einkaufsphasen erleben werden.« Er ist am Ende. Das Summen wird zugeklatscht. Spannende Einkaufsphasen.

Draußen liegen rote Teppiche, es glitzert, der Käse lockt, die Terrinen und der Champagner, und ich muß an Metzler-Hadrich denken und seinen Nachbarn in der 166, den alten Drucker, der gern einen über den Durst trinkt. An Norbert Rahmlow, der in diesem Moment gemeinsam mit ein paar Freunden und der Gruppe Drei Liter Landwein seinen Plattenladen Friedrichstraße/Ecke Behrenstraße eröffnet. Spezialisierung Ostrock und Klassik. Mir fällt Christoph Meyer von Robin Wood ein, dessen Büro gegenüber vom Grand Hotel liegt. Sein schönster Erfolg war ein Spruchband gegen die Abholzung des australischen Urwaldes, als der australische Premier im Grand Hotel logierte. »Keating«, sagt Meyer, »hat sich von uns verfolgt gefühlt.« Ich muß an Falk Wächter denken, der den kleinen Bürgel-Laden betreibt. Sein bester Kunde ist ein blinder Mann aus Mahlsdorf, der die Keramik fühlen kann. Wächter hat bei der Wohnungsbaugesellschaft Mitte noch ganz gute Mietkonditionen. Trotzdem wird es manchmal eng. Dann fährt er auf die Märkte.

Nein, die Friedrichstraße ist keine Glitzermeile. Jedenfalls nicht nur. Und noch nicht.

Darf man Kartoffeln mit dem Messer schneiden?

Die Frage hängt in der milchigen Morgensonne, die durch die grauen alten Gardinen in Otto Metzler-Hadrichs Tanzsaal sickert. Metzler-Hadrich hat das steife blaue Abendjackett gegen einen hellen Pullover getauscht. Und die buschigen Augenbrauen, die aus seiner Brille wachsen, wirken jetzt nicht mehr zornig, sondern belustigt. »Und was«, fragt Metzler-Hadrich, »macht man mit der Sauce, wenn man keinen Löffel hat?«

Statt einer Antwort erhebt sich Metzler-Hadrich und knarrt übers Tanzparkett, um das Nachschlagewerk »Stil und Etikette« zu holen. Metzler-Hadrich wollte immer schon mehr, als nur Tanzen lehren. Er wollte seinen Schülern Anstand beibringen. Das war nicht leicht in seinen Zeiten. Aber was war schon leicht. Als Otto Metzler-Hadrich aus dem Krieg wiederkam, hatten sie seine Eltern, die eine große Gärtnerei in Anklam besaßen, erschossen. Warum, weiß er bis heute nicht. 1955 saß er wegen Staatsfeindlichkeit im Gefängnis. Auch hierfür weiß er keine Gründe, aber er ist froh, daß es nur vier Monate waren. Seine zwei Ehefrauen starben an Krebs. Ein drittes Mal wollte er nicht heiraten. Sein einziger Sohn will kein Tanzlehrer sein. Otto Metzler-Hadrich ist 71 Jahre alt und hat zu wenige Tanzschüler.

Er legt das Buch auf den Tisch und sagt, ohne es aufzuschlagen: »Natürlich darf man Kartoffeln schneiden. Obwohl ich sie lieber breche. Dann nehmen sie mehr Sauce auf.« Wir sitzen an dem Tisch mit billigem Furnier, rauchen und trinken lauwarmen Capuccino aus dem Kaffeeautomaten in der Ecke des Tanzsaales. »Manchmal fragt man sich, wie man das alles so überlebt hat«, sagt Otto Metzler-Hadrich.

Vor seinem Haus drängeln sich Tausende Menschen. Viele tragen eine rote Rose. Das Lafayette ist offen. Die Friedrichstraße lebt. Hoffentlich erträgt die Poesie des Kommerzes den alten Tanzlehrer.

Die verlorenen Revolutionäre

Eine Herbstreise

Des Teufels General ist zersägt. Die Nacht ist kühl und schwarz. Es ist Oktober in Berlin. Die Volksbühne entläßt ein schnatterndes, schickgemachtes Premierenpublikum, jemand fragt mich, wie ich das Stück auf einer Skala zwischen eins und 100 bewerten würde. Ich weiß nicht. Ich stecke mir eine Zigarette an, sehe den schönen Frauen zu und entdecke Thomas Krüger. Er wartet vor dem Eingang mit einem Gesicht, das mich an irgend jemanden erinnert. Nur nicht an Thomas Krüger.

Aber an wen?

Mir fällt immer nur der alte Krüger ein. Der Ostberliner Innenstadtrat. Sein rauschender Bart. Seine verschossenen ersten Politikeranzüge, zu denen er klobige Wildlederschuhe trug. Improvisierte Pressekonferenzen, auf denen uns ein feuriger Krüger mit immer neuen und immer wilderen Enthüllungsgeschichten zuschüttete. Er hockte hinter seinem Schreibtisch und freute sich an unserem Staunen. Wie stolz er damals aus dem Roten Rathaus trat, vor dem sich Tausende Berliner versammelt hatten, um seinen Rücktritt zu fordern. Ein paar Monate zuvor hatte er eine Punk-Band mit dem Namen Schlimme Limo betreut, jetzt regierte er eine Millionenstadt. Gerade hatte er noch vor einer Handvoll Zuschauer eine »Kammeroper für zwei Piloten, einen Fahrgast und Haushaltswaren« aufgeführt, nun sprach er zu Menschenmassen. In einem Anzug, den er von seinem Großonkel geerbt hatte. Was für ein Spaß!

Krüger schien ein sympathischer Verrückter zu sein, der aus dem Dunkel der Kirchen in die Politik geschleudert worden war. Der seinen Spaß haben wollte und irgendwann wieder im Dunkeln verschwinden würde. Das war klar. Das war falsch.

Krüger blieb.

Er streckt mir eine Hand entgegen. In der anderen hält er eine weiße Visitenkarte. Es gibt viele Telefon- und Fax-Nummern auf der Karte und ganz oben einen schwarzen Bundesadler, un-

Thomas Krüger

ter dem steht: »Thomas Krüger, Mitglied des Deutschen Bundestages«. Krüger grinst mich breit an. Sein Grinsen ist nicht mehr verrückt, es ist zufrieden. Er sagt irgendwas von »Pressuren«, von einem »event«, unterm Mantel blitzt eine türkisfarbene Seidenweste. Plötzlich weiß ich wieder, an wen er mich vorhin erinnert hat. An den Schauspieler Keanu Reeves. Kruger ist nicht so schön wie Reeves.

Aber genauso verloren in seiner glänzenden Hülle.

Natürlich werden Revolutionäre heutzutage nicht mehr geköpft. Die Revolution frißt ihre Kinder auf anständige Weise. Sie ißt sie.

Sieben Jahre danach scheint es, als habe Helmut Kohl die Mauer persönlich eingerissen. Er hat ein dickes Buch veröffentlicht, das »Ich wollte Deutschlands Einheit« heißt. Über das Buch kann ich nicht viel sagen, aber das Personenregister ist interessant. Adenauer, Bismarck, Goebbels sind dort erwähnt, George Bush, Fidel Castro und Hans-Dietrich Genscher. Erich Honecker kommt vor, Königin Elizabeth II., Friedrich von Schiller und sogar Andreas Brehme vom 1. FC Kaiserslautern. Zu Bärbel Bohley gibt es einen einzigen Verweis. Weniger als zu Norbert Blüm, Ibrahim Böhme und Barbara Bush. Friedrich Schorlemmer, Konrad Weiß, Werner Fischer und Vera Lengsfeld gibt es im Einheitsbuch des Kanzlers überhaupt nicht mehr. Die hat Kohls Erinnerung bereits verdaut.

Sieben Jahre danach rolle ich genervt die Augen, wenn ich sehe, wie Bärbel Bohley sich bei Alfred Biolek über eine *Eulenspiegel*-Karikatur beschwert oder Konrad Weiß wutschnaubende Kommentare in einer Sprache schreibt, die mich an Karl-Eduard von Schnitzler erinnert. Daran ist auch Helmut Kohl schuld und natürlich Bärbel Bohley und Konrad Weiß selbst. Aber auch all die vielen kleinen fiesen Gedanken in meinem Kopf, die vergessen lassen wollen, daß ich noch weniger für den Mauerfall getan habe als Kohl. Sie sind in langen Schuljahren gewachsen, bei Politinformationen, »Polizeirufen« und an Sonnabendnachmittagen, an denen ich mitschneidebereit den »RIAS-Treffpunkt« verfolgte. Ich wollte Led Zeppelin aufnehmen, aber aus dem Radio sang »aus gegebenem Anlaß« Stefan Krawczyk. Ich habe ihn gehaßt.

Ich habe nicht verstanden, wie Bärbel Bohley und Rainer Eppelmann in Westsendern an Egon Krenz rummäkelten, wo ich doch so froh war, endlich Honecker los zu sein. Wieso waren sie nie zufrieden?

Ich habe sie nie richtig verstanden. Ich war einfach nicht wie sie. Sie waren mir fremd. Und das macht es komischerweise auch nach sieben Jahren immer noch schwer, mit ihnen ins Gespräch zu kommen.

Ich hinterlasse eine vorsichtige Anfrage auf Friedrich Schorlemmers Anrufbeantworter. Aber Schorlemmer antwortet nicht. Ich bettele Ingrid Köppe, mit mir zu reden. Aber Ingrid Köppe weiß nicht, worüber sie noch reden soll. Und vor allem warum. Dann rufe ich Konrad Weiß an.

»Die Bürgerbewegung war doch keine homogene Masse«, klärt mich Weiß auf.

»Ja«, sage ich hoffnungsvoll. »Deswegen möchte ich ja gerade einzelne bekannte Figuren aus der Bürgerbewegung kennenlernen.«

»Ich bin keine Figur«, sagt Konrad Weiß. »Auf Wiedersehen.« Er hat aufgelegt. Ich höre noch eine Weile in das stumme Telefon. Aber Konrad Weiß ist verschwunden.

Mist.

Werner Fischer hat Kaffee gemacht.

Er bittet in die Ledersitzgruppe eines vorbildlichen Wohnzimmers. Die Bücher- und CD-Rücken stehen im Stillgestanden. Die Palmen kriegen genug Wasser, und soweit man von hier die Küche einsehen kann, ist dort kein Krümel liegengeblieben. Die Figuren der ungelösten Schachaufgabe auf dem Schachbrett in einer Zimmerecke wirken in dieser Ordnung geradezu aufmüpfig. Aus den Boxen summt zurückhaltend *Radio Brandenburg*, eine frühe, freundliche Herbstsonne füllt den Raum. Das einzige, was nicht in dieses Zimmer paßt, ist das Bild von Werner Fischer in meiner Erinnerung. Sein öffentliches Bild aus Wendetagen.

Dieser Werner Fischer war ein übernächtigt wirkender Mann, mit langen grauen Haaren und Musketierbart, dessen Zigarette nie ausging. Nervös, verängstigt, verhuscht, verschlossen und mißtrauisch. Fischer sah immer aus, als sei er auf der Flucht. Und wahrscheinlich hat er sich auch so gefühlt.

Fischer befand sich seit Anfang der 80er Jahre in der DDR-Opposition, er gehörte zur Initiative für Frieden und Menschenrechte, zwei Jahre lang lebte er mit Bärbel Bohley zusammen, und gemeinsam mit ihr wurde er 1988 aus der Stasihaft zu einem halbjährigen Studienaufenthalt nach London entlassen. Er kehrte in die DDR zurück, wo er bis zu ihrem Untergang immer wieder stundenlang von der Staatssicherheit verhört wurde. Offensichtlich hielt man ihn deshalb nach der Wende für geeignet, Regierungsbeauftragter zur Auflösung der Staatssicherheit zu werden.

Fischer bezog den Schreibtisch eines ehemaligen Generals in der Normannenstraße. Er war umgeben von Aktenbergen und einem funktionierenden Apparat. Und er, Werner Fischer, Stones-Kenner und gelernter Rohrleitungsmonteur, sollte hier einen Geheimdienst auflösen. Es muß ein unglaubliches Gefühl der Ohnmacht gewesen sein. Seine Angstgefühle wurden immer stärker. Schließlich überwältigten sie ihn. Fischer erlitt einen Zusammenbruch.

In der Charité wurde er von einem ehemaligen Waldheimer Haftpsychologen behandelt, der genug eigene Probleme hatte. Fischer wurde arbeitslos, sein zuständiges Arbeitsamt befindet sich im Gebäude des ehemaligen Stasihauptquartiers in der Normannenstraße. Sein ehemaliger Arbeitsplatz. Als der Sachbearbeiter in Fischers Akte las, daß er zuletzt beim Ministerrat der DDR und beim Berliner Magistrat angestellt war, fragte er: »Sagen Sie mal ehrlich, haben Sie mal für die Stasi gearbeitet?«

Fischer kam noch mal für zwei Jahre in der Pressestelle der Bundestagsfraktion von Bündnis 90 unter. Seit der letzten Bundestagswahl ist er wieder arbeitslos. Irgendwann zwischendurch hat er mal das Bundesverdienstkreuz bekommen.

Werner Fischer paßt jetzt in sein aufgeräumtes Wohnzimmer. Er hat sich die langen grauen Haare abschneiden lassen, den Bart gestutzt und raucht R1. Vor allem aber ist dieses Fiebrige, Flatterhafte aus seinem Blick verschwunden. Vielleicht liegt es an seiner Irrfahrt, vielleicht an der letzten Therapie. Fischer ist nicht mehr auf der Flucht. Er ist auf der Suche.

»Ich sehne mich nach ein bißchen Normalität«, sagt er. »Ich will mal was Nützliches tun.«

War denn alles nutzlos, war er getan hat?

»Nee, das nicht«, sagt Fischer, »aber es war natürlich auch nichts, worauf ich mich nun mein restliches Leben lang ausruhen kann. Stasihaft ist schlimm, aber es ist doch keine Legitimation für ein Leben. Genausowenig wie Bürgerrechtler oder wie immer man das nennen will, was wir damals gemacht

Werner Fischer

haben, ein Beruf ist. Auch wenn Bärbel vielleicht anders darüber denkt. Bei all den schlimmen Seiten, die das mit sich gebracht hat, darf man nicht vergessen, daß wir hehren Bürgerrechtler auch viel gesoffen, Musik gehört und Frauen getauscht
haben.

Und auch das Spiel mit der Stasi hatte doch eine sportliche
Seite. Wir haben mit denen rumgemurmelt. Wir haben auch
unseren Spaß gehabt, wenn wir bei dem Börner von der *ARD*
angerufen haben. Wir haben die praktisch zu unseren Aktionen
bestellt und auch noch diktiert, daß das heute abend in der
»Tagesschau« zu laufen hat. Die Medien waren doch auch ein
Schutz für uns. Aber wehe, wenn die *Frankfurter Rundschau*
mal unter einem Anruf von uns einen Namen vergessen hat.
Was es da für Neid und Mißgunst gab, will ja heute keiner mehr
wahrhaben. Wir haben unsere Rolle auch ziemlich überschätzt.
Wir haben wirklich geglaubt, wir seien das Sprachrohr eines
großen Teils der Bevölkerung. Aber die Leute hatten ganz andere Bedürfnisse.«

Womöglich liegt es an dem hohen Preis, den Fischer für sein
politisches Engagement gezahlt hat. Womöglich liegt es an den
ersten Politikern, die Fischer und Bohley 1988 nach ihrer Aus-

weisung in der Bundesrepublik kennenlernten. Egon Bahr, der ihnen kühl mitteilte:»Wenn Sie nach einem halben Jahr immer noch zurück in die DDR wollen, kommen Sie wieder vorbei.« Lafontaine, der nur abtastete, wie die beiden ausgewiesenen Bürgerrechtler in seine Machtspiele passen könnten. »Bei der Fraktion der Grünen ist erst mal die Hälfte eine rauchen gegangen, als wir vorgestellt wurden. Richtig zugehört hat uns eigentlich nur Willy Brandt. Der war auch der einzige, der eine Flasche Cognac auf den Tisch stellte. Aber der hatte auch nichts mehr zu verlieren.«

Vielleicht. Auf jeden Fall blickt Werner Fischer kühl und gnadenlos auf die politischen Möglichkeiten dieser Zeit.

»Ich habe doch am eigenen Leibe gespürt, wie Macht korrumpieren kann. Als 1990 die Stones in Berlin gespielt haben, bin ich mit meinen sechs Leibwächtern im Olympiastadion eingerückt. Die haben einen Halbkreis um mich gebildet, draußen war Geschubse, und ich hab' gemütlich eine geraucht. Das habe ich schon genossen.

Wenn ich mir angucke, was aus denen so geworden ist, die richtig in der Politik waren und sind, hör auf. Marianne Birthler geht über Leichen für ihre Karriere. Die hat mich damals regelrecht aus meinem Job in der Pressestelle rausgebissen. Und Konrad Weiß erst. Als der noch Bundestagsabgeordneter war, haben wir mal mit der Fraktion in Potsdam eine Zeitungsredaktion besucht. Der Pförtner hat nicht gleich die Schranke aufgemacht, da ist Weiß total ausgerastet. Wissen Sie nicht, wer ich bin? Die Art. Du hast gedacht, der Kanzler kommt. Oder Poppe. Der hat doch totalen Realitätsverlust. Als ich arbeitslos war, hat er mir gesagt: Was willst du denn. Du kriegst Arbeitslosengeld. Du hast ein Auto. Dir geht's doch gut.«

Und die anderen? Die, die nicht in die Politik gingen? Treffen sie sich noch? Reden sie noch miteinander?

»Eigentlich treffen wir uns nur noch bei Empfängen des Bundespräsidenten. Sonst ist die Clique auseinandergefallen. Ich hab' ja auch nichts mehr mit denen zu tun. Die einen machen den traurigen Blick wie Bärbel Bohley, die anderen den stechenden Blick wie Jürgen Fuchs. Das sind die Berufsbürgerrechtler. Und dann gibt's noch die Jungs, die in der Umweltbibliothek weiter an der Weltrevolution arbeiten. Die nicht gemerkt haben, daß es jetzt vorbei ist. Bei denen habe ich stellenweise den Eindruck, sie tragen immer noch die gleichen Jacken wie vor zehn Jahren.

Nein, ich weiß wirklich nicht so richtig, wo ich mich da einfädeln soll.«

Fischer zeigt, daß sein Arbeitszimmer genauso ordentlich ist wie der Rest der Wohnung. Hier stehen die Bücher zur DDR, zur Wende, zur Stasi, zur Bürgerbewegung. Hier bewahrt er sein Bundesverdienstkreuz auf und auch das rote Telefon, das er aus dem Sitzungssaal des Politbüros klaute.

Und es gibt die Pressemappen, die vor allem mit Berichten aus der wilden Wendezeit gefüllt sind. Der vorletzte Pressebericht handelt von einem Einbruch in Fischers Wohnung, der zunächst aussah wie ein Racheakt ehemaliger Stasileute. Aber es war dann doch nur der verstoßene Ex-Mann seiner jetzigen Freundin. Der letzte ist ein Text, den seine Tochter für die *Zeitung in der Schule* schrieb.

Wir gehen runter auf die Straße. Fischer schließt seinen Briefkasten auf. Er erwartet Post vom Arbeitsamt. Aber es ist nur eine Einladung vom Bundestag. Der »gibt sich die Ehre, Herrn Werner Fischer aus Anlaß der Eröffnung der Ausstellung ›Staatssicherheit – ein Garant der SED-Diktatur‹« nach Bonn einzuladen. »Immer so 'ne Scheiße«, sagt Fischer.

Als wir über die Höfe am Arkonaplatz laufen, versucht er, mir ein Bild von seinen Angstgefühlen zu geben. Es sei so, als würde man aufs Meer schwimmen. In dem Moment, in dem man ans Ufer zurückkehren will, merke man, daß Nebel aufgezogen ist. Überall Nebel. Man verliere jede Orientierung. Panik überfalle einen. Und gleichzeitig werde man immer müder.

Auf dem Flur von *Radio Brandenburg* herrscht Untergangsstimmung. Die Redakteure sind bedrückt. Und je näher ich dem Zimmer ihres Chefredakteurs komme, desto bedrückter werden sie. Dabei ist das Chefzimmer leer. Christoph Singelnstein, Chefredakteur von *Radio Brandenburg*, ist noch in einer Besprechung, sagt Frau Kühn, seine Sekretärin. Auch sie schaut ziemlich ernst. Irgendwas Wichtiges ist hier passiert.

Aber was?

»Haben Sie keine Nachrichten gehört?« fragt Frau Kühn.

Doch, schon.

»Herr Singelnstein verläßt den Sender. Er wird Chefredakteur von *Antenne Brandenburg*«, erklärt Frau Kühn. So als sei heute nacht hier in der Nähe ein Krieg ausgebrochen. Manchmal ist eine Redaktion die ganze große Welt.

»Jetzt teilt er es zusammen mit Herrn Rosenbauer den Kollegen mit«, sagt Frau Kühn nicht ohne Stolz und führt mich ins Chefzimmer. »Kaffee?«

Singelnsteins kleines, weißes Barackenbüro ist nur flüchtig eingerichtet. Ein paar Sendepläne hängen an der Wand, ein kleines Polaroidporträt des Chefredakteurs, in einer Ecke steht ein umgedrehtes, gerahmtes Clint-Eastwood-Poster, auf der Stereoanlage das Modell eines pinkfarbenen offenen Cadillac und im Regal eine verstaubte *Fritz*-Kaffeetasse, eine Flasche Rotwein sowie das »Medienhandbuch. Die Privaten Teil 1 und 2«. Auf dem Schreibtisch liegt eine kalte Pfeife, über der Lehne eines Besucherstuhls hängen ein Schal und eine Krawatte. Irgendwann kommt Intendant Rosenbauer wortlos ins Zimmer, blinzelt, murmelt etwas, nimmt den Schal vom Stuhl und geht wieder.

Wenn in dem schmucklosen Zimmer überhaupt etwas Auskunft über Singelnstein gibt, dann die beiden Sprüche, die er an die Wand geheftet hat. Einer stammt von John F. Kennedy und heißt: »If you're not part of the solution, you're part of the problem.« Was salopp übersetzt soviel bedeutet wie: Wenn du nicht für uns bist, bist du gegen uns. Das andere zeigt einen Storch, der einen Frosch im Schnabel hält. Darunter steht: »Parole: Niemals aufgeben!« Das eine soll das andere kommentieren. Das eine kann ohne das andere nicht sein. Aber eigentlich heben sie sich auf. Eines sagt uns: Seid nicht so schwierig. Das andere: Bleibt euch treu. Sie sind so zerrissen wie Singelnstein. Ich bin der Alte geblieben! Ich habe die neuen Zeiten begriffen! Der Neue! Der Alte! Der Neue! Der Alte!

Es ist Herbst '96. Singelnstein verläßt das schöne *Radio Brandenburg*, um zum netten *Antenne Brandenburg* zu gehen. Er tauscht den Problemsender gegen den Familiensender. Der Storch hat ihn verschluckt. If you're not part of the solution, you're part of the problem.

Nein, sagt Singelnstein, als er ins Zimmer kommt. Der Frosch lebt noch.

»Erstens wollte ich mal was anderes machen. Zweitens reizt es mich, für ein Programm zu arbeiten, das so eine Reichweite hat wie *Antenne*. Und drittens ist es vielleicht auch für *Radio Brandenburg* gut, wenn es mal einen neuen Chefredakteur bekommt. Unsere Beziehung war ja schon ein wenig eingefahren«, erklärt der scheidende Chefredakteur. Er macht etwas Neues und versucht, sich treu zu bleiben.

Christoph Singelnstein

Christoph Singelnstein war so etwas wie ein sanfter Bürgerrechtler.

Er hat immer gesagt, was er dachte. Aber er gehört zu den Menschen, denen Diktatoren mehr nachsehen als anderen. Er zählt auch zu der Sorte von Menschen, die zu einer Chefredakteursskonferenz der *ARD* mit kurzen Hosen, Jesuslatschen und T-Shirt kommen. Weil es warm ist. So konnte Singelnstein Kontakte zur Friedensbewegung haben und beim Rundfunk der DDR arbeiten. Für ihn war das sowieso kein Problem. Er fand ja auch ein Argument nicht deswegen blöd, weil es vom Parteisekretär kam. Genausowenig wie er ein Argument deswegen gut fand, weil es von Bärbel Bohley kam.

So war er für manche Rundfunkkollegen ein ideologischer Tiefflieger und für manche Bürgerrechtler ein Weichei. Das kann schon sein. Aber es hat nach der Wende für ihn vieles leichter gemacht. »Ich bin ein typischer Wendegewinnler«, sagt er.

Christoph Singelnstein ist erst Ende '89 der Initiative für Frieden und Menschenrechte beigetreten. Weil er aber so war, wie er ist – ganz der Alte, aber zu Neuem bereit –, hat ihn der Sog des Wendesturms erfaßt. Er hat ihn hochgeschleudert. In den Rundfunkrat und später sogar auf den Intendantenstuhl.

Für ihn war Rudolf Mühlfenzl nicht automatisch ein Kolonisator. Er hatte keine Probleme, nach dem schlechten Wahlergebnis des Bündnis 90 in die SPD einzutreten. Und er konnte durchaus zwischen IM und IM unterscheiden. Mit seinem Kollegen Wolfgang Martin konnte er weiter zusammenarbeiten, mit Lutz Bertram nicht. Er hatte nie Schaum vor dem Mund. Er konnte zuhören. Und Kompromisse machen.

»Ich habe am 9. November '89 nachts auf dem U-Bahnhof Osloer Straße zufällig Konrad Weiß getroffen«, erzählt Singelnstein. »Wir haben uns darüber unterhalten, was wir jetzt machen. Ich habe gesagt, ich will jetzt in die Politik. Konrad erzählte mir, daß er jetzt endlich Filme machen will. Komisch. Er hat keinen einzigen Film gedreht. Und ich bin nach wie vor beim Radio«, sagt Singelnstein. Es hat fast etwas Schicksalhaftes.

»Konrad hat seinen Platz in der Gesellschaft nicht gefunden«, sagt er, als wir über die Baustelle zur Kantine des *ORB* gehen. Der Musikjournalist Olaf Leitner schenkt seinem Chefredakteur einen bösen Blick. »Oh, der ist sauer«, sagt Singelnstein. Ein bißchen belustigt, ein bißchen besorgt. Die Welt ist nicht mehr so einfach, wie sie zuletzt war. Die Kompromisse werden immer schwieriger.

Singelnstein versucht mitzuhalten. Er würde nie mehr mit kurzen Hosen zu einer Chefredakteurskonferenz der *ARD* erscheinen. Heute morgen hat er sich genau überlegt, was er anziehen sollte, um sich von seinen Kollegen zu verabschieden. »Ich hab' mich für Jeans, Weste und Jackett entschieden«, sagt Singelnstein. »Damit wollte ich andeuten, daß ich kein anderer Mensch werde, nur weil ich zu *Antenne Brandenburg* gehe.«

Und für den Ernstfall hing ja noch die Krawatte überm Besucherstuhl.

Matthias Büchner trotzt den Zeiten.

Sein Bart ist ebenso unbeschnitten wie sein langer Zopf, und er sieht auch keinen Anlaß, seine mitunter etwas gewagt wirkenden Verschwörungstheorien aufzugeben. Das hat natürlich seinen Preis.

Bei den letzten Wahlen ist er aus dem Thüringer Landtag geflogen. Der einzige Mensch, der das Erfurter Büro des Neuen Forum an diesem Nachmittag besucht, heißt Herr Link. Ein Rentner, der am Computer des Bürgerbüros Rommé spielen möchte. Und Journalisten muß Matthias Büchner mit äußer-

Matthias Büchner

stem Mißtrauen begegnen. Die meisten wollen ihn sowieso fertigmachen. Seit kurzem ist sogar der *Spiegel* gegen ihn. »Aust hat gesagt, daß er zur Zeit nichts über das Neue Forum will. Und zur Zeit nichts über Büchner«, erklärt Büchner. Woher er das weiß, sagt er nicht. Aber das ist ohnehin nicht Büchners Problem. Da hätte er ja viel zu tun.

Matthias Büchner ist nicht etwa ein schwachköpfiger Wüterich. Er ist ein belesener, charmanter Mann. Aber der gesellschaftliche Kontext läßt ihn mitunter aussehen wie einen Psychopathen. In Wahrheit hält uns Büchner den Spiegel vors Gesicht. Nicht er hat sich verändert, sondern wir. Die anderen haben sich rasiert, frisiert und neue Anzüge gekauft. Und jetzt, wo alle Barte ab sind, wirkt seiner natürlich besonders lang. Er sagt keine anderen Sachen als damals vor sieben Jahren. Er sagt sie mit der gleichen Hartnäckigkeit. Wer ihn nicht ernst nimmt, nimmt eigentlich vieles, was im Herbst '89 passierte, nicht ernst.

»Natürlich tauge ich mit meinen langen Haaren, dem Bart und meiner Hartnäckigkeit vorzüglich zum Fanatiker«, sagt er. »Die *Thüringer Allgemeine* hat mich ja stetig zum Schwachkopf mit Verfolgungswahn aufgebaut. Aber das ist kein Wunder, wo doch in der Redaktion 33 IMs sitzen sollen.« Diesmal gibt er sogar die Quelle preis. »Stand in der *BILD*-Zeitung.« In der *BILD*? »In diesem Punkt vertraue ich ihr mal«, erklärt Büchner.

Matthias Büchner sitzt in seinem schlechtbesuchten Bürgerbüro zwischen Akten und Zeitschriften, die *Hilferuf von drüben – Zeitung für die Opfer der kommunistischen Diktatur* heißen, an den himmelblauen Wänden hängen wunderschöne Kinderbilder, es gibt Kuchen, nebenan tickert leise Herr Link am Computer. Und Büchner erzählt Stasigeschichten, die einem das Blut gefrieren lassen.

Von Organhandel, versteckten Goldschätzen und Immobilien überall auf der Welt. Er erzählt von Monstern, die für den DDR-Leistungssport gezüchtet wurden. »Es gibt noch ein paar, die durchs Land rennen. Sie werden aber nicht älter als 40. Was mir wirklich Sorgen macht, ist, daß diese DDR-Entwicklungen, die ja direkt an die Forschungen der Nazis anknüpfen, in Osteuropa weitergenutzt werden«, erklärt Büchner. Wie ist er denn darauf gekommen? »Ist doch klar, Mielke war ein großer Sportfan, Honecker war ein großer Sportfan. Die haben das beim Bierchen ausgekungelt«, erklärt Büchner.

Büchner sagt, daß die Stasi sie alle nur benutzt hat. »Die haben sich natürlich selbst abgewickelt. Die Linie 2000. Die haben unsere Aufmerksamkeit auf Nebenschauplätze gelenkt. Wir haben auf die Dichter im Prenzlauer Berg gestarrt, während die in den Kasernen der NVA die wirklich wichtigen Akten entsorgt haben.« Wie lange hat er das schon gewußt? »Schon immer. Ich wollte Eppelmann damals darüber informieren, aber der war ja isoliert worden.« Er hat keine richtigen Beweise. Das ist alles.

Büchner muß los, will uns aber noch schnell das Erfurter Café zeigen, in dem sich das Neue Forum 1989 zu seinen Beratungen traf. Das Revolutions-Café heißt Bellevue und trotzt wie Büchner den Zeiten.

Es gibt Linoleumfußboden und Kahla-Geschirr, von den Decken baumeln braun-gelbe Troddellampen, die Wirtin trägt einen Perlonkittel, und eine Wand des Cafés ist mit einem großen optimistischen Gemälde bedeckt, das mich an meine Jugendweihe erinnert. Draußen reißen die Bagger Erfurts Innenstadt auf, aber hier drin könnte man einen historischen Film drehen. Ohne einen Gegenstand zu entfernen.

Büchner erzählt, daß ihm die Staatsanwaltschaft jetzt seine Organhandel-Unterlagen zurückgeschickt hat. Nach vier Jahren und nur mit einem Waschzettel »Zu unserer Entlastung zurück« versehen. »Dabei hatte ich konkrete mündliche Hinweise«, sagt Büchner. Seine Augen glühen, der Bart zittert. Er verschmilzt immer mehr mit dem Interieur des Cafés. Die Wirtin steht mit roten Wangen neben dem Tisch und lauscht, was Herr Büchner zu erzählen hat. Langsam läuft die Uhr zurück. Sogar die Bagger draußen werden leiser.

Irgendwann sagt Büchner: »Ich weiß natürlich auch, daß ich das nicht alles aufklären kann. Aber ich bin ein großer Freund von Symbolhandlungen.«

Er ist Künstler. Maler. Vielleicht ist das ja alles eine Art Performance. Linie 2000 wäre ein Titel.

Das wäre ziemlich beruhigend.

Heinz Eggert braucht Bewegung.

Er braucht einen Punkt, von dem er gerade kommt, und einen Punkt, zu dem er sich begeben muß. Beide Punkte sollten zeitlich möglichst eng beieinanderliegen. Sie müssen ihn vorantreiben. Damit nur nicht der Eindruck entsteht, Heinz Eggert verharre. Stehe still. Sei liegengeblieben. Vielleicht kommt dieser Bewegungsdrang aus der Zeit, als er Eisenbahner in Warnemünde war. Wer weiß.

Im Augenblick sind die beiden am engsten nebeneinanderliegenden Punkte ein Interview, das er im Café Spitz gerade einem Politikstudenten der Leipziger Universität gegeben hat, einerseits und das Intervies, das er gleich dem Studentenradio *Mephisto* geben wird, andererseits. Es gibt noch ein paar weiter entfernte Punkte, die ihn zur Eile treiben. Beispielsweise wird morgen ein Bekannter in seiner Heimatstadt Oybin begraben, und gestern mußte er einen Vortrag zum Thema »Sechs Jahre deutsche Einheit« am Ägyptologischen Institut in Leipzig halten. Oder noch weiter gefaßt: Vor ein paar Wochen hat er mit Erich Bohme eine Pilot-Talkshow bei *SAT1* aufgezeichnet, in ein paar Wochen wird er eine Predigt im Hamburger Michel halten.

Aber jetzt, im Augenblick, hetzt Heinz Eggert mit großen Schritten und wehender Lederjacke vom Leipziger Markt zur Leipziger Universität. Angetrieben durch das Studentenradio *Mephisto*. Nebenbei befriedigt er ein weiteres Bedürfnis. Das Bedürfnis, erkannt zu werden. Sobald ein Passant einen Augenblick länger als gewöhnlich auf Eggerts Gesicht schaut, reißt der ehemalige sächsische Innenminister die Hand zum Gruß

Heinz Eggert

hoch. Jeden Raum betritt er mit großer Geste, jede Kellnerin überhäuft er so hemmungslos mit lauten Komplimenten, daß auch Leuten, die sich nicht so für Politik interessieren, klar sein muß: Der Mann mit der Glatze ist bestimmt ein Prominenter.

Heinz Eggert bringt es in zwei Minuten fertig, einen Straßenmusikanten wie einen alten Freund zu begrüßen, eine *BILD*-Zeitung zu kaufen wie einen Mercedes, die Titelseite auszuwerten, die Aufmerksamkeit großer Teile der Fußgängerzone auf sich zu ziehen, uns am Laufen zu halten, Kurt Masur als falschen Helden hinzustellen und aus dem Beileidstelegramm zu zitieren, das ihm Hans-Dietrich Genscher anläßlich seines Rücktrittes als sächsischer Innenminister schickte. Dann läuft er mit vollem Tempo in das *Mephisto*-Studio ein. »Schöne Weste hast du an«, begrüßt er den Moderator. Er duzt alle, die jünger sind als er.

Eggert läßt das kleine Studentenradio, das werktags vier Stunden lang auf Sendung ist, für zwanzig Minuten aussehen wie die größte Radiostation von Los Angeles. Dann rauscht er weiter. Der Politikstudent, der in Eggerts Schatten klebt, glaubt inzwischen, so etwas wie Bob Woodward zu sein. Eggert kracht in das Wiener Café, wieder mit großem Hallo, stürzt in die erste

Etage, fläzt sich in ein Plüschsofa und knallt sein Funktelefon auf den Tisch. Das Telefon schweigt, Eggert nicht.

Er hat offenbar nur wenige, dafür aber romantische Erinnerungen an die Wendetage. Das bißchen, was er von damals erzählt, klingt irgendwie weihnachtlich. Überall leuchten Kerzen. Lieber berichtet er sowieso darüber, wie man »mit schauspielerischen Qualitäten durch eine Stadt gehen muß, wenn man so populär ist wie ich«. »Ich bin ein Polarisierer«, sagt Eggert. »Ich bin der Vorzeigeostdeutsche«, sagt er. »Ich bekomme viele Einladungen zu Vorträgen. Das ist die schleichende Rehabilitation«, sagt er. »Mir sind ja ziemlich ansehnliche Posten angeboten worden«, sagt er. Er zitiert sich aus einem *Stern*-Interview. Er sagt, daß der jetzige Oybiner Pfarrer es sehr schwer habe. »Er wird natürlich an seinem Vorgänger gemessen.«

Und irgendwann sagt er: »Was in der deutschen Politik wirklich fehlt, sind Persönlichkeiten.« Er muß unglaublich unter den Vorwürfen der sexuellen Belästigung gelitten haben. Und er muß unglaublich gern Minister gewesen sein.

Auf seinen Visitenkarten steht: »Heinz Eggert, Staatsminister a. D.«.

Vera Lengsfelds Haus steht ganz am Rande von Sondershausen am Hang. Fast schon im Wald. Es ist das Haus, in dem sie geboren wurde. Sie hat es rekonstruieren lassen und ist 1991 wieder hierher gezogen. Weil sie für Thüringen im Bundestag sitzt, sagt sie. Vielleicht auch, weil sie ein wenig Abstand brauchte zu dem Mann, der sie im Auftrage der Staatssicherheit heiratete. Dem IM, der Vater ihrer Kinder ist. Aber das sagt sie nicht.

Es ist Halloween, und Vera Lengsfeld hat ein paar Freunde eingeladen. Eine Bergbauingenieurin, einen Theatermann, einen Rechtsanwalt, ein paar Politiker, auch Büchner ist aus Erfurt rübergekommen. Vera Lengsfeld hat den Eßtisch mit getrockneten Pilzen, Waldfrüchten und Blättern geschmückt. Sie hat den ganzen Tag in der Küche gestanden. Es riecht nach Äpfeln und Kürbis, die Fenster des alten Hauses sind beschlagen. Draußen bellt der Hund, wenn der nächste Besucher kommt.

Es gibt Champagner. Sie stoßen an, und in die Stille nach dem Klirren der Gläser sagt Vera Lengsfeld, die in solcher Art Konversation noch ein bißchen ungeübt ist, unvermittelt: »Der *MDR* hat mich zu einem Streitgespräch eingeladen. Ich soll mit Gauweiler über das Politbüro diskutieren. Soll ich das machen?«

Vera Lengsfeld

»Nur du und Gauweiler?« fragt Büchner.

»Ja.«

»Da würde ich dir aber stark abraten.« Jemand erzählt, daß Arnold Vaatz für Bärbel Bohley eine Mütze gestrickt habe. Für Sarajevo. Aber Bärbel sei schon weg gewesen, als Vaatz die Mütze fertig hatte. Vera Lengsfeld kichert. Es ist ein komisches Lachen. Sie schaut verlegen nach unten, wenn sie lacht. Als schäme sie sich dafür, auch mal fröhlich zu sein.

Es wird ein netter, gemütlicher Abend. Büchner kann sehr komisch sein und Vera Lengsfeld ausgezeichnet kochen. »Früher, zu DDR-Zeiten, habe ich viel öfter für Freunde gekocht«, sagt sie. »Vielleicht führe ich das wieder ein.« Aber sie weiß, daß das hier am Waldrand von Sondershausen nicht klappt. Sie sehnt sich nach Berlin zurück.

»Meine Kinder werden meinetwegen in der Schule gehänselt. Besonders der Kleine. Seine Klassenlehrerin schikaniert ihn richtig«, sagt Vera Lengsfeld. »Ich muß ja nicht gerade nach Pankow ziehen, wo sich mein Typ rumdrückt. Neulich hab' ich ihn mal von weitem gesehen. Er hat wieder lange Haare, er sieht wieder so aus, wie er mit 18 ausgesehen hat. Als wolle er in das Stadium seiner Unschuld zurück. Er verdrängt das ja total. Nur ein einziges Mal in der ersten Schrecksekunde, hat er mir gesagt: ›Ja, ich hab' das getan.‹ Später hat er alles abgestritten. Ich kenne nur wenige, die offen damit umgehen. Die meisten verdrängen es. Um den Preis, daß sie wie Ibrahim Böhme nur noch im Bademantel durch die Wohnung schlurfen.«

Vera Lengsfeld sehnt sich nach einem besonderen Berlin zurück. Sie sehnt sich nach dem Ort zurück, der Berlin einmal für sie war. Sie ist die einzige, die nicht über einen ihrer ehemaligen Mitkämpfer herzieht. Sie macht sich Sorgen um Werner Fischer, sie hätte gern wieder Kontakt zu Ingrid Köppe, die sich total zurückgenommen hat. Sie möchte, daß alles wieder so wird wie früher. Alle an einem Tisch.

Hoffentlich wird Berlin keine allzu große Enttäuschung für sie.

Es ist Donnerstag morgen in Bonn. Gleich beginnt die Kernzeit.

Ein kleiner untersetzter Mann tippelt mit ein paar Akten unterm Arm auf den Sitzungssaal zu. Er trägt einen grauen Bart, eine altmodische Lederjacke mit Schulterklappen und eine graue Hose. Es ist der letzte Außenminister der DDR.

Wie geht es?

»Wie soll's schon gehen? In diesem Bonn«, stöhnt Meckel. Er klingt so kokett wie ein Parteisekretär, der einen Honeckerwitz erzählt.

Markus Meckel ist alt geworden und gerade ziemlich sauer. Ausgerechnet heute kommt Vaclav Havel zu einem Empfang beim Bundespräsidenten Herzog nach Berlin. Da wäre Meckel natürlich gern dabeigewesen. Statt dessen muß er hier in Bonn rumhängen. Was soll er machen, gleich beginnt die Kernzeit.

Die Kernzeit haben sie eingeführt, damit das Fernsehen auch mal einen vollen Plenarsaal filmen kann. Einen Vormittag in der Sitzungswoche sollten also alle Politiker da sein. Damit es besser klappt, werden alle wichtigen Abstimmungen in die Kernzeit gelegt. Heute zum Beispiel ist eine Abstimmung zum Jahressteuergesetz. Eine namentliche Abstimmung. Wer die verpaßt, kann Ärger kriegen. Außerdem muß er eine Strafe bezahlen. Deswegen läuft auch im Büro des letzten Verteidigungsministers der DDR ein stummer Fernseher. Damit er weiß, wann er losgehen muß. Abstimmen.

Rainer Eppelmann ist nicht älter geworden. Er sieht sogar gesünder aus als zu Wendezeiten. Er trägt eine gemütliche Strick-

Rainer Eppelmann

weste. Er bewegt sich schnell und zackig, er hält sich gerade.
Womöglich hat er das dem riesigen grünen Sitzball zu verdan-
ken, der vor seinem Schreibtisch liegt. Neben seinem Arbeitsplatz hängt ein schmeichelhaftes Kohl-Porträt, das ihm der
Kanzler gewidmet hat. Seinem Eppelmann. Als Ermunterung
gewissermaßen. In seinem Rücken hat er die 18 roten Bände
aufgestellt, die die Arbeit seiner Enquetekommission dokumen-
tieren. 15 000 Seiten. Als Beweis gewissermaßen.

Sie behaupten ja alle, keine Zeit zu haben. Krüger, Poppe, Eggert. Aber Eppelmann hat wirklich keine Zeit. Er redigiert noch
schnell ein *Focus*-Interview, und während wir uns unterhalten,
huscht sein Blick immer wieder zum Fernseher. Das ist aber
nicht so wichtig, weil Eppelmann sowieso keine richtigen Antworten gibt. Er ist Politiker geworden.

Er ist wahrscheinlich der einzige ehemalige DDR-Oppositio-
nelle, der es geschafft hat. Weil er sich wie kein anderer in dieses
politische System fügt. Er hatte schon seit Anfang der 80er Jahre
Kontakte zu Norbert Blüm und Rita Süssmuth, zu Schmude,
Ulf Fink und Leuten von der FDP. Er wußte in etwa, was ihn er-
wartete. Er trauert den alten, wilden Zeiten nicht eine Sekunde
hinterher. »Als Opposition können Sie uns nicht bezeichnen«,

sagt Eppelmann. »Weil wir ja gar kein Parlament hatten.« Wenn er Opposition hört, fällt ihm eine Abgeordnetenbank ein. Er denkt wie Bonn.

Er ist nicht so grüblerisch wie Thierse, nicht so schrill wie Krüger, nicht so leise wie Vera Lengsfeld und lebt gesünder als Poppe. Eppelmann ist eitel, fleißig und intelligent. Ein bißchen unbequem, aber nicht zu sehr. Und daß er berlinert, gibt ihm das nötige Lokalkolorit.

Leider macht es seine Sätze nicht zu Antworten. Politiker geben keine Antworten. Politiker sagen: »Das können Sie auch alles in meinem Buch nachlesen.« Politiker sagen: »Natürlich ist Bonn anders als Berlin. Aber ich fürchte keinen Realitätsverlust. Ich bin ja viel im Land unterwegs. Allein in dieser Woche war ich zu drei Veranstaltungen. In Osnabrück, in Bergheim und, warten Sie mal, ja, in Ratingen.« Politiker sagen: »So, jetzt muß ich aber los zur namentlichen Abstimmung.«

In seinem Sekretariat klemmen unter einem Glasrahmen ein paar ungültige Visitenkarten. »Rainer Eppelmann, Pfarrer, Samariterstr. 27«, steht auf einer. »Rainer Eppelmann, Minister für Abrüstungen und Verteidigung der DDR« auf einer anderen.

Sie sind noch gar nicht so alt. Aber sie wirken wie die Kinderfotos eines alten Mannes.

Halb eins in Bonn. Die Kernzeit ist abgelaufen. Gerd Poppe sitzt zusammen mit seinem Assistenten und langjährigen Freund Reinhard Weißhuhn in der Bundestagskantine. Zwei Tische weiter sitzt ein abgemagerter Joschka Fischer vor einem Glas Mineralwasser. Wieder zwei Tische weiter bestellt Sabine Bergmann-Pohl gerade ihr Essen. Sie trägt eine dicke Perlenkette auf einer bunten Bluse. Poppe hat keinen Hunger. Er bestellt einen Viertel Wein.

Weißhuhn schlägt vor, das Parlament abzuschaffen. »Die Reden heute vor der Abstimmung waren doch der blanke Witz. Die beeinflussen die Abstimmung überhaupt nicht. Die Entscheidungen fallen doch lange vorher. Was im Parlament passiert, ist nur noch Theater. Man braucht vielleicht 50 Abgeordnete. Die, die wirklich Entscheidungen treffen. Die restlichen 622 sind sowieso nur Stimmvieh.« Poppe stiert müde in sein Weinglas. Der Kanzler kommt essen.

Er läuft nicht, er schwebt. Ein grau-blauer Wal. An ihm klebt, wie die kleinen Parasiten, die an den großen Walen mitschwimmen, Kanzleramtsminister Bohl. Sie schweben direkt an unserem Tisch vorbei. Ganz dicht. Man könnte ihn gut umbringen, denke ich. Reinhard Weißhuhn hat offenbar den gleichen Gedanken. Er erzählt eine Geschichte, in der er vor vielen, vielen Jahren bei einem Staatsempfang für Ceausescu im Palast der Republik gesessen hat. »Ich saß direkt über dem Eingang, aus dem das ganze Politbüro getippelt kam. Und Ceausescu. Ich hätte bloß eine Bombe reinwerfen müssen, dann wären sie alle weg gewesen. Daran hab' ich oft denken müssen.« Poppe starrt ihn durch seine milchigen Brillengläser an, die seine müden Augen riesengroß machen.

Was für ein Gespann. Weißhuhn ist ein kleiner, quirliger Typ mit zurückgekämmten Haaren und traurigen braunen Augen, für den es bestimmt eine große Strafe gewesen wäre, eine Krawatte umzubinden. Poppe trägt lange, dünne, graue Haare, einen Ion-Tiriac-Schnurrbart, und sein Leib droht jeden Moment zu zerfließen. Sie wirken so unendlich fremd in dieser Kantine. Fremd in dieser Stadt.

Als es dunkel wird in Bonn, kann Poppe wieder reden. Das Abendlicht fällt in ein ungemütliches, verqualmtes Arbeitszimmer und macht Poppes Gesicht noch röter. Ich habe ihn vor etwa einer halben Stunde gefragt, wie er die Bürgerbewegung der DDR definieren würde. Poppe antwortet immer noch.

Er zerpflückt sie in Strömungen, zerlegt sie in Phasen, setzt sie wieder zusammen, baut sie wieder auseinander, markiert Zäsuren, Höhepunkte und Niederlagen, vergleicht sie mit den Bewegungen in Osteuropa, kehrt wieder in den Prenzlauer Berg zurück. Er redet und redet und bleibt doch in der Mitte der 80er Jahre hängen. Er hat nicht bemerkt, daß die Zigarette in seiner Hand lange ausgeglüht ist, er hat nicht bemerkt, daß er sich vollkommen mit Asche besprenkelt hat. Auf seinem stummen Fernseher spricht Gerhard Zwerenz von der PDS in einen leeren Sitzungssaal. Die Kernzeit ist abgelaufen. Im Zimmer wird es immer dunkler. Poppe ist in den 80er Jahren. Der wahrscheinlich wichtigsten Zeit seines Lebens.

»Poppe war so was wie der Vater der DDR-Opposition«, hatte mir Christoph Singelnstein erzählt. Und jetzt? Was die Stasi nicht schaffte, hat die Zeit geschafft. Seine Frau hat sich von ihm getrennt. Er lebt die Hälfte des Jahres in einer fremden, kalten Stadt. Die Partei bietet ihm auch kein Zuhause. Nir-

Gerd Poppe

gendwo geht es verbissener zu als bei den Grünen. Sie wollen ihn weghaben, denkt er.

Er engagiert sich stark in Osteuropa, wo man noch Vergangenheit atmen kann.

Irgendwann gegen Mitternacht sitzen wir im Bonner Presseclub über dem wirklich allerletzten Grappa. Weißhuhn und Poppe erzählen von früher. Von den Dichterlesungen in Poppes Wohnung, von den beiden Stasileuten, die in der Schwimmhalle baden gingen, in der Poppe arbeitete, von Typen, die »Puschkin« hießen, »Tomski« und »E. T. A.« Sie haben Tränen in den Augen. Vor Lachen. »Und jetzt sollen wir hier Politik machen«, sagt Weißhuhn. »Das geht eigentlich gar nicht.«

Woher kommt sein Spitzname Poppoff, frage ich Gerd Poppe. »Ach, das ist eine Kinderbuchfigur von Janosch«, erklärt Poppe. »Poppoff kann ein bißchen fliegen und macht auch sonst merkwürdige, lustige Sachen. Die Kinder meiner Freundin fanden, daß er mir sehr ähnlich sei. Seitdem heiße ich Poppoff.«

Einen Grappa nehmen wir noch. Vielleicht fliegt Poppe ja heute nacht noch mal.

Es ist November in Berlin. Es ist noch kälter geworden. Die Leute, die des Teufels General zersägen, kriegen Routine. Das Publikum wird gewöhnlicher. Vor der Volksbühne steht ein Mann mit einer blauen, steifen Jacke, um die er einen gewaltigen Schal geschlungen hat. Er ist dünn, blaß, hat lange graue Haare und ein schönes, ernstes Gesicht. Er heißt Andreas Schönfelder und ist der Gründer der Umweltbibliothek von Großhennersdorf. Großhennersdorf ist ein sächsisches Kaff im Dreiländereck Polen – Tschechien – Deutschland.

Schönfelder ist für drei Tage nach Berlin gekommen, »um mir wieder mal ein bißchen Kultur reinzuziehen«.

Er erzählt Fetzen aus einer wilden Biographie. Er ist in der Wismut groß geworden, sein Vater war Genosse, er Offiziersbewerber. Aber beim Abitur lernte er Bands kennen, die Saturi hießen oder Birkholz-Formation, er begann durchs Land zu trampen, fing an zu lesen, wurde schließlich Pfleger in einem kirchlichen Heim in Großhennersdorf und beschloß, überhaupt nicht zur Armee zu gehen.

Er und seine Freunde soffen, klauten, liebten dieselben Frauen und machten Projekte. Anfang der 80er Jahre wollen sie alle Häuser in der Oberlausitz aufkaufen, um eine Art eigenen

Andreas Schönfelder

Staat zu bilden. Als sie zehn Häuser hatten, wurden sie auf eine schwarze Liste gesetzt. Also wollten sie nach Südamerika auswandern, lernten Spanisch und übten im Zittauer Gebirge die Bewegung im Gelände. Ein Jahr später traf Schönfelder in Berlin einen Amerikaner aus Eugine, Oregon. Sie beschlossen, in Eugine ein Lesecafé zu eröffnen. Aber weil sich in Berlin endlich etwas tat, das diesen Staat zum Kippen bringen konnte, machten sie erstmal in Schönfelders Haus eine Umweltbibliothek auf.

In der Wendezeit versuchte Schönfelder, in Berlin die Aktenvernichtung zu stoppen, suchte mit einem Trabant nach Waffenlagern der Stasi, sah sich Bonn an, wollte vorübergehend die Böll-Stiftung in Leipzig übernehmen, fuhr dann aber doch nach Großhennersdorf zurück. Er wurde stellvertretender Bürgermeister und macht weiter Projekte.

Irgend etwas in seinem ersten, blassen Gesicht sagt mir, daß hier ein echter, ein lebender Bürgerrechtlicher vor mir steht. Keiner aus dem Museum. Keiner, der korrumpiert, frustriert oder in den Wahnsinn getrieben wurde. Einer, den Kohl nie kriegt.

Und so stehe ich ein paar Tage später in dem Wohnzimmer des riesigen Bauernhauses von Schönfelder, in dem sich einst die Umweltbibliothek befand. In dem Zimmer haben Feeling B. und Herbst in Peking gespielt, und auf der Liege in der Ecke hat vor einem Jahr Wolf Biermann nach einem Konzert in Zittau geschlafen. In der Nacht vor seinem 59. Geburtstag.

Schönfelder schleift mich durch Großhennersdorf, das inzwischen zur Hälfte ihm und seinen Freunden gehört. Sie haben ein altes Gut gekauft, aus dem sie mit schwervermittelbaren Jungendlichen und alternativen Baustoffen ein »Begegnungszentrum im Dreieck« machten. Nichts Billiges, ein schönes, solides Haus mit Sonnenkollektoren auf dem Dach. Schönfelder zeigt mir ihre alternative Videothek, die neue Umweltbibliothek, das letzte Haus, das er sich gerade gekauft hat. Mit Fleischerei, Taubenschlag und einem kleinen Gefängnis. Im Augenblick überlegt er, was er daraus machen könnte.

Irgendwann landen wir in einer ehemaligen Bäckerei, in der Schönfelder und seine Freunde eine Kneipe betreiben. Es sind ein paar arbeitslose Jugendliche aus Riesa da, die im Begegnungszentrum einen Lehrgang machen. Schönfelder entkorkt die Weinflaschen und legt seine Lieblings-CD einer Band namens Ween ein. Für seine erste Flasche Wein braucht der Mann nur eine gute halbe Stunde. Dann macht er die Musik lauter. Wir trinken weiter, irgendwann kommt ein Junge aus Burkina Faso dazu, der hier einen Trommelworkshop organisiert. Nach der zweiten Flasche Wein beginnt Schönfelder zu tanzen. Wir trinken weiter. Einer der arbeitslosen Riesaer steht auf und teilt feierlich mit: »Ich gründe eine Band.« Um eins brüllt Schönfelder: »Ihr müßt leben! Versteht ihr? Leben!« Dann holt er neuen Wein.

So in etwa muß es wohl gewesen sein, damals, denke ich, als ich Stunden später unterm Großhennersdorfer Sternenhimmel zu Schönfelders Haus schwanke. Ein paar Minuten später falle ich in Wolf Biermanns Bett und warte auf einen Traum.

Guten Morgen, Berlin!

Der härteste Radiomarkt Europas und seine
fröhlichen Frühstücksprogramme

Es ist kalt im froschgrünen »XXL«-Studio. Das liegt daran, daß
der »XXL«-Moderator Torsten Rüther das Studiofenster weit auf-
gerissen hat. So schwappen die vier Grad, die der »XXL«-Wet-
terbericht soeben mit der freundlichen Unterstützung von
Flamme-Möbel Spandau vermeldet hat, aus dem Hof des Hotels
Intercontinental ins froschgrüne »XXL«-Studio. Torsten Rüther
bewegt sich auf einem rollenden Bürostuhl schnell zwischen
den verschiedenen Knöpfen und Schaltern hin und her. Rüther
hat einen modernen Haarschnitt, moderne Koteletten und eine
Brille, die seine Augen größer macht. Sie schauen ernst. Na ja, es
ist kalt, es ist früh, und auf den Rohrleitungen und Eisenleitern
hinter den Fenstern liegt feuchter, milchiger Dunst. Es gibt keinen Grund, fröhlich zu sein. Eigentlich.

Rüther drückt einen Knopf. Die Pizzeria Napoli läuft vom
Band. Eine Art gespielter Witz. Ein Gast fragt den Wirt eines
italienischen Restaurants, ob sie auch was Warmes haben.
»Keinä Pproblemma«, sagt der Wirt, »wirr habän Bierr.« Mit
einer schnellen Bewegung setzt Rüther an das letzte Wort des
Comedy-Italieners »Confusion« vom Electric Light Orchestra.
Es ist 7.11 Uhr im froschgrünen »XXL«-Studio von *Hundert,6*.
Niemand hat gelacht. Aber das ist auch nicht wichtig.

»Wir sind ›XXL‹«, sagt Rüther, »kurz, schräg, schnell. Das Wichtigste an einem Gag ist, daß er kurz ist. Dann nimmt der Hörer
auch in Kauf, daß die Pointe nicht lustig ist.« Torsten Rüther
wird im Laufe dieses Morgens noch ein paarmal nach dieser Re-
gel verfahren. Seine Gags sind nie komisch. Aber immer kurz.

Einen Supertramp-Titel moderiert er mit den Worten an: »Die
kaufen ihre Instrumente schon seit Jahren in Dresden. Dort
gibt es einfach die besten Sachs-o-phone.« Um 7.19 Uhr fällt
ihm ein neuer Name für Tic Tac Toe ein. »Tic Tac Klo … weil,
die Lage der Mädels ist langsam so richtig Schescheschesche-
scheiße.« Dann schnell: »Under the moon of love.« Showaddy-

waddy. »Hartes Fahren ist wichtig«, sagt Rüther. »Hohe Dynamik. Wir müssen Druck machen.«

Torsten Rüther ist 28 Jahre alt. Er hat ein knappes Semester Betriebswirtschaft studiert und dann bei *Radio Hamburg* angefangen, wo er bei einer Show namens »Avanti« in fünf Jahren die Hörerzahl verdreifachte. Er war jung, er war erfolgreich und war damit so was wie das Gegenteil von *Hundert,6*. Der erste Berliner Privatsender war in die Jahre gekommen und hatte deutlich Hörer verloren. Zumindest sagt das die letzte Media-Analyse. Eine Hörerbefragung, die einmal im Jahr durchgeführt und von allen Radiomachern ehrfurchtsvoll MA genannt wird. Sie ist der Scharfrichter der Rundfunkstationen, vor allem der privaten, weil sie der Gradmesser der Werbewirtschaft ist.

Ende vorigen Jahres fragte *Hundert,6* Rüther, ob er der neue Morgenshow-Moderator werden will. »Hier ist der heißeste Radiomarkt«, sagt Rüther. »Die Morgensendungen sind das Wichtigste im Radio. Klar wollte ich. Ich kam im Dezember nach Berlin. Gemeinsam mit dem Layouter von *Hundert,6* habe ich in zehn Tagen das Konzept für meine Show entwickelt.«

Seit 6. Januar ist Torsten Rüther auf Sendung. Jeden Morgen. Von Montag bis Freitag. Von fünf bis zehn. Er soll *Hundert,6* verjüngen, beschleunigen. Irgend so was wohl. Auf jeden Fall muß etwas anders gemacht werden. Die Hörer sollen wieder zurückkommen. Weil man aber nicht so genau weiß, was der Hörer eigentlich will, haben sie erst mal Torsten Rüther geholt. Und sein Konzept.

Was für ein Konzept?

»Ich habe mir die Uhr ausgedacht. Also die Aufteilung der Stunde in Kuchenhäppchen. Ja, und dann habe ich mir das ›XXL‹ ausgedacht. Kurz, schräg, schnell. Und das froschgrüne ›XXL‹-Studio, das froschgrüne ›XXL‹-Telefon und die Comedy-Sidekicks«, sagt Torsten Rüther. »Wie die Pizzeria Napoli.«

»Torsten ist der Anker für das Programm«, sagt Chefredakteur Bernd Curanz. »Er ist der Mittelpunkt, der zu den Oldies paßt und zu den News. Der eine Persönlichkeit hat. Aber nicht so, daß man sich an ihm stört.«

Der Mann, der zu den Oldies paßt und zu den News, telefoniert gerade mit Ralf aus Marzahn. Ralf beantwortet die Frage, wie lange eine Frau schwanger ist, richtig. Er gewinnt den Jackpot, in dem sich 402 Mark befinden, freut sich aber nicht ausgelas-

Torsten Rüther

sen genug. Nicht so schlimm. Torsten Rüther zeichnet die Hörer-
gespräche auf. Er schneidet das müde »Oh, danke« von Ralf aus
Marzahn weg. Anschließend wird Ralf in ein Musikbett gelegt
und abgespielt.

»Das hat zwei Vorteile«, sagt Torsten Rüther. »Erstens ver-
meidest du unangenehme Überraschungen, sprich: politische
Äußerungen von Hörern. Und zweitens kriegst du eine höhere
Dynamik rein.«

Ein Konzept? Vielleicht.

Gegen 8 kommt der Reporter Andreas Wurm ins Studio. »Der
›XXL‹-Wurm.« Er hat heute nichts gefunden, da draußen in der
Stadt. In der Wirklichkeit. »Ist schon okay«, sagt Torsten Rüther.
»Jede Platte, die wir mehr spielen, ist gut für die Show.« Tor-
sten Rüther hat eine Menge solcher Radioweisheiten im Sack.
Andreas Wurm hat auch ein paar, aber noch nicht so viele. Er
ist ja auch erst 24 Jahre alt und kam aus Aschaffenburg nach
Berlin.

»25 bis 55 Jahre, das ist unsere Zielgruppe. Es gibt aber auch
16jährige, die uns hören«, sagt Wurm. »Wir haben natürlich
auch Stammhörer.«

»Die kriegst du auch nicht weg«, sagt Rüther.

»Wollen wir ja auch gar nicht. Wir sind seit zehn Jahren für ganz Berlin da. Wir wollen niemanden ausgrenzen«, sagt Wurm. Vor zehn Jahren war er 14. Wurm und Rüther. Zwei vor der Zeit gealterte Rundfunkpioniere. Keine schlechte Comedy. Wenn auch unfreiwillig.

Nach der Sendung sitzen die beiden mit dem Hubschrauber-Reporter, dem Musikredakteur, einem Techniker und Chefredakteur Curanz zur Auswertung im Sitzungszimmer. »Ich fand die Sendung, tja, äh, rund. Ja, rund«, schätzt Curanz ein. Ihm fällt nichts mehr ein. Bernd Curanz ist seit zehn Jahren bei *Hundert,6*. Von Anfang an. Er hat die goldenen Zeiten mitgemacht, in denen *Hundert,6* noch das einzige Privatradio der Stadt war, mit gigantischen Hörerzahlen und großem politischem Einfluß. Als man sich noch keine Gedanken darüber machen mußte, wer man eigentlich war, wo die Zielgruppe saß und welches Musikformat man besetzen muß.

Erst haben sie aufgehört, deutsche Schlager zu spielen. Dann haben sie ganz aufgehört, deutschsprachige Musik zu spielen. Sie haben die Wortbeiträge verkürzt. Dafür gibt es nun immer wieder das Jingle »Top Oldies, Top News«. Und jetzt dieser naßforsche Hamburger. Curanz weiß ja auch nicht, ob das alles was bringt. Solange die Zahlen noch nicht da sind.

»Natürlich ist unser Ziel für die nächste Zeit, die Nummer eins zu bleiben. Oder wieder zu werden. Oder was auch immer«, sagt Curanz. Und dann sagt er noch: »Wir müssen uns fragen: Was sind wir? Wofür stehen wir?«

Und?

»Top Oldies und Top News«, erklärt er müde. Rüther hätte ihn rausgeschmissen.

»Wir haben keine eigene Wirtschafts- oder Politikredaktion, weil das nicht zielgruppenkompatibel ist.«
Gunda Thalemann, Presse- und Öffentlichkeitsarbeit, *radio energy*

Es ist 8.28 Uhr. Oliver hat soeben einen Radiorecorder in Form einer US-Zapfsäule gewonnen. Er hat herausgefunden, wie der Sohn der Familie Nette heißt. Mario. Mario-Nette. Verstanden? Nachrichtensprecher Michael Peters liest von seinem Computerbildschirm in einem kleinen Kabuff über der brummenden Potsdamer Straße zielgruppenkompatible Meldungen auf einen Klangteppich. Er bewegt den Kopf dabei so anmutig hin und her wie Sabine Christiansen. Vielleicht sieht man ihn ja. Alle 15 Minuten übertragt eine Web-Kamera Bilder aus dem Studio ins Internet. Man weiß, wie die Familie Lüdtke aussieht. Thomas ist dick, Jasmin ist schön, und Jan sieht so aus, wie man sich einen Privatradiomoderator vorstellt. Es gibt keine Geheimnisse. Es gibt den Blitzerservice und die Mitteilung, in welchen BVG-Linien heute kontrolliert wird. Kein Thrill mehr für Schwarz- oder Schnellfahrer.»E-ner-gy«, rauscht es aus den Boxen.»Das schnellste Radio Berlins.«

»Machen wir den Ehe-TÜV in Amerika oder die alte Zahnärztin aus Brandenburg?« fragt Jan Lüdtke.

»Die Zahnärztin«, sagt Thomas Engelke.

Vor ihm liegt ein Exemplar des *Berliner Kurier*, aufgeschlagen auf Seite 15. Irgendwo im Land Brandenburg praktiziert eine 89jährige Zahnärztin. Sie benutzt nach wie vor ihre uralten Instrumente.

»Das ist doch süß«, sagt Engelke.

»Ja, süß«, sagt Jasmin Wiegand.

Süß ist ein Attribut, das noch häufig fallen wird an diesem Morgen. Noch häufiger als schnell. Jan, Jasmin und Thomas sind Familie Lüdtke. Die Morgencrew von *energy*. Eine Mischung aus Comedy-Figuren und Moderatoren. Lustig, süß und schnell.

Was soll das bedeuten: das schnellste Radio Berlins?

»Es heißt nicht, daß wir schneller reden als andere. Es ist eher so was wie ein Gefühl. Eine Farbe. Der Hörer, der uns nachts um eins einschaltet, muß wissen, daß er da *energy* hört«, sagt Thomas Engelke.

»Wir haben kein Zahnarztbohrer-Geräusch im Computer«, sagt Jan Lüdtke.

»Probier mal den Preßlufthammer«, sagt Jasmin, »oder die Kreissäge.«

»Wenn man sich an eine gewisse Geschwindigkeit im Radio gewöhnt hat, geht einem alles andere auf den Wecker. *r. s.2* ist schleimig, Arno Müller ist zotig. *Fritz* faselt zuviel. Da spürt man eine gewisse Selbstverliebtheit«, sagt Thomas Engelke.

»Wir legen den Schrei aus ›Psycho‹ runter«, sagt Jan Lüdtke.

»Ich sag' zum Schluß einfach: Wir schauen mal, wie es bei der Frau in der Praxis aussieht. Und dann das ›Psycho‹-Geräusch«, sagt Jasmin Wiegand.

Thomas Engelke, Jasmin Wiegand, Jan Lüdtke

»89 Jahre«, sagt Jan Lüdtke. »Bei der war wahrscheinlich schon der Führer zum Bohren.«

»Das sagste aber nicht.«

Sie verbraten die Zahnärztin in einer Minute. Zwischen zwei Titeln. Es huscht vorbei wie ein Radiomorgen. Zerrieben zwischen Jingles, Nachrichten, guter Laune und Staumeldungen. Eine schnelle Welt. Die schnellste Welt der Stadt.

Lüdtke schaut zum Bildschirm. Erika Pluhar ist Gast im Frühstücksfernsehen der *ARD*. »Mein Gott, Erika Pluhar«, sagt Lüdtke. »Die lebt noch?!« Ein paar Minuten später macht sich Engelke über Tic Tac Toe lustig. Die Mädchenband, die ihr Sender präsentiert. Und spielt.

Jasmin Wiegand ist 22 Jahre alt, Jan Lüdtke 27, Thomas Engelke 30. Zu jung für Erika Pluhar, zu alt für Tic Tac Toe. Wie lange kann man das eigentlich machen? Wohin verschwinden all die jungen Moderatoren später? Sind sie versichert? Gegen Alter und Langsamkeit?

»So eine Sendung kann man natürlich nicht ewig machen«, sagt Jasmin Wiegand, die mehr oder weniger reingerutscht ist, weil sie keinen Studienplatz bekommen hat. Vielleicht studiert sie ja noch mal.

»Wenn sich das Konzept der Morgensendung ändert, sind wir weg«, sagt Thomas Engelke. Er hat Literaturwissenschaften studiert, aber will das nicht ständig raushängen lassen. Außerdem liebt er diesen Job. »Ich bin zwar schon 30, aber ich hab glücklicherweise eine junge Stimme.«

»Ach Quatsch. Man kann hundert Jahre moderieren«, sagt Jan Lüdtke. »Irgendwann landet man bei *Spreeradio*. Und wenn wir da ankommen, spielen die dort auch Take That.«

»70 Prozent der Radiohörer entdecken einen Radiosender per Zufall. Durch das Drehen am Radioknopf. Unser Problem ist, daß unsere Kernzielgruppe bei 55 Jahren anfängt. Die drehen gar nicht mehr. Die haben irgendwann ihren SFB *eingestellt. Und das war's dann. Da müßte man fast zu jedem Hörer persönlich hin und das umstellen.«*
Stefan Höhrdt, Chefredakteur *Spreeradio*

Renate Teichner ist am Telefon. Sie hat auf ihr Thermometer geschaut. In Pankow sind vier Grad. Damit ist sie »Wettermelder« bei *Spreeradio*. Eine kleine Berühmtheit.

»Vielen Dank Frau Teichner«, sagt Stefan Höhrdt ins Mikrofon. »Und jetzt Costa Cordalis, ›Caroline komm‹. Das ist schöne Musik. Lieder, die Sie verstehen. Lieder, die Sie mitsingen können.«

Vier Grad in Pankow. »Caroline komm. Caroline komm, komm ...« Man kann die Wangen von Renate Teichner regelrecht glühen sehen. Bis hierher. Ins *Spreeradio*-Studio im Berliner Marstall. Gleich folgt das »Frühlingslotto«. Die Telefonlämpchen vor Stefan Höhrdt flimmern jetzt schon. Er trommelt auf ihnen herum, um die ISDN-Anrufer aus der Leitung zu kicken. Stefan Höhrdt will, daß alle eine Chance bekommen. Er kämpft um jeden Hörer.

Edeltraud Paul ist durchgekommen. »Guten Morgen, Frau Paul«, sagt Stefan Höhrdt. »Bleiben Sie doch bitte einen Augenblick dran. Ich muß nur schnell ein bißchen moderieren.« Er legt Edeltraud Paul auf die Warteleitung, auf der sie übers Telefon hören kann, wie er sagt: »Der Morgenkuß auf *Spreeradio*. Hier können Sie schöne Musik hören. Musik, die die Seele streichelt. Die neue von Tommy Steiner: ›Sag' noch einmal Kuschelbär‹.« Er fährt die Musik an, drückt einen Knopf und sagt: »So, Frau Paul, da bin ich wieder ...«

Die Frau, sagt Höhrdt später, wird nie mehr einen anderen Sender hören.

Stefan Höhrdt ist 29 Jahre alt. Er kommt aus dem Ruhrgebiet, wo er »Formate moderierte, die hotter waren als *energy*«. Als er 1995 als Moderator und Chefredakteur bei *Spreeradio* anfing, hatte er Probleme mit der Musik. Inzwischen findet er, daß Jürgen Drews und Bernhard Brinck »fast schon in Richtung Techno gehen«, und die neue Platte von Roland Kaiser »klingt wie DJ Bobo«. Und das sagt er nicht nur so.

Stefan Höhrdt lebt in einer *Spreeradio*-Welt. Morgens redet er mit den Hörern. Am Tage leitet er eine Redaktion, in der der gute alte »Kalle« Neumann arbeitet und Manfred Matzke, der früher den »Oberhofer Bauernmarkt« im DDR-Fernsehen moderierte. Und dann geht er ins Bett.

Wettermelder Heinz Lohs hat in Spreenhagen drei Grad gemessen. »Vielen Dank, Herr Lohs«, sagt Stefan Höhrdt. »Heute scheint die Sonne. Aber halten Sie Ihre Hüte fest. Es weht ein stürmischer Wind.«

Höhrdt lächelt beim Moderieren. Er glaubt fest an die Höreransprache. Er glaubt nicht an Gewinnspiele, er glaubt nicht an Moderatoren, die mit sich selber werben, er glaubt nicht an die Media-Analyse. »Wir kriegen doch heute noch Anrufe, bei denen die Leute uns erzählen, daß sie uns schon so lange hören. Uns, den *Spreekanal* oder *Spreefunk*. Oder Sender 105. Was weiß ich. Das zählt alles nicht, wenn die MA sie fragt. Da geraten die Leute teilweise doch in eine regelrechte Prüfungssituation. Und wenn ihnen unser Sendername nicht einfällt, sagen sie eben *SFB* oder *RTL*. Damit sie überhaupt was sagen können. Dieses blinde Vertrauen in die MA ist doch Wahnsinn. Wenn man nur mal *Hundert,6* nimmt. Die verpulvern jetzt einen Haufen Kohle in ihr neues Programm. Und in einem Jahr merken sie dann: War scheiße. Nein, da ist unser langsamer Weg sicher der bessere.«

Kurz vor neun meldet sich ein letzter, verspäteter Wettermelder. Arnim Dinzel aus Wedding hat auf seinem Balkon gerade neun Grad gemessen.

Das ist zu spät, um heute noch in die Sendung zu kommen. Aber gerade noch rechtzeitig, um ein wenig mit Stefan Höhrdt zu plaudern.

»Gemischtwarenläden haben keine Chance mehr. Es ist definitiv so, daß heute nur noch Formatradios überleben können. Da sind Gewinnspiele wichtig, die Images der Moderatoren, aber vor allem die Musik.«
Ralf Mothil, Chefredakteur *r. s.2*

Es ist kurz nach sieben. Andreas Dorfmann ist seit fünf Stunden wach, aber sein Scheitel sitzt tadellos. Über einem vorschriftlich gebügelten gelben Hemd trägt er ein schwarzes Jackett, dazwischen eine grün-blaue Krawatte. Er sieht ein bißchen aus wie ein Versicherungsvertreter, und seine Worte passen dazu. »Hier ist das Wetter«, sagt Andreas Dorfmann. »Natürlich präsentiert vom paradiesischen Pflanzencenter Grüner Holländer. Zweimal im Norden von Berlin.« Er winkt mit dem Arm, so wie es die Radiomoderatoren, die man aus alten Filmen kennt, gemacht haben, und lächelt. Aber irgend etwas stimmt mit dem Lächeln nicht. Und dann beginnt Andreas Dorfmann, sich zu entschuldigen.

»Wir machen ja hier so was wie Infotainment. Fürchterlicher Begriff. Gerlinde ist ja damit aufgewachsen, aber ich habe ja eine klassische Ausbildung. Ich bin ja im Feuilleton ausgebildet worden. Beim ›Berliner Abend‹. Und dann später beim *SFB*. Ich bin froh, daß ich das machen konnte, hab' eine Menge gelernt da. Na ja, und dann *RIAS 2*. Das war die schönste Zeit meines Lebens. Aber das ist ja dann privatisiert worden. Das *ZDF* hatte ja kein Interesse. Schade. Und jetzt machen wir hier praktisch das 97er Modell von *RIAS 2*. So wie Mercedes. Die bringen ja auch immer neue Modelle raus. Welches mir besser gefällt? Nun, das muß jeder für sich selbst entscheiden. Wir wissen ja, in welcher Richtung sich die Berliner Radiolandschaft verändert hat.«

Als er eine Pause macht, sagt seine Co-Moderatorin und Lebensgefährtin Gerlinde Janicke: »Ich finde es schade, daß man schon automatisch anfängt, sich zu entschuldigen. Dieser Dudelfunk ist nun mal da, um gut in den Tag zu kommen. Zeitungen und Bücher lesen kann man auch abends. Es gibt so viele Arbeitslose da draußen. Und so viele, die keinen Spaß an ihrem Job haben. Wir haben einen so schönen Beruf.«

»Wobei einige Tendenzen wirklich bedenklich sind«, sagt Andreas Dorfmann. »Der Einzug von schlecht ausgebildeten Journalisten zum Beispiel.«

»Es stimmt schon. Auf die Sprechausbildung legt überhaupt keiner mehr Wert«, sagt Gerlinde Jänicke. »Du kannst einen S-Fehler haben oder so. Egal. Hauptsache, du kannst ›Super-Oldies und das Beste von heute‹ fehlerfrei aufsagen.«

»Das meinen wir jetzt aber nicht auf uns bezogen«, erklärt Andreas Dorfmann. »Thomas Gottschalk hat mal gesagt: ›Wir sind nur die Pferde. Wir müssen laufen.‹ Das stimmt.«

Rotlicht. »Es ist 8 Uhr und 13 Minuten«, sagt Gerlinde Jänicke. »94.3, *r. s.2.* Der Fifty-fifty-Mix. Super Oldies und das Beste von heute.« Das Rotlicht erlischt. »Andreas ist ja ein Intellektueller. Er liest alle Tageszeitungen. Von der *BILD* bis zur *FAZ.* Der ist immer noch mehr Journalist.« Dorfmann lächelt.

Sie passen aufeinander auf. Sie finden das, was sie tun, schlimm, aber sie tun es gerne. Sie fühlen sich nicht wohl in ihrer Haut, aber es macht Spaß. Sie entschuldigen sich nach einem stereotypen Aufsager und machen gleich den nächsten. Und immer wollen sie den Eindruck erwecken, daß sie das, was sie hier tun, nur vorübergehend tun. Dorfmann redet von den guten alten Zeiten. Von früher. Gerlinde Jänicke von den verheißungsvollen Zeiten. Von morgen.

»Damals, als ich noch beim *SFB* war und die Kollegen vom *RIAS* eine Bob-Marley-Platte brauchten, da habe ich die denen persönlich rübergebracht. So was ist heute gar nicht mehr denkbar«, sagt Dorfmann.

»Ich habe es visualisiert. Ich habe es gesehen. Wie sich Andreas darüber totlacht, daß er irgendwann mal aufgesagt hat: ›Der Fifty-fifty-Mix und das Beste von heute.‹«, sagt Gerlinde Jänicke.

Dorfmann sieht seine Zukunft beim Fernsehen. Er will irgendwann mal so was moderieren wie die *NDR*-Talkshow. Deswegen macht er nach dem aufreibenden Radiojob abends immer noch mal den Wetterfrosch bei *Puls-TV*, um zu beweisen, daß er ein Fernsehtalent ist. »Ich habe auf der Grünen Woche und bei der Funkausstellung schon mal Gesprächsrunden moderiert«, sagt Dorfmann. Gerlinde Jänicke möchte irgend etwas mit Comedy machen. Schauspielerisch vielleicht. Oder wenigstens Synchronsprecherin.

Sie wollen hier weg! Und sie sind selbstverständlich froh, daß sie hier sind.

»Wir machen ja keine künstliche Sendung«, sagt Dorfmann. »Wir wollen keine künstliche Fröhlichkeit wie bei ›Arno und die

Morgencrew‹. Wir versuchen, uns da schon zu unterscheiden. Wir wollen Persönlichkeit rüberbringen, Freundlichkeit, Frühstücksatmosphäre. Wir versuchen, ein Teil der Familie zu sein.«

»Wir wollen gar nicht um jeden Preis witzig sein. Wir wollen einfach wir selbst sein. Ich habe da viel Selbstbewußtsein von Andreas gelernt. Wenn ich ihn nicht kennengelernt hätte, würde ich heute vielleicht auch in Strapsen übern Ku'damm laufen. Wie Arno«, sagt Gerlinde Jänicke.

»Das sind zum Beispiel die Grenzen«, sagt Dorfmann, »ich würde nie die Hosen runterlassen. Irgendwann wollte mein Programmdirektor mal, daß ich für eine Promotionaktion mit dem Fallschirm abspringe. Nee, habe ich gesagt. Mach' ich nicht. Da habe ich Angst. Und einmal, als wir bei einer Aktion Hafer für ein Jahr verlost haben, sollte ich mich für ein Foto auf ein Pferd setzen. Das habe ich auch nicht gemacht. Es ist hier ja nicht so wie bei *RTL*, wo Arno sagt: Ihr seid meine Soldaten. Geht raus und kämpft. Nee, wir haben hier schon was zu sagen.«

Es ist kurz vor neun. Sie verabschieden sich von ihren Hörern und gehen in ein Nebenstudio, um einen Werbespot für die Sendung aufzunehmen, die sie am Sonnabend machen. Sie heißt »Live aus den Waltersdorfer Wasserbetten«. Andreas Dorfmann und Gerlinde Jänicke werden im Wasserbett liegend moderieren.

Natürlich entschuldigt sich Andreas Dorfmann auch dafür. »Werbung und Journalismus haben ja eigentlich nichts miteinander zu tun. Aber wir haben nun mal diese Situation, seit es in Berlin *RTL* gibt. Arno hat gesagt: ›Wir haben hier ein Produkt, und jetzt müssen wir die Bedürfnisse für dieses Produkt schaffen.‹«

»Ja, Arno war ja auch mal Autoverkäufer oder Versicherungsverkäufer. Der liest auch keine Zeitung. Er verkauft sein Produkt«, sagt Gerlinde Jänicke.

»Ich bewundere Arno dafür, daß er seine Sendung schon so lange macht. Ich begegne ihm mit … Wie sagst du immer, Gerlinde?«

»Respekt.«

»Genau, mit Respekt.«

RTL hat Gerline Jänicke in einem Trailer mal mit einem Schwein verglichen.

Gegen elf gehen die beiden nach Hause. Andreas Dorfmanns schwarzer Mantel ist mit Katzenhaaren bedeckt. Er hat eine schwere Katzenallergie. Aber Gerlinde Jänicke liebt Katzen. Sie haben jetzt drei Stück. Dorfmann trinkt spezielle chinesische Teemischungen, um die Allergie ein wenig im Griff zu behalten. Es geht ganz gut, sagt er und lächelt sein verzweifeltes Lächeln.

Die Zeiten sind hart für Leute, die sich nicht entscheiden können. *r. s.2*-Programmdirektor Rik de Lisle wird im Juli Berater einer Consulting-Gesellschaft.

»Ich habe die objektive Redezeit abgeschafft und die subjektive eingeführt. Es gibt keine Beiträge, die zu lang sind. Es gibt nur welche, die langweilig sind.«
Florian Barckhausen, Chef von *88 8*

Es dauert ein wenig, bis man zu Ingo Hoppe vorgedrungen ist, aber es lohnt sich.

Zunächst steht man in einer zugigen Schleuse einem Pförtner gegenüber, der langsam mit dem Finger die Telefonliste des *SFB* entlangfährt. Der *SFB* hat eine lange Telefonliste. Dann wartet man in einem hohen, gespenstischen Foyer darauf, daß man abgeholt wird. Schritte hallen, blasse Menschen huschen vorbei. Man rumpelt in einem alten Fahrstuhl, der nach Essen riecht und nach Motorenöl, irgendwohin, läuft über lange Gänge, eine Tür geht auf, viele Menschen schauen einen an. Es sind ein Toningenieur dabei, ein Tonassistent, eine Aufnahmeleiterin und andere, deren Namen und Funktionen man sich nicht mehr merken kann. Sie sitzen zwischen großen Maschinen herum und haben ihr Frühstück ausgebreitet. Aufgerissene Packungen mit Vollkornbrot, Le Tartare, Schwarzwälder Schinken liegen herum, Tomaten, Croissants, Erdbeergelee, Messer und Löffel. Gewisse Vorurteile über den öffentlich-rechtlichen Rundfunk werden hart, aber dann macht jemand die Tür auf, man wird in ein Studio geführt und trifft auf Ingo Hoppe, den Moderator der Frühsendung von *88 8*.

»Tach«, sagt Hoppe. »Ja, ich bin hier ganz allein. Keine kichernden Blondinen. Brauche ich aber auch nicht. Ja, und wie Sie sehen, haben die öffentlich-rechtlichen Anstalten auch kein Geld für lustige Gardinen. Ich wundere mich jeden Morgen wieder, daß es aus diesem grottigen Studio überhaupt möglich ist, einen einzigen Ton in die Welt zu senden.«

Ingo Hoppe

Dann wendet er sich dem Mikrofon zu. Er sagt irgend etwas über das Wetter da draußen und dann über den Verkehr, aber wie er es sagt, ist erstaunlich. Er legt den Kopf schief dabei, rudert mit den Armen, es ist, als sehe er die Leute vor sich, zu denen er gerade redet. Er wirbt um sie, er klopft ihnen auf die Schulter, er zieht ihnen die Bettdecke weg, er macht die Fenster auf, er macht ihnen klar, daß da ein Tag auf sie wartet, der sie braucht. Es klingt ein bißchen ulkig, aber genau das macht er.

»Kommen Sie gut an!« sagt Hoppe und reißt den Arm mit ausgestrecktem Zeigefinger nach oben. Der Tontechniker draußen hinter der Scheibe, vor der Brotkrümel und Schinkenreste lagern, fährt die Musik an. Udo Jürgens, Jürgen Marcus oder Harpo. Irgendwas in der Art. Hoppe ist 28 Jahre alt, ihm ist egal, was sie für Musik spielen. Er ist ein Wortmensch. Er redet an diesem Morgen über Ladenschlußzeiten, ein neues Schadstoffmobil der BSR, den Streit um das Olympiastadion und die Rentenreform, es gibt Buchbesprechungen, Telefonumfragen und Interviews.

Zwischen all den Informationen und Schlagern sucht Hoppe nach der Frequenz, mit der er die älteren Herrschaften da draußen an den Empfängern erreichen kann. Die Kernzielgruppe von *888* beginnt bei 45 Jahren. Er will ihre Stimmungen verändern, verbessern.

»Im Grunde glaube ich nur bedingt an Journalismus«, sagt Ingo Hoppe, der als Reporter schon aus Krisengebieten und von Olympischen Spielen berichtet hat. »Journalismus ist willkürlich. Aber ich glaube an Stimmungen. Ich glaube daran, daß Radio die Welt verändern kann. Es gibt so magische Momente, da spüre ich, daß ich was erreichen kann. In meiner Sendung haben schon abgeklärte Manager am Autotelefon erklärt, daß sie ihre Frau lieben, jemand hat mir die Blume auf seinem Fensterbrett beschrieben, und einmal habe ich die Leute gefragt, ob sie eigentlich ihre Nachbarn kennen. Wenn nicht, sollen sie sich doch heute mal vornehmen, sie kennenzulernen.«

Zugegeben, es klingt ein bißchen eigenartig, vor allem für Menschen, die den ganzen Tag zwischen *RTL* und *r. s.2* herumzappen. Aber Hoppe ist kein Laienprediger. Er spielt mit der Magie des Mediums. Und außerdem funktioniert es. Hoppe kriegt bergeweise Briefe und Geschenke. *888* ist der Sender mit der höchsten Moderatoren-Akzeptanz in Deutschland. Und es ist neben *Radio Fritz* das einzige öffentlich-rechtliche Programm mit hohem Wortanteil, das steigende Quoten hat.

»Wenn ich nach einer guten Sendung das Studio verlasse, kann ich fliegen«, sagt Hoppe. Meist kommt er nicht weit. Er stürzt in einem verramschten Büro ab, wo die Morgensendung ausgewertet wird. Verbiesterte Redakteure meckern und mäkeln, suchen nach Fehlern. Suchen nach einer Berechtigung dazusein. Vierzehn Leute nehmen an der Auswertung teil. Sie diskutieren längere Zeit darüber, wo eigentlich der Schinkelplatz ist. Ingo Hoppe fläzt sich gelangweilt auf einem Stuhl.

Aber morgen früh um sechs wird er wieder in seinem grottigen Studio sitzen. Und die Welt verändern.

»Wir machen im Prinzip einen 24stündigen Werbespot. Für uns selber.«
Jürgen Karney, Programmdirektor *BB Radio*

Der Ort, von dem aus der Brandenburger Radiomarkt revolutioniert wird, ist knapp 15 Quadratmeter groß und hat ein Fenster zu einem verrumpelten Hof. Am Horizont dröhnt eine Potsdamer Schnellstraße. Es gibt ein Regal, in dem ein Zitatenlexikon steht, Berlins Gelbe Seiten von I-Z, ein verpacktes Budweiser-Glas sowie einen Aktenordner, auf dessen Rücken steht »Hörer mit Telefon«. Es gibt einen Arbeitstisch mit einer Kaffeetasse, einer aufgeschlagenen *BILD*-Zeitung und einem als Salami verpackten T-Shirt, das für einen Film mit dem Namen »Die Beverly-Hills-Kampfwurst« wirbt. In einer Ecke steht ein altes Akkordeon. Außerdem befinden sich zwei Männer in dem Altbauzimmer. Einer trägt eine Jeansjacke mit abgeschnittenen Ärmeln und einen mächtigen Bauch, der andere ist Jürgen Karney.

Wir sind bei *BB Radio*. Es läuft die »Frühstücksshow mit Karney und Co.«.

Als Jürgen Karney vor anderthalb Jahren wegen Stasivorwürfen beim *Berliner Rundfunk* rausflog, verließen, wie er sagt, auch etwa 40 000 Hörer den Sender. Kurze Zeit später fing Karney bei *BB Radio* an, das bis dahin in der Bedeutungslosigkeit dümpelte. »Früher erschienen hier irgendwelche Hobbymoderatoren mit ihrem CD-Koffer im Studio und laberten die Leute voll«, sagt Karney. »Damit war Schluß.« Es kamen neue Gesellschafter, es gab Geld für die Werbung, neue Moderatoren, Karney wurde Programmdirektor, entwarf ein »Layout« für *BB Radio* und moderierte die Frühsendung.

An der Studiowand hängt ein Zettel, der mit großen Buchstaben das Konzept seiner Morningshow in etwa beschreibt: »Morgens wichtig: Zeit. Zeit. Zeit. Nett. Nett. Nett. Lächeln!« Daneben hängen ein paar Blätter, die sein »Layout« illustrieren. Es sind weiße Kreise mit vier schmalen, grauen Streifen drin. Die Kreise symbolisieren die Stundenuhr von *BB Radio*. Die schmalen, grauen Kuchenstückchen markieren die Zeit für Moderation. Soeben erreicht die »Frühstücksshow mit Karney und Co.« eine der winzigen Moderationsflächen.

»*BB Radio:* Oldies, Schlager, gute Laune«, sagt Karney, und dann sagt er noch: »Es ist Montag morgen. Endlich wieder Montag. Wir gehen mit Schwung an die Werkbank. Hören *BB Radio*.« Im Hintergrund klatscht der Mann mit der Jeansweste und ruft: »Ah«, »Oh« und »Mmhh«. Der Mann heißt Hans Helmig und hat früher durch die Lautsprecheranlage des Konsument-Warenhauses Frankfurt/Oder angekündigt, daß beispielsweise neue Strickmützen eingetroffen sind. Helmig ist Karneys Co-Moderator, sein Klatschen ist »die zweite Ebene«, sagt Karney, »weil, Radio ist Theater im Kopf«.

Bei der letzten Media-Analyse kam *BB Radio* auf 46 000 Hörer, diese Zahlen wollen sie in diesem Jahr verdoppeln. »Und im nächsten Jahr macht es dann richtig rums«, sagt Karney. Er hat sich mal ein paar Radiostationen in Amerika angehört, er moderiert seit seinem 18. Lebensjahr, und er kennt die Mentalität der Leute im Land Brandenburg. Mit diesen Fähigkeiten hat er ein Erfolgskonzept für *BB Radio* entwickelt, das man auf verschiedene Weisen beschreiben kann.

»Reden, machen, tun«, sagt Karney.

»Höhepunkte schaffen, aber nicht zu viele«, sagt er.

»Musiktitel spielen, die nicht zu stark polarisieren«, sagt er.

Und auch: »Bei mir finden keine Politikergespräche statt. No way. Keine Sau interessiert sich für Stolpe.«

Was an diesem Morgen stattfindet, das ist ein Gespräch mit einem jungen Mann, der Mitglied im »Verein der Bettschoner« ist. Der Sinn dieses Vereins besteht im wesentlichen darin, so lange wie möglich in der Kneipe zu sitzen und damit sein Bett zu schonen. Während Karney mit ihm über die Einzelheiten diskutiert, stöhnt Helmig munter auf der zweiten Ebene. Auf der dritten Ebene läuft der Marsch »Preußens Gloria«. Das Ganze dauert knappe zwei Minuten. Es ist der längste Wortbeitrag an diesem Morgen.

In der anschließenden Konferenz schlägt Redakteur Gerd Kegel die Themen für morgen vor. Ein Berliner, der Weltmeister der Hundefriseure geworden ist. Und ein Brandenburger, der Spiele erfindet. Karney nickt es ab. Die Zeitungen des Tages liegen jungfräulich auf einem Stapel. Nett. Nett. Nett. Als Jürgen Karney 1992 zum *Berliner Rundfunk* ging, hatte der 40 000 Hörer. Als er ihn drei Jahre später verließ, war der *Berliner Rundfunk* mit 180 000 Hörern Marktführer.

Im nächsten Jahr wird es bei *BB Radio* »rums« machen.

»Wir schauen nach Amerika, aber wir sind nicht amerikahörig. Wir wenden die amerikanischen Verhältnisse auf die konkreten Bedingungen in Berlin und Brandenburg an.«
Christian Körner, PR-Chef *Berliner Rundfunk*

Es ist zehn vor acht. Drei Berliner Bettler erzählen beim *Berliner Rundfunk*, was sie von einem Senat halten, der ihnen das Betteln verbieten will. Einer wird ziemlich wütend, was sich aber gar nicht so schlimm anhört. Denn unter seinen Worten läuft Musik. Musik mit Gefühl. »Kein Hardrock, kein Techno, kein Streß.« Sie nimmt den Bettlerworten die Wucht.

Draußen frühstückt die aufbrechende Stadt, der flauschige Musikteppich, der aus der Leipziger Straße ausgerollt wird, reißt nicht ab. »Adult contemporary-happy und soft« heißt die exakte Bezeichnung für das Musikformat des *Berliner Rundfunks*. Erwachsen, zeitgenössisch, sanft und glücklich.

Kann ein Moderator zu einer Musik passen? Ein lebender Moderator zu einer Klangfarbe? Ein Mensch zu einem Musikteppich? Christian Körner sagt ja. Christian Körner ist gerade 26 Jahre alt geworden, aber die Welt da draußen scheint keine Überraschungen mehr für ihn zu haben. Er sieht aus wie ein Model, fehlerfrei irgendwie, auf seiner Visitenkarte steht: »Leiter der Unternehmenskommunikation«, und Christian Körner also sagt: »Der *Berliner Rundfunk* hat ein klares Profil. Das ist die Musik. Musik mit Gefühl. Dazu müssen die Moderatoren passen.«

Stefanie Schweda und Alexander Kind sind die Moderatoren der Schrippenshow des *Berliner Rundfunk*. Sie sind erwachsen und zeitgenössisch. Aber sanft? Und glücklich?

»Musikbetten?« sagt Stefanie Schweda. »Ja, zur Zeit legen wir wieder überall Musikbetten drunter. Irgend jemand hat festgelegt: Nichts ohne Bett. Gab auch Zeiten, da hat jemand gesagt: Wir machen alles trocken. Jetzt ist es eben so. Es kann in einem Jahr schon wieder ganz anders aussehen.«

Alexander Kind sagt: »Manchmal fühlen wir uns auf unseren Plätzen schon wie Marionetten, die an 100 Seilen hängen. Manche sagen, die Hörer da draußen wechseln am Morgen alle 20 Minuten. Soll eine gesicherte Erkenntnis sein. Andere sagen: Nein, unsere Hörer bleiben länger dran. Und was heißt das für uns? Entweder wir langweilen unsere Hörer, weil wir schon zum dritten Mal dasselbe erzählen. Oder sie wissen nicht, wovon wir gerade reden, weil sie gerade erst zugeschaltet haben.«

Der Chefredakteur des *Berliner Rundfunk* möchte in der morgigen Sendung gern etwas über das Ende von Al Bundy haben. Er ist Al-Bundy-Fan. Der Programmdirektor möchte gern wissen, warum eine große Sparpackung manchmal teurer ist als drei kleine zusammen. Er hat das in seinem Supermarkt mal bei Packungen für Geschirrspültabletten durchgerechnet. Der

Chefredakteur ist seit diesem Jahr hier, der Programmdirektor seit vorigem. Neben ihren persönlichen Interessen, mit denen alle Chefredakteure der Welt ihre Untergebenen nerven, wollen die beiden Neuen die Formatierung des *Berliner Rundfunk* vorantreiben. »Mit Bauchläden kann man heute nicht mehr überleben«, sagt der 26jährige Rundfunkpionier Christian Körner. Vielleicht hat er mit 25 noch was anderes gesagt und sagt mit 27 wieder was anderes. Jetzt sagt er jedenfalls das.

Die Erfolgskurven in der Berliner Radiolandschaft sind schlecht berechenbar. Mal ist der vorn. Im nächsten Jahr wieder der. Der *Berliner Rundfunk* hatte im vorigen Jahr gut 40 000 Hörer weniger als 1995. Aber woran lag es? Und wenn sie bei der nächsten MA wieder 40 000 mehr haben? Haben sie dann alles richtig gemacht? Es scheint so, als würde es keiner so richtig wissen. Und so gibt es Tausende Weisheiten darüber, wie man heute Radio machen muß. Und jede Menge selbstbewußte Klugscheißer.

»Es ist schon komisch«, sagt Alexander Kind. »Über dieses Medium gibt es so viele Untersuchungen. So viel technisches Zeug. Dabei ist es so ein subjektives Medium.«

»Ja, es kommt doch nur darauf an, was du im Kopf der Leute da draußen für Bilder entstehen läßt«, sagt Stefanie Schweda und erzählt, wie sie neulich, als sie die Schrippenshow für eine Woche aus Las Vegas sendeten, gefühlt haben. »Wir saßen da auf einem Hotelbett, draußen vor den Fenstern wurde es immer dunkler, während wir die Schrippenshow moderiert haben. Und in Berlin wurde es immer heller. Bei uns wurde es Nacht. Bei unseren Hörern Tag. Wir haben uns echt gefühlt wie die zwei aus der Zwischenzeit.«

Die beiden haben sich entschieden, einfach sie selbst zu sein. Kind ist 27 Jahre alt, stammt aus Zehdenick und hat lustige Augen. Stefanie Schweda ist 31 Jahre alt, kommt aus Tempelhof, hat Germanistik studiert und eine wunderbare, rauhe Stimme. Sie mögen sich, sie mögen ihre Arbeit, sie spielen keine Rollen. Nur sich. »Wenn Alex heute das Interview zu Tankstellen gemacht hat und ich das zum Spargel, dann liegt das daran, daß er sich besser mit Tankstellen auskennt«, sagt Stefanie Schweda. »Und ich mich besser mit Spargel.«

Sie spielen auch nicht fröhlich. Sie sind fröhlich. Aber auch sanft? Nein, sanft eigentlich nicht.

»Die Marktführerschaft in Berlin nivelliert sich«, sagt Christian Körner und schiebt eine Broschüre mit unzähligen Tabellen, Grafiken und Diagrammen über seinen Schreibtisch.

»Hier im Studio herrscht übrigens absolutes Rauchverbot«, sagt Alexander Kind. Und zündet sich eine Zigarette an.

»Wenn man sich so stoisch an die Sendeuhr hält wie die meisten Radios, wird das schnell langweilig. Besonders morgens sollte schon der Eindruck entstehen, daß da im Studio auch etwas passiert.«
Konrad Kuhnt, Chefredakteur *Radio Fritz*

Bei *Radio Fritz* ist diese Woche Zweiradwoche. Heute ist Rollertag. Deswegen ist Roland da, der einen sehr stabilen Roller gebaut hat, der »city tramp« heißt und über 800 Mark kostet. Roland kommt aus Baden-Württemberg und ist ziemlich beeindruckt davon, »wasch ihr Jungs hier für Stimmung macht«. Im Augenblick rollt der Moderator Tom Böttcher mit dem »city tramp« durchs *Fritz*-Studio.

»Ej, Kult, der Roller«, sagt er.

»Und man kann auch Sprudelkisten damit transportieren«, sagt Roland.

Tom Böttcher trägt einen Ziegenbart, einen Rollkragenpullover, dicksohlige Schuhe und moderiert zusammen mit Steffen Simon, der ein verwaschenes T-Shirt mit vielen kleinen Micky-Mäusen anhat und eine Motorradhose. Haben Sie ein Musikformat?

»Äh?« sagt Tom Böttcher. »Ja, Titel spielen, was sagen, Titel spielen, was sagen.«

Gut, anders gefragt, können Sie ins Musikprogramm eingreifen?

»Ja«, sagt Simon, »wenn wir unseren Job verlieren wollen.«

Roland hat sein Interview hinter sich und will noch schnell was wissen. »Und desch haltet ihr den ganzen Tag durch mit der guten Laune?«

»Nee«, sagt Simon, »nur bis zehn. Dann fallen wir wieder in uns zusammen.« Er schaut kurz auf die Studiouhr und fragt: »Wo ist eigentlich Frauke?«

Frauke Niemeyer sagt die *Fritz*-Clips an, eine Art lockerer Nachrichtenblock, der einmal in der Stunde stattfindet. Aber Frauke ist noch nicht fertig. »Gut«, sagt Simon, »spielen wir halt

Tom Böttcher und Steffen Simon

die Backstreet Boys. Auch wenn's weh tut.« Fangen die Nachrichten eben ein bißchen später an, diesmal. Was soll's. Dafür kommt Frauke Niemeyer später auch mit dem »city tramp« ins Studio gerollt, und ihre Clips sind wirklich originell. Nur eben ein bißchen zu spät. Aber was heißt das schon in Zeiten, wo andere Sender jede Stunde »zehn Minuten früher auf den Punkt kommen«. Außerdem ist ohnehin nicht sicher, wie spät es eigentlich ist.

»Ist euch eigentlich klar, daß die Studiouhr zwei Minuten nachgeht?« fragt ein älterer Redakteur. »Ihr sagt seit zwei Stunden die falsche Zeit an. Ich habe es zu Hause mit meinem Radiowecker verglichen.« Simon kriegt einen Schreck, glücklicherweise stellt sich später heraus, daß vielmehr der Radiowecker des älteren Kollegen vorgeht, dafür ist der Chefredakteur einer Motorroller-Zeitschrift namens *Scooter*, mit dem jetzt eigentlich ein Interview stattfinden soll, irgendwie nicht ans Telefon zu bekommen. »Spielen wir eben Musik«, sagt Tom Böttcher. Steffen Simon probiert inzwischen auf dem Babelsberger *ORB*-Gelände den schnellsten Motorroller, den es gibt, Nachrichtensprecher Ingvar Jensen guckt »Dallas«, Böttcher studiert im Sportteil der *Morgenpost* die letzten Meldungen von seinem Lieblingsverein Alba.

Es gibt noch ein verrauschtes Telefonat mit einem Go-Ped-Fahrer vom stark befahrenen Tempelhofer Damm, zwei Mädchen kämpfen um Karten für ein Tic-Tac-Toe-Konzert, und Steffen Simon rezensiert den schnellen Motorroller: »Geiles Teil.« Dann ist Schluß. Kurz nach zehn trifft sich die Redaktion zur Auswertung.

Musikredakteur Frank Menzel beschwert sich über die verschobenen *Fritz*-Clips. »Zwischen 7.20 Uhr und 8.10 Uhr ist die Uhr völlig außer Kontrolle geraten«, sagt er. Alles, was von der vorgeschriebenen Sendeuhr abweicht, zerstört sein sorgfältig arrangiertes Musikprogramm, in dem er Hits und unbekannte Songs zu einer unverwechselbaren *Fritz*-Farbe mischt. »Normalerweise planen wir zwölf Titel pro Stunde«, sagt Menzel. »Heute haben wir wieder nur acht geschafft. Und immer fallen die Image-Songs raus, die uns von *energy* oder *Kiss FM* unterscheiden.«

»Vielleicht sollte mal irgend jemand beschließen, daß wir morgens nicht immer uff die Formatkacke achten müssen«, sagt ein Redakteur.

Und Moderator Steffen Simon bedankt sich bei allen für die »bunte Sendung«.

Es ist ziemlich beruhigend, daß es noch Radiosendungen gibt, die unberechenbar sind. So unberechenbar wie das Leben.

»Wozu brauche ich Reporter, wenn gute Gagschreiber besser sind?«
Arno Müller, Programmdirektor *RTL*

Arno Müller überläßt nichts dem Zufall. Gar nichts. Nicht mal den Weg, auf dem man ihn erreicht.

Ich gehe durch eine glänzende, schlafende Einkaufspassage am Ku'damm, betrete eine Rolltreppe, die mich an Schaufenstern vorbei in eine andere Ebene bringt, die ersten *RTL*-Logos leuchten, ich passiere die gläsernen Studios von »News Talk«. Im Foyer wartet bereits Anett. Anett führt mich durch einen modernen, aber noch leeren Redaktions-Großraum: Bildschirme, Telefone, Faxgeräte. Wir gelangen in ein erstes Studio, in dem Katja Stuff sitzt, die Chefin der Morgensendung, dann müssen wir einen Augenblick warten. Zeit genug, um noch mal kurz darüber nachzudenken, wen wir gleich treffen werden.

Jeder Radiomacher der Stadt definiert sich über Arno Müller. Die meisten, indem sie sich von ihm abgrenzen. Wir sind nicht so amerikanisch wie Arno, wir haben nicht so viele Gagschreiber wie Arno, wir sind nicht so zotig wie Arno, wir improvisieren mehr als Arno. Sie können reden, was sie wollen. Er ist die Nummer eins. Er moderiert die meistgehörte Morgensendung der Stadt, er dirigiert den erfolgreichsten Radiosender der Stadt. Er ist über Berlin gekommen. Seit er die Stadt betrat, ist alles anders.

Ich würde lügen, wenn ich behauptete, ich sei nicht aufgeregt, als endlich die Tür zu dem Studio aufgeht, in dem Arno Müller sitzt. Ich habe einen langen Weg hinter mir. Zum Berliner Radiogott.

Ich sehe ihn erst gar nicht. Er kauert über seinem Mischpult, eingehüllt in eine Rauchwolke. Er trägt ein giftgrünes Hemd und ein verkniffenes Grinsen. Er ist erkältet. Links neben ihm steht ein junger Mann, der aussieht, als arbeite er nachmittags noch in einer Videothek. Braungebrannt, blond und durchtrainiert. Das ist Olli, der für die »Oh's«, »Ah's« und das Klatschen im Hintergrund zuständig ist. Manchmal sagt er auch »Nein!«, »Das gibt's doch gar nicht!« oder auch »Sehr komisch!«. Gemeinsam mit Katja Stuff bildet er die Hintergrundgeräusche, vor denen sich Moderator Arno Müller bewegt. Nichts deutet darauf hin, daß hier im Moment die »lustigste Morgensendung Berlins« gemacht wird. Alle wirken ernst und konzentriert, ab und zu schneuzt Arno Müller in eine große, rauhe Papierserviette, drückt eine Zigarette aus, um sich die nächste anzuzünden. Manchmal sagt er etwas, ganz normale Dinge eigentlich, dann rufen Olli und Katja schnell »Ah« und »Oh« und lachen und klatschen, dann wird wieder Musik gespielt, und alle sind ernst.

Zwischendurch erzählt Arno Müller, daß es mutig sei, hier amerikanisches Radio zu machen, weil es in Deutschland keine Gagschreiber-Industrie gebe wie in den USA. Er sagt, daß Berlin stolz sein kann, den interessantesten Radiomarkt Europas zu haben. Und er verrät, woran man einen erfolgreichen Radiosender erkennen kann. »Man muß einen Sender dreimal am Tag für jeweils 20 Minuten einschalten. Du mußt bei jedem Mal erfahren, wie der Sendername ist, auf welcher Frequenz er sendet, welche Musik sie spielen und was die aktuelle Promotionaktion ist.« So gesehen, ist sein Sender ein erfolgreicher Sen-

Seltenes Gruppenbild. Von unten links: Jasmin Wiegand, Thomas Engelke, Jan Lüdtke (energy), 2. Reihe: Hans Helmig, Jürgen Karney (BB radio) Katja Stuff, Arno Müller (104.6), 3. Reihe: Torsten Rüther (Hundert, 6) Steffen Simon, Tom Böttcher (Fritz) Gerlinde Jämicke, Andreas Dorfmann (r.s.2)

der. Er heißt *104 Punkt 6*. Er spielt die Hits. Und: Es ist Audi-April. Jeden Freitag gibt es einen A4 zu gewinnen.

Und weil »Arno und die Morgencrew« auch die lustigste Morgensendung ist, erzählt Arno einen Schäuble-Behindertenwitz, ein Reporter mit Namen Hajo Siehtnichts (!) tritt auf und eine neue Comedyfigur. Benno aus Zwickau. Er macht Arnos Morgensendung nach. Auf sächsisch. Aber der eigentliche Clou ist: Er verlost statt einem Audi A4 einen Trabant. Einen Trabant! »Das gibt's doch gar nicht!« ruft Olli. Und Katja klatscht. Arno sagt: »Morgensendungen gehen kaputt daran, wenn sie versuchen, den großen Lacher zu landen. Wichtig ist, daß da draußen ein Bild von Leuten ankommt, die gute Laune haben. Die Spaß bei der Arbeit haben.«

Alles ist vorbereitet. Jedes Wort, jede Blende. Die Musik greift perfekt ineinander über. Jede Comedy-Nummer, jeder Musiktitel ist durch Hörerbefragungen gestützt. Was nicht ankommt, fliegt sofort raus. »Every Day Is A Winding Road« von Sheryl Crow beispielsweise bewerten nur noch 27 Prozent der Hörer »positiv«. Wird nicht mehr gespielt. »Keine Fläche ist unvorbereitet«, sagt Arno Müller. »Es muß nur so klingen, als sei es spontan.«

Nach der Sendung trifft sich Müller mit allen Abteilungsleitern in seinem gläsernen Büro. Man sieht ihn wild gestikulieren. Müller gilt in der Branche als Choleriker.

An einem Dienstag vormittag um halb elf ist es dann soweit. Ich erfahre das Radiogeheimnis. Es steht in dicken Mappen, die Arno Müller mit seinen Erkenntnissen gefüllt hat. Er gibt Seminare, hält Vorträge, er trägt sein Wissen in die Welt. Müller blättert in einer der Mappen. Die Seiten sind mit riesigen Buchstaben beschriftet. Die wichtigsten fünf Gebote für den *RTL*-Moderator passen auf ein Blatt.

»Smile!

Sei interessant!

Sei unterhaltsam!

Verkaufe die Musik!

Verkaufe den Sender!«

Das ist alles? Es sieht so aus.

Rom fühlt sich nicht zuständig

Seit acht Jahren versuchten sich zwei Kirchenchöre
aus Berlin zu vereinigen. Jetzt haben sie sich getrennt.

Vor den Kirchentoren der Kolonnenstraße in Berlin-Schöneberg
gibt es eine Drogerie, einen Obstverkäufer, einen Zeitungsladen,
wo es nach kaltem Zigarrenrauch stinkt, und ein paar eigen-
artige Geschäfte, in denen schnauzbärtige Männer gebrauchte
Blechteile verkaufen. Es sieht nicht so aus, als würden die Geschäfte gut gehen, aber es sieht auch nicht so aus, als käme es
darauf an. Es ist so, wie es ist in Schöneberg. Die Luft steht still,
die Zeit bewegt sich nicht. Die Werbung über den kleinen Läden
könnte vor 15 Jahren angeschraubt worden sein. Die Passanten
haben Muße. Hier schlägt das Herz des Westens.

Bum. Bum. Bum.

Auf dem Kirchhof stehen zwei Bäume, die Ziegel sind rot, das
Fachwerk und die Holztüren sind in einem freundlichen Bau-
erngrün gestrichen, es gibt keinen Schmutz, es gibt verschnör-
kelte gußeiserne Laternchen und ein kleines Gehege mit Hüh-
nern, die Holzleitern hoch- und runterhüpfen können. Vor den
Fenstern des kirchlichen Hinterhauses hängen Blumenkästen,
und in dem alten Fahrstuhl, der mich zum Sekretariat bringt,
riecht es wie früher im Religionsunterrichtszimmer und in der
Sakristei. Nach Weihrauch und Asche.

Oben im Sekretariat riecht es auch noch nach Rauch. Frau
Huder und Herr Hecht sind Raucher. Hier in der Kolonnenstraße
probte seit dem Mauerbau der Chor der St.-Hedwigs-Kathe-
drale. Unter der Kirche gibt es einen großen Saal mit Schall-
schutzdecke, Bühne und beweglichem Chorgestühl. Im Seiten-
flügel sind die Kirchenmusikschule untergebracht und die
Verwaltung. Ingrid Huder ist die Sekretärin der Schule, Herr
Hecht ihr Leiter. Bei ihnen ist der Verkehr von der Kolonnenstraße nur noch als leises Summen zu hören. Aber die Ruhe ist
trügerisch. Das Herz des Westens hat in diesen Räumen seinen
Rhythmus verloren.

Bumm.

St.-Hedwigs-Kathedrale in Berlin-Mitte

»Bis 1989 ist es eigentlich ganz gut gelaufen«, sagt Frau Huder. Das ist die ganze Geschichte in einem Satz.

Der 2. Weltkrieg zerstörte dem Chor der St.-Hewdigs-Kathedrale sein Gotteshaus. Der Mauerbau trennte Chor und Kirche dann endgültig. Die Ruine der St-Hedwigs-Kathedrale lag im Ostberliner Stadtbezirk Mitte. Der Chor der St.-Hedwigs-Kathedrale zog in den Westberliner Stadtbezirk Schöneberg und wurde berühmt. Mit den Domkapellmeistern Karl Forster, Anton Lippe und Roland Bader sang der Chor der St.-Hedwigs-Kathedrale unter Abbado und Karajan und machte Konzertreisen durch die USA, Japan und Australien. Aber auch auf der anderen Seite passierte was. In den 70er Jahren wurde die zerstörte St.-Hedwigs-Kathedrale wiederaufgebaut. 1975 berief man den jungen Kirchenmusiker und Theologen Michael Witt zum Kantor der Kirche. Er baute einen Chor auf, der hauptsächlich die Gottesdienste an St. Hedwig betreute. Man nannte ihn Domchor. Die Chöre im Osten und Westen blieben in Kontakt. Zu Feiertagen besuchten Mitglieder des Westchores die Kirche im Osten. Manchmal sangen sie zusammen. Und als die Mauer fiel, war klar, daß Kirche und Chor wieder zusammenfinden würden. Die Vereinigung von Ost- und Westchor sollte wohl leichter vonstatten gehen als die Vereinigung der beiden deutschen Staaten. Denn hier trafen Christenmenschen aufeinander. Und die Bedingungen waren gar nicht schlecht.

Als die Mauer fiel, hatte Domkapellmeister Roland Bader den Westchor gerade verlassen. Im Westen gab es also keinen Chef, im Osten gab es einen. Da kam Georg Kardinal Sterzinsky, Bischof von Berlin, auf die naheliegende Idee, beide Chöre unter der Leitung des Ostberliner Domkapellmeisters Michael Witt singen zu lassen. Die Rechnung schien so einfach zu sein, aber der Westchor akzeptierte Witt nicht. Das reichte damals noch. Nicht Witt.

Es gab eine Ausschreibung. Eine Findungskommission entschied sich schließlich für Dr. Alois Koch-Roth, einen Luzerner Kirchenmusiker. Domkapellmeister Witt blieb Leiter des Domchores in Mitte. Domkapellmeister Koch-Roth leitete den Chor der St.-Hedwigs-Kathedrale in Schöneberg. Es war etwas verwirrend, und es war keineswegs eine Wiedervereinigung. Aber der Bischof hoffte immer noch, daß sich alles finden würde. Schließlich waren sie Christenmenschen.

Aber es fügte sich nichts. Am 8. April 1993 stellte der Bischof von Berlin fest: »Die Hoffnung, daß die Zeit das Nebeneinander der Chöre zu einem Miteinander und zu einer Neuordnung der Kirchenmusik an der St.-Hedwigs-Kathedrale und im Bistum Berlin führen würde, hat sich nicht erfüllt.« Er beschloß, die Kirchenmusik an St. Hedwig persönlich neu zu ordnen. Die beiden Erwachsenenchöre wurden unter Leitung von Koch-Roth und dem Namen Chor der St.-Hedwigs-Kathedrale zusammengelegt. Der Westchor schluckte den Ostchor. Der Ostberliner Kapellmeister Witt bekam dafür den Knabenchor zugesprochen, den bislang Hecht geleitet hatte. Für Witt und den Domchor war das nicht angenehm, für Hecht war es eine Katastrophe.

Hecht war, wenn man so will, das erste ernsthafte Opfer dieser angeordneten Wiedervereinigung. »Ich hatte ein einziges Gespräch beim Bischof, in dem er mir mitteilte, daß das jetzt so ist«, sagt Hecht. »Er hat mich nicht gefragt, er hat es mir nur mitgeteilt. Ich habe ihm gesagt, daß dann die Kinder wegbleiben würden. Da hat mich der Bischof angebrüllt: ›Sollen sie doch wegbleiben!‹ Es gab unglaubliche Proteste von den Eltern meiner Knaben. Einige haben sogar mit Kirchenaustritt gedroht.«

Hecht, der einst aus Bayern nach Berlin gekommen war, um hier den Knabenchor zu führen, privatisierte seinen Chor mit

Unterstützung der Eltern, woraufhin die Kirche ihm Hausverbot erteilte, wie er es nennt. »Es gab ein Schreiben an alle katholischen Schulen, meine Werbung für den Chor zu unterbinden«, sagt Hecht. »Das ist für einen Knabenchor natürlich ein Todesurteil.«

Irgendwie hatte er sich die deutsche Einheit anders vorgestellt. »Ich habe mich immer wieder gefragt: Warum machen die das? Warum haben die mich so abserviert? Obwohl wir doch eindeutig die besseren waren?«

Er hat keine andere Erklärung gefunden als das »alte Thema«.

»Soll ich das alte Thema nennen, Ingrid?« fragt er Frau Huder.

»Wenn du meinst«, sagt Frau Huder.

»Gut«, sagt Hecht. »Also ich nehme an, daß die da gemeinsame Leichen im Keller haben. Aus DDR-Zeiten. Der Bischof, Witt, der Generalvikar, was weiß ich. Irgendwas ist da im dunkeln, was nicht ans Tageslicht darf.«

»Es ist ja erwiesen, daß es auch in der katholischen Kirche IMs gab«, sagt Frau Huder. »Nicht nur bei den Protestanten.«

Als der Ostler Witt 1990 zum ersten Mal den Chor übernehmen sollte, tauchten aus dem Westchor die Gerüchte auf, Michael Witt sei bei der Staatssicherheit gewesen. Witt hat es von jemandem aus dem Domchor erfahren, der die Quelle allerdings nicht preisgeben wollte. Er informierte den Weihbischof und ließ sich überprüfen. Es spielte in Kirchenräumen, aber es lief nicht anders als draußen in der richtigen Welt.

Dompfarrer Kluck ist ein Ostler, der nach der Wende fünf Jahre in Marienfelde arbeitete, bevor er bei St. Hedwig in Berlin-Mitte anfing. »Ich habe anderthalb Jahre gebraucht, bis ich in der Westgemeinde akzeptiert wurde«, sagt Kluck. »Das Rollenspiel ist anders. Im Grunde haben sie Witt nur vorgeworfen, daß er sich nicht so gut verkaufen kann. Es ist ein Ost-West-Konflikt. Es war sehr stark ideologisiert, und es gab Phasen, in denen es richtig persönlich wurde. Daß es nicht einfach werden würde mit der deutschen Einheit, war mir schon klar, aber ich habe gehofft, daß es etwas Stärkeres gibt als die Einheit der Stadt. Die Einheit der Kirche. Die Musik. Aber das war nicht so.«

Auch nachdem der Bischoff eingegriffen hatte, lief es nicht. Seit 1994 gab es zwar nur noch einen Chor, aber die Sänger fanden nicht zueinander. 35 ehemalige Ostberliner Domchormitglieder erschienen anfangs in der Westberliner Kolonnenstraße zu den Proben. Am Ende waren es nur noch 13. Hermann Alber, der seit 1975 im Westchor gesungen hatte, verließ ihn, weil er es nicht mehr aushielt.

»Die Stimmung war vergiftet. Es gab haltlose Verleumdungen gegen Witt. Einmal gaben sie bekannt, wir hätten uns einstimmig gegen ihn ausgesprochen, dabei hatte mich überhaupt niemand gefragt. Es war, als hätten sie Angst bekommen. Bis zur Wende sangen im Domchor die lieben Brüder und Schwestern aus dem Osten. Sie waren ja keine Gefahr für uns. Sie durften nicht raus. Aber nun war der Bär frei. Jeder Neue stand allein rum, bei gemeinsamen Konzerten haben die Westchormitglieder bei der Aufstellung auf ihren Plätzen bestanden. Nach dem Motto: Hier habe ich immer gestanden. Sie haben die Ostler rausgeekelt. Sie haben sich nur noch rückwärts orientiert. In die goldenen Jahre. Aber wir waren natürlich lange nicht mehr so gut wie früher. Sie haben sich irgendwelche Brülltenöre aus dem *RIAS* dazugekauft, nach einem Konzert in der Philharmonie habe ich gehört, wie ein Orchestermitglied zum anderen sagte: Gott sei Dank, ist es vorbei. Niemand ist auf die Idee gekommen, daß wir uns vielleicht rüberbewegen müßten. Nö. Die Meinung war: Wir fahren doch nicht in den Osten.«

Aber auch aus den Nachwuchschören von Michael Witt gelangte kein einziger Sänger in den Erwachsenenchor von Dr. Koch-Roth. »Man konnte sie ja nicht hinprügeln«, sagt Witt heute.

Schließlich gab Koch-Roth auf. Im Januar 1998 erklärte er, daß er seinen Vertrag nicht verlängert. »Ich will nicht der Totengräber des Chores sein«, sagte er und ging zurück nach Luzern. Er hatte die Entscheidung lange zuvor getroffen. Sein Chor erfuhr es ganz zum Schluß.

Es muß komisch gewesen sein, als die Westsänger ihre Ohnmacht begriffen. Sie waren schließlich ein berühmter Chor. Sie trugen einen berühmten Namen. Sie waren die Nummer eins. Sie haben Geschichte geschrieben. Sie haben zum Abschied der DDR im Schauspielhaus die IX. Symphonie von Beethoven mitgesungen. Auf Wunsch von Masur. Sie haben gepokert, aber sie hatten nichts mehr in der Hand.

1990 respektierte der Bischof, daß sie Witt ablehnten. Er hatte wenig Erfahrung mit Konzerten, sie waren Stars. Es gab eine Ausschreibung. Witt wurde vernachlässigt. 1993 wurden ihnen wieder drei Dirigenten vorgestellt. Sie lehnten alle ab. Zu unbekannt, hieß es. Zu wenig Ausstrahlung. Wieder wurde Witt zurückgestellt.

Chorprobe in Schöneberg

Aber diesmal wurde die Ausschreibung leicht verändert. Es wurde nicht mehr gefordert, daß der künftige Domkapellmeister ein Katholik sein müßte. Witt ist Protestant. Damals war das ohne Bedeutung. Denn der berühmte Chor wollte Witt nicht. Aber beim letzten Mal wurden sie nicht mehr gefragt. Am 27. Januar dieses Jahres wurde ihnen mitgeteilt, daß ihr Chor ab 1. September von Domkapellmeister Witt geleitet wird.

Andreas Jaster, Peter Iwanowski und Ingrid Huder sitzen in Jasters gemütlichem Schöneberger Wohnzimmer unter Seebildern. Hinter dem Grünpflanzenwald im großen Erker wird es langsam dunkel.

»Ein Chor kann einen schlechten Dirigenten natürlich auch durch das Konzert tragen«, sagt Andreas Jaster und lächelt.

»Yehudi Menuhin zum Beispiel«, sagt Ingrid Huder. Die Vergangenheit lebt noch mal, leuchtet.

»Jaha, oder Hans-Werner Henze, der meint, seine eigenen Werke dirigieren zu können«, sagt Jaster.

»Aber die haben wenigstens Ausstrahlung«, sagt Peter Iwanowski. »Die stellen was dar. Es ist kein Ost-West-Konflikt. Den Masur hätten wir zum Beispiel akzeptiert.«

Für einen Augenblick lächeln die drei, als befände Masur sich

Chorprobe in Mitte

in Reichweite. Als hätten sie die Wahl. Dann fällt das Bild zusammen. Und sie sitzen wieder auf der bunten Couch im Wohnzimmer von Jaster. Sie haben keine Wahl mehr.

Sie organisierten eine geheime Abstimmung, in der sich 83 Prozent der Chormitglieder gegen Witt aussprachen. Das beeindruckte den Bischof nicht mehr. Nicht den Dompfarrer Kluck und nicht mal mehr den Dompropst Otto Riedel, der seit 1987 der Seelsorger ihres Chores gewesen war.

Peter Iwanowski, Sprecher des Chores, bemühte sich um einen Termin bei Bischof Sterzinsky. »Wir haben den auch schnell bekommen, aber das Gespräch stellte sich als vollkommen sinnlos heraus«, sagt Iwanowski. »Der Bischof hat nur gesagt, so und so ist das. Punkt.«

»Der Bischof ist doch auch ein Ostler«, sagt Ingrid Huder.

Ja, überall waren Ostler. Kluck. Witt. War nicht auch Meisner Ostler. Kardinal Meisner, richtig, durchgedrückt vom Papst, dem Ostler aus Polen. Sie waren umgeben von Ostlern. Umstellt geradezu.

»Der Bischof hatte zum Schluß so eine Abneigung gegen uns im Herzen«, sagt Peter Iwanowski.

Und Ingrid Huder sagt: »Wir haben soviel auf uns genommen.

Den Zwangsumtausch. Alles. Wir sind rübergefahren, haben denen geholfen. Wir haben Päckchen zu Weihnachten geschickt.«

Das ist nur scheinbar zusammenhangslos. Sie haben gedacht, was Hundertausende Ostler nach der Wende dachten: Das können die doch nicht machen. Und sie haben genauso hilflos reagiert. Mit Größenwahn und Weinerlichkeit. Auf dem Kopfbogen der Hedwigs-Kathedrale erreichte den Vatikan ein Schreiben, in dem mitgeteilt wurde, daß der künftige Berliner Domkapellmeister kein Katholik sei. Rom fühlte sich nicht zuständig. Man schrieb zurück, daß die Benennung des Domkapellmeisters Sache des Bischofs sei. Mit dem Bischof war nicht mehr zu reden.

Sie zweifelten Witts Kompetenz an. Seine Ausstrahlung. Sie flüchteten in Verschwörungstheorien. Suchten in Erklärungen Halt. Für sich. Sie seien in der Kolonnenstraße zu weit vom Schuß, während Witt im Bernhard-Lichtenberg-Haus in Mitte immer vor den Augen des Bischofs herumspränge. Bei Besuchen in der Kathedrale sei ihnen eisige Kälte entgegengeschlagen. Der Probenraum in der Kolonnenstraße sei weitaus geeigneter als der im Bernhard-Lichtenberg-Haus. In Westberlin leben 80 Prozent der Katholiken, in Ostberlin nur 20. Witt habe versucht, sie auszubluten, indem er den Nachwuchs nicht zu ihnen ließ. Dr. Koch-Roth habe als Schweizer den Ost-West-Konflikt unterschätzt. Iwanowski sagt, daß die Ostler an sich Angst hätten, in den Westen zu fahren. Jaster sagt, daß Witt 1988 nur ehrenhalber zum Domkapellmeister gemacht wurde. Was immer das bedeuten sollte. Es half auch nichts.

Am 24. Juni gründeten sie einen Verein mit dem Namen Hedwigschor. Am 29. Juni sangen sie zum letzten Mal in der St.-Hedwigs-Kathedrale. Am 13. September hatten sie im Kloster Chorin ein letztes Konzert unter ihrem alten, berühmten Namen. Sie hatten gehofft, daß Witt am 16. September mit dem Benefizkonzert im Schauspielhaus, das ursprünglich sie singen sollten, auf die Nase fällt. Aber er brachte über 80 Sänger zusammen, und das Haus war voll. Zum Schluß erreichte sie der Brief einer Frankfurter Anwaltskanzlei, die ihnen im Auftrag des Generalvikars nahelegte, auf den Namen Hedwigschor zu verzichten.

Was für ein Ende.

Warum, um Himmels Willen, können sie nicht unter Michael Witt singen? Jaster und Iwanowski sehen sich an. »Er ist eine Nummer zu klein«, sagt Iwanowski.

Sie haben sich verrannt. Um nicht noch den Probenraum zu verlieren und die Auftrittsmöglichkeiten in der Kirche, ändern sie aber den Namen ihres Vereins. Wahrscheinlich nennen sie sich Karl-Forster-Chor.

Am Dienstag abend kommen knapp 50 Sängerinnen und Sänger zur Probe in den Raum in der Kolonnenstraße. Barbara Rucha, eine 25jährige Studentin, leitet die Proben. Sie rattert ihre Referenzen runter. Orte und Universitäten fliegen uns um die Ohren. Sie hat in St. Petersburg bei Ilja Rusin Dirigieren studiert, war ein Jahr in Cambridge, spricht Russisch, Italienisch, Französisch und Englisch, legt gerade die C-Prüfung an der Berliner Kirchenmusikschule ab, lebt seit kurzem in Berlin, stammt eigentlich aus München und denkt, »daß Bewegung gut ist für mein Fortkommen«. Peter Iwanowski steht in einem weißen Trenchcoat stolz wie ein Spanier neben ihr und sagt: »Sie hat die Sorbonne unterschlagen.«

»Ja, richtig, da war ich auch ein Jahr« sagt Barbara Rucha. Hübsch ist sie auch noch. Iwanowski strahlt.

Am Sonntagmorgen singt der neue Chor der St.-Hedwigs-Kathedrale unter Leitung von Domkapellmeister Witt seine erste Messe. Dreißig sonntagsmüde Gesichter versammeln sich eine Stunde vor dem Gottesdienst zur Probe unter der Orgel. Witt sieht frisch aus. Ein großer Mann mit vorspringender Nase und einer grauen Tolle, die ihm bei schnellen Bewegungen dekorativ in die Stirn fällt. »Wer singt heute das erste Mal in der Kathedrale?« fragt er.

Zehn Chormitglieder melden sich.

»Herzlich willkommen«, sagt Witt. Michael Witt arbeitet jeden Tag von früh bis spät. Er weiß, daß es bessere Kapellmeister gibt als ihn, aber deswegen gibt er nicht auf. Er hat es ertragen, all die Zeitungsberichte, in denen Koch-Roth der erfahrene Kirchenmusiker war und er der Leiter der Domsingschule. Er hat es durchgestanden, obwohl er seit 1975 den Chor an der Kathedrale leitete und Koch-Roth erst 1990 nach Berlin kam und sich nie so richtig auf die Stadt einließ. »Wissen Sie«, sagt er. »Bei all diesen Zusammenlegungen zwischen Ost- und Westbetrieben war doch klar, daß der Westler den Chef macht und der Ostler den Stellvertreter. Ich hatte keine Lust auf Ellenbogen, aber ich habe genug Selbstbehauptungswillen, daß ich nicht freiwillig das Feld räume. Ich habe gesagt, daß ich neben Dr. Koch-Roth arbeite. Aber nicht unter ihm.«

Witt kann auch stur sein. Und er ist sehr fleißig. Er hat seine Leute um sich geschart und mit ihnen die Klischees von den eisenharten Westlern gepflegt, die sich besser verkaufen können als die bescheidenen Ostler. Er hat seine Arbeit gemacht. Und er war da. Direkt an der Kathedrale. »Ich habe mich 1974 beworben. Ich hatte die qualifizierteste Bewerbung. Ich bin Kirchenmusiker und Theologe. Es gab schon noch ein paar Westler, die in Frage gekommen wären. Aber die hätten hierherziehen müssen, weil die katholische Kirche nicht erpreßbar sein wollte. Und in den Osten wollte damals keiner.«

Dompropst Otto Riedel kennt beide Seiten. Witt und den Westchor. Er mag beide. Er ist mitunter ganz schön zwischen die Fronten geraten. »Es steckt eine große Tragik in der Geschichte«, sagt er und schließt die Fenster des Bernhard-Lichtenberg-Hauses. Gegenüber wird gerade eine alte graue Fassade weggerissen. Die staubige Luft wirbelt durch Mitte. Die Autos zwängen sich vorbei. Zu den Linden. Zum neuen Außenministerium. Zu den Galeries Lafayette. Man kann den Lärm nicht völlig wegschließen. Er wummert durch die Doppelfenster. Bumbum-Bumbum-Bumbum. Morgen ist der achte Jahrestag der deutschen Einheit.

Hier ist das Leben.

Im Osten geht die Sonne auf

Samsung möchte auch seine Berliner Werktätigen in die
»große Familie« aufnehmen.

Wolfgang Kibbel wird Koreaner.

Noch ist er ein großer, breiter Mann mit einem dichten Voll-
bart. Er trägt ein filziges, graues Jackett, das eine Idee zu eng ist,
und eine aufgeklappte Schrippe in der Hand, in der eine Rost-
bratwurst liegt. Er läuft mitten durch das lichte Betriebsrestaurant. Etwa in der Mitte seines Weges passiert er den Tisch, an
dem In Kim sitzt, der Präsident, der von den Mitarbeitern ehrfurchtsvoll »der große Mister Kim« genannt wird. Die Verwand-
lung von Wolfgang Kibbel beginnt. Sein hoher Körper schrumpft,
so daß das enge Jackett am Rücken eine große Beule wirft, seine
Schritte sind nicht mehr die eines schweren Mannes, vielmehr
scheint Wolfgang Kibbel zu schweben, und sein Gesicht leuchtet sanft in einem warmen, entspannten Lächeln. Er wackelt
leicht mit dem Kopf in Richtung des großen Mister Kim, schwebt
weiter, wird langsam wieder größer, und am Ende des Raumes
ist er fast wieder der alte Kibbel geworden. Fast.

Wolfgang Kibbel ist der Betriebsratsvorsitzende des Samsung-
Werkes in Oberschöneweide. Seit 23 Jahren arbeitet er in dem
Betrieb, der früher das Werk für Fernsehelektronik war. Daß
1993 der südkoreanische Konzern Samsung die Bildröhren-Fa-
brik übernahm, empfindet Kibbel »als das Beste, was uns passieren konnte«. Die Südkoreaner haben zwar bislang nur sehr
wenig Erfahrungen mit Gewerkschaftern, aber wir können ihnen an dieser Stelle versichern, daß auch Wolfgang Kibbel das
Beste ist, was ihnen passieren konnte.

Kibbels Lieblingsfloskel ist »steigende Tendenz«. »Wir haben
1 050 Beschäftigte, Tendenz steigend«, sagt er. Die Unterneh-
mensphilosophie der Koreaner, die von den Beschäftigten er-
warte, ihren Betrieb als eine große Familie zu betrachten, gehe
immer mehr auf. Tendenz steigend. »Samsung ist ein Betrieb,
in dem man alt werden kann.«

Kibbel hat zwar ein schlechtes Gewissen, daß er jetzt nicht

auf der großen Demo für Arbeit in Bonn sein kann, weil ja heute Kinderfest in seinem Betrieb ist. Andererseits darf er den ersten der sechs Kanonenschüsse abfeuern, die das Kinderfest am Sonnabend mittag eröffnen. Vor dem Direktor für Administration, Mister In Tae Kim, der den zweiten Schuß hat. Und vor Dai Ok Choi, dem Produktionsdirektor, dem Schuß Nummer drei gehört. Und das ist ja auch was. Die Böllerschüsse krachen in den leicht bewölkten Himmel über der Spree. Die Bierfässer sind angezapft, es riecht nach Bratwurst.

In der Firmenchronik ist der 1. Januar 1993, der Tag, an dem Samsung das Werk für Fernsehelektronik übernahm, als »Beginn einer neuen Epoche« markiert. Da ist was dran.

Das Industrierevier Oberschöneweide siecht, das ehemalige Transformatorenwerk macht dicht, das Kabelwerk Oberspree dümpelt vor sich hin, die meisten Arbeiterkneipen haben längst geschlossen. Und mittendrin blüht das ehemalige Werk für Fernsehelektronik. Samsung hat weit mehr investiert und weit mehr Arbeitskräfte eingestellt, als man der Treuhand versprochen hatte. Die Bildröhrenproduktion hat sich in den letzten Jahren mehr als vervierfacht.

Die Zahlen stimmen. Nun müssen bloß noch die alten WFler zu einer großen Familie zusammenwachsen. Zur Samsung-Familie.

Rein äußerlich funktioniert das schon. Die Menschen stecken in grauen, uniformartigen Samsung-Blousons, in grauen Samsung-Hosen und grauen Samsung-Pantinen. Damit man trotzdem gleich weiß, wer jetzt vor einem steht, tragen alle kleine Kärtchen mit Namen und Funktion. Auf Bernhard Dörings Karte steht Manager, General Affairs. Das heißt viel. Zu DDR-Zeiten war Döring in der Investitionsabteilung des WF tätig, heute bucht er Hotels, kümmert sich um die Küche und manchmal auch um Kinderfeste.

Und um Journalisten. Es gibt lange glänzende Gänge, an deren Wänden Bilder riesiger Samsung-Städte in Malaysia und Korea neben Bildern von deutschen Burgen hängen. »Die koreanischen Besucher mögen deutsche Burgen und Schlösser«, sagt Bernhard Döring. Im Konferenzraum, aus dem man über Satellit mit Korea kommunizieren kann, schlagen zwei Uhren. Eine zeigt die Zeit von Seoul und eine die von Berlin. »Die Sonne geht im Osten auf«, sagt Bernhard Döring, und man weiß nicht genau, ob das als Witz gemeint ist. Oder als Kommando. In der

Deutsch-koreanisches Betriebsfest in Oberschöneweide

Ecke des Raumes stcht eine große Samsung-Fahne wie ein vergessenes Wettbewerbsbanner.

In den Produktionsräumen hängen Schrifttafeln mit Losungen wie »Qualität ist, wenn der Kunde wiederkommt. Und nicht das Produkt!«. Es gibt Wandzeitungen mit »Unseren Qualitätszielen« und dem Aufruf »Mitdenker gefragt!«. »Das Neuererwesen wird bei uns großgeschrieben«, sagt Bernhard Döring. Ein leiser Mann mit traurigen, sanften Augen. Er ist auf dem Weg.

In Menschen wie Bernhard Döring gehen DDR-Erfahrungen

und Anforderungen der Koreaner eine seltsame Mischung ein. Im besten Fall ergänzen sie sich zu Schlußfolgerungen wie: »Natürlich ähneln sich die Losungen an den Wänden. Aber heute nehmen sie unsere Werktätigen ernst.« – »Die Brigadeleben der DDR und der asiatische Familiensinn gehen in unserem Betrieb eine optimale Verbindung ein«, sagt Personalchef Ortwin Malcherek. Und Helmut Meinke, der als Vizepräsident der ranghöchste ehemalige WF-Mitarbeiter ist, beschreibt die Zielstellung seines Betriebes mit einem Satz, der einer SED-Parteitagsdirektive entnommen sein könnte: »Jeder Mitarbeiter soll seinen Beitrag zur Entwicklung des Unternehmens und damit zur Entwicklung der Gesellschaft leisten.« Meinke vergißt auch nicht hinzuzufügen: »Natürlich müssen die koreanischen Erkenntnisse auf die regionalen Bedingungen abgestimmt werden.« Korea in den Farben von Oberschöneweide.

Wächst die Familie zusammen? Zum vierten Kinderfest sind 700 Leute gekommen. So viele wie nie.

Manni Pochs Duo spielt Countrymusik, es gibt Kaugummis, Cola, Hüpfinseln, Pommes frites, Mal-Zelte, Clowns und für jedes Kind einen Beutel mit einem Samsung-Softballspiel und einer Samsung-Frisbee-Scheibe. Ein Team der Firma »AV Recording« dreht im Auftrage von Samsung einen kleinen Film übers Fest. »Human Touch bis zum Abwinken«, faßt Bernd Niestroy von AV-Recording die Wünsche seiner Auftraggeber zusammen. Da hat er an diesem Nachmittag jede Menge Motive. Lachende Kinder, bunte Luftballons, bierselige Väter. Die Sonne scheint, und Präsident Mr. In Kim hat auch gute Laune.

»Wenn die Kinder froh sind, ist die Familie froh«, ruft der Präsident. »Die Kinder sind unsere Zukunft. Dies ist das vierte Kinderfest. Wenn wir das 30. feiern, werden die Kinder von heute in unserem Betrieb arbeiten. Und ihre Omas und Opas werden einmal bei Samsung gearbeitet haben.« Der »große Mister Kim« wirft einen befriedigten Blick in die Runde. Plötzlich wird er ernst und ruft laut und in schleppendem Rhythmus:

»Wir müssen wissen:

Was der Kunde sagt,

Was der Kunde will,

Was der Kunde denkt!«

Dann geht er raus, um der Zukunft des Unternehmens über die Köpfe zu streicheln.

Samsung will hier im teuren Deutschland seinen Ruf als Billiganbieter loswerden. Und es gibt sich Mühe, seine ostdeutschen Mitarbeiter für diese Aufgabe zu begeistern. Das Betriebsrestaurant ist komplett rekonstruiert worden. Es gibt seit kurzem eine zweite Kantine für die Schichtarbeiter. Ende des Jahres wird ein betriebseigenes Fitneßcenter aufgemacht. Jeder Mitarbeiter erhält 50 Mark über dem Tariflohn. Dazu können die Teamleiter an drei vorbildliche Brigademitglieder monatlich noch mal 50 oder 100 Mark zusätzlich verteilen. Und wenn ein Team einen Kegelabend macht, gibt Samsung auch was dazu. Dafür erwartet man eben auch Familiensinn.

Aber bislang sind zuwenig Oberschöneweider zu anständigen Koreanern geworden. »Ick sag' mal, 90 Prozent von uns geht dit mit den Sprüchen, mit den gleichen Klamotten, dit janze Familiengetue am Arsch vorbei«, sagt Produktionsarbeiter René Schneider. Sein Kollege Gerhard Dehmel hat mal »so 'ne Nudelsuppe probiert« und feststellen müssen:»Für mich is dit nischt.« »Eine Familie?« fragt sich Gruppenleiter Dong Hun Oh, der seit 1992 in Deutschland lebt. »Theoretisch machbar; aber praktisch sehr, sehr schwierig. Wir sind doch sehr verschieden. Die Deutschen wollen immer diskutieren, die Koreaner schnell entscheiden.« Und Professor Schimko, ein ehemaliger Geschäftsführer, hat das Unternehmen verlassen, »weil die arbeiten wie 'ne Sekte«.

Aber solange sich Menschen wie Wolfgang Kibbel sukzessive in Familienmitglieder verwandeln, muß der große Mister Kim nicht verzweifeln. Etwa 30 deutsche Mitarbeiter essen inzwischen täglich die koreanischen Gerichte des Betriebsrestaurants. Und Küchenchef Burkhard Schröder war das letzte Mal krank, als er sich vor etwa zwölf Jahren einen Finger absägte. Er bereitet inzwischen ein vorzügliches Kim Chi zu, wird vom großen Mister Kim mit Handschlag begrüßt und hat überhaupt keine Lust mehr, Urlaub zu machen. Ein kräftiger Berliner, der nicht mit Stäbchen essen kann, weil der Finger fehlt, aber die freundlichen Koreaner viel angenehmer findet als die muffligen Deutschen. Das ist Korea in den Farben von Oberschöneweide.

Schröder ist auf dem richtigen Weg. In einer Woche fliegt er zum Erfahrungsaustausch nach Korea. Da könnte er es endgültig schaffen.

Pralinen welken nicht

Im Berliner Arbeitsamt VI verwalten etwa 500 Mitarbeiter einen »Bestand« von 23 907 Arbeitslosen.

Frau Fehrenbach hat Geburtstag, aber was soll man schenken? Was schenkt man einer neuen Kollegin, die man noch nicht so gut kennt, weil sie erst vor ein paar Tagen aus der Zentrale in Nürnberg hierher ins Amt VI kam? Was bekommt eine Frau mit klassischer Verwaltungsinspektorinnen-Laufbahn zum 42. Geburtstag? Womit macht man einer Kollegin, die vor über 20 Jahren beim Arbeitsamt anfing, eine Freude? Was braucht eine frischgebackene Leiterin des Abschnittes kaufmännischer Bereich und Handel? Am besten etwas, was man immer gebrauchen kann: Topfpflanzen. Kaffeetassen.

Topfpflanzen und Kaffeetassen bekommt Dana Fehrenbach von ihren Kollegen.

Es ist acht Uhr morgens, Frau Fehrenbach hat Geburtstag, und es sind nur knapp 17 Grad im Büro. Das ist zu kalt, aber sie will nicht klagen. Man kann nicht alles haben. Schließlich ist sie aus der zentralen Behörde in Nürnberg nach Berlin gekommen, »weil man in Nürnberg gar keine Arbeitslosen mehr sieht, nicht mal mehr auf dem Flur«. Sie wollte zurück an die Basis. »Sicher sind die Büros hier nicht so schön eingerichtet. Aber wenn wir in einem Luxustempel residieren würden, träfe das bestimmt auf wenig Verständnis bei den Leuten«, sagt Frau Fehrenbach und macht eine kleine Pause, bevor sie sagt: »da draußen«.

Es gibt hier im Amt noch andere Umschreibungen für die Leute da draußen. »Ratsuchende« nennt man sie, »Kunden« oder auch einfach »Publikum«. Das Wort Arbeitslose fällt den Leuten hier drinnen zu den Leuten da draußen relativ selten ein. Vielleicht, weil nicht alle, die aufs Arbeitsamt kommen, auch arbeitslos sind. Vielleicht, weil man das Arbeitsamt zu einem Ort schminken will, der nicht so nach Endstation klingt. Vielleicht, weil es nicht einfach ist, jeden Tag elende, traurige, hoffnungslose, von Alkohol und Tränen getränkte Kurzbiographien zu verwalten, abzuheften, einzuspeichern, abzulegen.

Es ist kurz vor halb neun. Die frühen Geburtstagsgäste von Frau Fehrenbach begeben sich an ihre Schreibtische. »Um 8.30 Uhr«, sagt Frau Fehrenbach, »beginnt der Publikumsverkehr.« Wenn man von der Stadtmitte kommt, und von dort nähern sich die meisten »Ratsuchenden«, weil das Amt VI neben Lichtenberg die Stadtbezirke Friedrichshain und Mitte bearbeitet, wenn man also aus dem Zentrum kommt, verläßt man die Frankfurter Allee kurz nach der Stelle, an der sie beginnt, unansehnlich zu werden. Man fährt an dem graugemusterten Betonblock vorbei, der früher einmal Stasizentrale war, und biegt kurz vor Rudi's Reste-Rampe, dem einzigen Geschäft weit und breit, nach rechts ab. Dann fährt man noch am Imbißwagen vorbei, der wegen der Kälte geschlossen hat, und parkt auf einem Schotterplatz. Vorausgesetzt, man hat ein Auto. Das ist aber sowieso besser, weil man noch einen kurzen Augenblick sitzen bleiben kann.

Das erste, was man vom Arbeitsamt VI sieht, ist die Rampe. Eine lange, zugige Betonrampe, die zu einer Glastür führt. Vielleicht wollte man es Frauen mit Kinderwagen leichter machen, auf jeden Fall erinnert es an einen Verladebahnhof. Man geht also die Rampe hinauf, es zieht fürchterlich, links stehen zwei frierende Zeitungsverkäufer mit zerstörten Gesichtern, rechts hängen ein unübersichtlicher Raumplan und hinter der ersten Glastür ein Schild mit zehn Tips für den Ratsuchenden. Tip eins: »Verhalten Sie sich bitte ruhig und rücksichtsvoll«, Tip drei: »Wir bitten Sie, Ihren Besuch im Dienstgebäude nicht über den für die Erledigung Ihres Anliegens erforderlichen Zeitraum hin auszudehnen«, Tip neun: »Verzichten Sie bitte auf die Einnahme von alkoholischen Getränken im Dienstgebäude«. Dann trifft man auf Frau Passoke.

Frau Passoke steht den ganzen Tag hinter einer Glasscheibe und erklärt den Besuchern durch ein Sprechsieb, in welchem der vielen Zimmer sie sich zu melden haben. Frau Passoke ist eine ältere Dame, und man könnte denken, daß sie die Pförtnerin ist. Vielleicht liegt es daran, daß die Arbeitslosen hier »Kunden« heißen, jedenfalls darf Frau Passoke sich Hosteß nennen. Sie hat zwei Kunstblumensträußchen in ihr kleines Büro gestellt, auf dem Schreibtisch steht ein Kölnisch-Wasser-Fläschchen, und unterm Schreibtisch stehen die Stiefel von Frau Passoke, die für den Dienst in Halbschuhe wechselt.

Frau Passoke hat viele Besucher die Rampe hochkommen sehen. »Manche sehen zum Anfang noch völlig normal aus, ordentlich gekleidet und so. Aber mit der Zeit verkommen sie von Mal zu Mal mehr. Und irgendwann bleiben sie dann weg. Schlimm ist das.« Frau Passoke steht schon seit fünf Jahren hier und weiß, was sie den älteren, verlegenen Herrn mit Hut fragen muß, der ihr gerade umständlich erklärt, daß er ab März, nun ja, gewissermaßen, arbeitslos sei.

»Haben Sie Hochschulabschluß?«

» Ja«, sagt der Mann.

»Welche Fachrichtung?«

»Maschinenbau.«

»Zimmer 437.«

Der Mann geht weiter. »Der ist das erste Mal hier«, sagt Frau Passoke. Eine Minute, ein ganzes Leben.

Die Welt da draußen ist chaotisch genug, mag sich Arbeitsamtsdirektor Jürgen Bogdahn denken, wenn er morgens sein Büro betritt. Die Fachbücher stehen in der Schrankwand stramm, das *Handelsblatt* vom Tage sieht aus wie gebügelt, und aus dem schmalen Papierhäufchen vor ihm lugt kein Blatt. Es ist die aktuelle Arbeitsmarktstatistik seines Bereiches. »Der Bestand an Arbeitslosen stieg innerhalb eines Monats um 1661 auf 23 907 Personen«, ist der Kernsatz.

»In der Größenordnung überraschend«, erklärt Bogdahn. »In unserem Amtsbereich muß mit Hochdruck gearbeitet werden.« Auf dem Fensterbrett wartet bereits das Nachfüllpäckchen für den Zettelkasten mit dem Arbeitsamtszeichen, obwohl der noch gut gefüllt ist. Bogdahn überläßt nichts dem Zufall. Vielleicht ist das der einzige Weg, diese Arbeit zu tun, ohne zu verzweifeln. »Durch Optimierung der Verfahren kann man einiges noch flüssiger bekommen«, sagt der Direktor.

Jürgen Bogdahn hat schon während seiner Zeit als wissenschaftlicher Assistent an der Hochschule gespürt, daß das Arbeitsamt etwas für ihn wäre. Wie lange ist er dabei? »Ach«, sagt Bogdahn, lehnt sich zurück, lächelt zufrieden und läßt die Fingergelenke knacken. »Über 30 Jahre. Und hier im Amt VI fehlen mir noch ein paar Tage an dreieinhalb Jahren.« Dreieinhalb Jahre. Das Jubiläum eines Statistikers.

Rita Sommerfeld wird im März zum ersten Mal seit 1954 arbeitslos. Frau Sommerfeld ist 58 Jahre alt. Weil sie Sachbearbeiterin ist, hat Frau Passoke, die Hosteß, sie zu Frau Gottschlik geschickt, die Ratsuchende im Bereich Büro und Verwaltung erfaßt. Hier wandert Rita Sommerfelds 40jähriges Arbeitsleben in einen Computer, und weil sie »ja jetzt öfter kommt«, erhält sie eine Besucherkarte, bevor Frau Gottschlik sie weiterschickt. Zu Frau Lantzsch, Arbeitsvermittlerin für die Anfangsbuchstaben Q bis Z des Abschnittes Büro und Verwaltung.

»So, Frau Sommerfeld, dann wollen wir mal Nägel mit Köpfen machen, was?« ruft Monika Lantzsch aufgeräumt.

»Mmmhh«, sagt Frau Sommerfeld.

»Ich sehe hier in Ihren Unterlagen, daß Sie Erfahrungen mit Buchhaltung haben. Tja, mit 58 hat man halt Erfahrung, nicht Frau Sommerfeld?«

Frau Sommerfeld sagt gar nichts. Monika Lantzsch jubelt und trällert, erzählt von Urlaubsregelungen, eventuellen Nebenverdiensten, erforderlicher Mobilität, von der letzten »Talk-im-Turm«-Sendung und davon, daß das Arbeitsamt zwölf Stockwerke hat.

»Noch Fragen, Frau Sommerfeld?«

»Na ja«, sagt Frau Sommerfeld.

»Gut, Frau Sommerfeld«, ruft die Arbeitsvermittlerin erfreut, «und wenn Sie doch noch Fragen haben, hier steht alles drin. Merkblatt 1. Und Merkblatt 2.« Frau Sommerfeld geht, Frau Lantzsch sieht irgendwie müde aus, wenn sie nicht redet. In einer Ecke neben dem Schrank wartet ihr Leinenbeutel auf den Einkauf.

Etwa 500 Menschen beschäftigt das Arbeitsamt VI. Etwa 80 Prozent von ihnen stammen aus dem Osten der Stadt. Einige waren Lehrer, die Mehrzahl kommt aus der Verwaltung. Sie haben beim Magistrat von Ostberlin gearbeitet, in Ministerien, bei den Stadtbezirksämtern. Die meisten sind Frauen. Und irgendwie, komisch eigentlich, glaubt man sie zu kennen. Aus den Momenten, in denen man irgendwann, nach Aufruf selbstverständlich, die Tür einer Amtsstube öffnete. Da saßen sie dann. Frau Gottschlik und Frau Lantzsch vom Abschnitt Büro und Verwaltung. Frau Schulze, die arbeitslose Pädagogen, Journalisten und Kulturschaffende betreut. Frau Bittner, die für Bauern und Gärtner zuständig ist. Sie sind alle hier. Und fragen, ob man auch sämtliche Unterlagen dabei hat.

»Manchmal«, sagt Frau Bittner, »werden die Leute schon frech. Beschimpfen uns, weil wir ihnen nicht helfen können. Sie bleiben einfach sitzen. In einigen Fällen mußten wir schon die Polizei holen.« In den meisten Beratungszimmern hängen ausgeschnittene Kalenderparadiese an der schäbigen Tapete. Palmen, Strände, Wälder, Seen, Schlösser. Das ist so, als würde man einen Arbeitslosen Kunden nennen.

Gegen halb eins kommt Ruhe in die Papierrollen mit den Wartenummern. An den Kugelaschenbechern neben den Fahrstühlen steht der Rauch, in den Wartezimmern mit den neuen blauen Plastikstühlen warten nur noch dicke Stapel der Zeitschrift »Markt und Chance«. Die langen Flure, deren Linoleum speckig im kalten Neonlicht schimmert, werden jetzt noch unmenschlicher, weil es keine Ratsuchenden mehr gibt. Das einzige, was zu leben beginnt, ist der Kantinengeruch aus der sechsten Etage. Es gibt Spaghetti Bolognese, Schnitzel mit Leipziger Gemüse oder Kohlrüben-Eintopf.

»Mahlzeit«, ruft Frau Maßnick, Abschnittsleiterin I/1 und Abwesenheitsvertreterin des Abteilungsleiters I, den Herren Förster und Mackrodt von der Abteilung Verwaltung zu. »Mahlzeit«, rufen die Männer zurück. »Über den Öffentlichen Dienst«, sagt Herr Förster, »macht sich ja heutzutage jeder lustig.« Herr Mackrodt sagt: »Im Arbeitsamt werden viele Leute enttäuscht, und manche von ihnen reagieren darauf sehr emotional. Da ist es wichtig, daß die Mitarbeiter der Dienststelle ihre Emotionen im Griff haben.«

Frau Maßnick teilt mit, daß sie für Frau Fehrenbach eine Schachtel Pralinen gekauft hat. Weil Pralinen nicht welken.

Ansonsten, wo soll man hin?

*30 000 Autos fahren täglich durch die schmale Brückenstraße
in Berlin-Mitte. Es gibt Dreck, Gift, Krach.
Und ein paar Anwohner.*

Genau weiß niemand, woran der alte Herr Wussack verückt geworden ist. Er selbst wohl am wenigsten.

Bei ihm gehe alles »rein und gleich wieder raus«, sagt er, tippt sich an die Stirn und läßt darauf einen gewaltigen Furz. Hinter ihm ist ein Stück Diele zu erkennen, durch die sich ein paar Schnüre spannen, auf denen der alte Herr Wussack seine Wäsche trocknet. Die Tapete schält sich von den Wänden, und aus den unsichtbaren Räumen dahinter schwappt ein modriger Geruch in den Hausflur. »Ich hab' getan, was ich konnte. Jetzt sind andere dran«, sagt der alte Herr Wussack und schaut durch mich hindurch in eine andere Welt. Eine bessere wahrscheinlich. Schlechter als diese heute nachmittag kann sie nicht sein.

Das Rote Kreuz, das ihn einmal am Tag besucht, war heute noch nicht da. Oder es war schon da, und er hat es nicht gehört. Denn Herr Wussack ist schwerhörig, das steht auch auf dem speckigen Pappschild über seiner Klingel. Er macht sich jedenfalls Sorgen.

»Die Frau ist ja auch weg. Sie hat schlecht über mich geredet im Haus«, sagt Herr Wussack ein wenig mürrisch. »Sie ist meine Gegnerin, obwohl sie die Ehe durchgesetzt hat.« Hinzu kommt, daß gestern wieder jemand in der Küche war, als Herr Wussack ein Nickerchen machte. »Wenn ich rausgehe, kommen die rein«, sagt er bitter. Wer? »Alle. Kommen rein, machen Sachen kaputt und stehlen.« Briketts zum Beispiel oder auch seine Brieftasche. Er merke es an den Schlössern, sagt Herr Wussack. Sie seien immer so ein bißchen verstellt. Herr Wussack hat viele Schlösser, allein fünf an seiner Wohnungstür. Auch die Waschmaschine ist mit einem Vorhängeschloß gesichert.

1976 ist Wussack in der Brückenstraße Nummer 1a eingezogen. Im Haus heißt es, er sei früher Schließer im Knast gewesen und habe seine Frau vor etwa zehn Jahren mit seiner Schlössermacke in die Flucht getrieben. Paul Missall aus dem zweiten

Stock glaubt sogar, daß Wussack »vor dem Umschwung« heimlich ihre Briefkästen durchsucht habe. Deswegen hätte er dem alten Wussack beinahe mal »eine vor den Hals gegeben«, wenn ihn seine Frau nicht im letzten Moment zurückgehalten hätte. Aber daran erinnert sich der alte Wussack nicht. Er weiß ja auch nicht, daß sich alle im Haus darüber aufregen, daß er seine Wohnung immer in den Hausflur zu lüften pflegt. Sie haben sich zwar schon mehrfach bei ihm darüber beschwert, und er sagt ihnen dann immer, daß er es in dem Gestank in seiner Wohnung nicht aushalte, aber das hat er längst vergessen. »Ich weiß nicht, was ich vor 20 Minuten gesagt habe«, erklärt der alte Herr Wussack, der jetzt ein wenig unruhig wirkt. So als wolle er eigentlich lieber die Tür zumachen. Draußen auf der Straße dröhnen die Motoren. Vielleicht ist er ja an ihnen verzweifelt. An dem unendlichen Krach, den niemand abstellen kann. In irgendeiner Nacht, aus der er um drei oder halb vier erwachte und wieder einmal wußte, daß er nicht mehr einschlafen konnte. Nie wieder.

Ich rufe schnell in die zufallende Tür: »Können Sie eigentlich schlafen bei dem Lärm da draußen?« Die Tür öffnet sich ein letztes Mal. »Schlafen? Wie soll ich denn schlafen können, wenn ich alle anderthalb Stunden aufs Klo muß? Ich hab's mit der Blase, junger Mann. Schluß jetzt!« Die Tür schließt. Dann schnappt es. Und noch mal. Und noch mal. Bis alle fünf Sicherheitsschlösser verriegelt sind.

Die Brückenstraße in Berlin-Mitte ist an sich keine gute Adresse, aber die Brückenstraße Nummer 1a ist noch schlimmer. Weil hier nicht nur eine endlose, qualmende Autoschlange vor dem Haus liegt. Es gibt auch eine hinter dem Haus. Auf der Köpenicker Straße. Im Wohnzimmer dröhnen die Autos, im Schlafzimmer dröhnen die Autos, in der Küche dröhnen die Autos. Unter dem Haus bewegt sich die U-Bahn. Sie treibt ein leichtes Beben in die Couchgarnitur bei Missalls und bringt in David Plonskys Anbauwand die Gläser zum Klirren. Die Baustellen kreischen, vom Bahnhof Jannowitzbrücke summt die S-Bahn, und an den Wochenenden wummern aus den Boxen des nahegelegenen Boogaloo die Bässe in die Schlafzimmer der

Geräuschkulisse Brückenstraße:
S-Bahn, Autos, Kräne, U-Bahn, Hunde und Disko.

Mieter des Hauses 1a. Nachts zwischen halb drei und halb vier, in der einzig ruhigen Stunde, die sie haben, heult der Hund, den der bullige Gebrauchtwagenhändler nebenan auf dem Hof festgebunden hat.

Der Lärm ist schlimm, der Dreck ist schlimm, das Gift, das durch alle undichten Stellen in die Zimmer kriecht, ist schlimm, am schlimmsten aber ist die Ohnmacht. Man kann nichts machen. Nichts gegen die Autos, nichts gegen die Laster, nichts gegen die Baustellen, nicht mal was gegen den Hund. Als jemand aus dem Haus den bulligen Gebrauchtwagenhändler bei der Polizei anzeigte, sagte die Polizei, daß man da nicht viel machen könne. Dafür stand der bullige Gebrauchtwagenhändler vor der Tür und drohte dem Kläger, er solle an seine Gesundheit denken. Und an seine Kinder.

Wenn man ein paar Stunden in diesem Haus ist, nimmt man sich vor, öfter mit öffentlichen Verkehrsmitteln zu fahren, wenn man länger bleibt, beginnt man, radikale Umweltschützer zu verstehen, und nach ein paar Tagen versteht man, daß es gute Gründe gibt, Autos in die Luft zu sprengen. Vor allem aber fragt man sich, was das Haus aus den Menschen macht, die darin wohnen.

»Kiek ma, ob dit Plakat noch hängt, Jürgen«, ruft Marion Stahl aus dem Wohnzimmer durch die Flügeltür rüber ins Schlafzimmer, wo ihr Mann an seinem Schreibtisch sitzt und wieder irgendwas rechnet. Er rechnet immer was. Meistens berechnet er, wie sie Geld sparen können. Jürgen Stahl öffnet das Fenster vor seinem Schreibtisch zur Brückenstraße. Sonnenstrahlen und Autolärm schwappen in die Wohnung.

»Nein«, brüllt er, läßt das Fenster offen und rechnet weiter aus, wie sie Geld sparen können.

»Wir haben da mal so ein Plakat uffgehängt«, erklärt Marion Stahl. »Lärm und Gestank machen uns krank. Stimmt ja auch. Peter, unser Kleiner, hatte ja jahrelang Pseudokrupp von dem Dreck hier. Aber dit hilft allet nischt. Der Verkehrssenator müßte hier mal einziehn. Nur drei Tage. Dit würde vielleicht wat ändern. Aber so. Nee. Angeblich soll es ja ein Nachtfahrverbot für Laster geben. Da kann ick nur lachen.«

Als sie hier im Mai 1989 einzogen, hätten die Kinder noch auf der Straße spielen können, sagt Marion Stahl. »Gab ja kaum Autos damals, und wo sollten die auch hinfahren. Da war ja die Mauer, und da war dann Schluß.« Nachdem die Mauer gefallen war, entwickelte sich die 15 Meter schmale Brückenstraße schnell zur dichtbefahrenen Ost-West-Verbindung. Ein paar Anwohner klagten gegen den Senat, die Medien wurden aufmerksam und machten in ihrer Gier nach Superlativen die Straße mal zur dreckigsten Straße Berlins und mal zur dreckigsten Europas.

Aus der Zeit der Berichterstattung stammt das Foto über der Couch, auf der Marion Stahl sitzt. Es zeigt sie mit ihrem Sohn Peter vor einem vorbeirasenden Lkw.»Dit is ja nun auch schon wieder lange her«, sagt Frau Stahl.»Damals war Peter noch vier, jetzt geht er zur Schule.« Die Klage wurde abgewiesen, und die Stahls reden sich mittlerweile die Lage schön. Was bleibt ihnen auch übrig. Jürgen Stahl hat immer und immer wieder durchgerechnet, ob es für eine kleine Eigentumswohnung reicht. Aber es reichte nicht.

»Der Lärm stört mich eigentlich gar nicht. Andere wohnen auch an der Eisenbahn und fühlen sich wohl. Nur eben das Gift in den Abgasen«, sagt Marion Stahl, die gewissermaßen als Ausgleich keine Äpfel kauft, die glänzen, ihre Wohnung nur mit Essigwasser wischt und am Wochenende einen Kuchen mit Vollkornboden gebacken hat.»Wir essen auch kein Schweinefleisch. Weil im Schweinefleisch die Pest steckt«, erklärt sie stolz. Das Bücherregal neben ihr ist von oben bis unten mit Kochbüchern gefüllt sowie mit Nachschlagewerken über Heilpflanzen. In der Küche zieht sie eigene Kräuter, und auch sonst gibt es jede Menge Grünpflanzen in der Wohnung, die einem, wenn man sie lange genug anschaut, erzählen, daß alles gar nicht so schlimm ist.

In einem Bilderbuch-Kinderzimmer sitzt zwischen Unmengen von Spielzeug der achtjährige Peter und klimpert auf seiner elektronischen Orgel.»Das Horn, das Horn, das ruht sich aus«, singt der Junge dazu. Gegen den Lärm, der aus dem Fenster vorm Schreibtisch seines Vaters quillt. Peter geht zur Orgelschule, er hat mehrere Computerkurse belegt, er geht schwimmen und soll demnächst noch eine andere Sportart betreiben. Karate würde seinem Vater zusagen.»Peter wird Pilot oder Klavierspieler«, sagt seine Mutter. Auf einer Couch sitzen 20 Puppen. Eine heile Welt. Ein heile Welt?

»Wir würden ja wirklich gern ausziehen. In den Westen zum Beispiel. Da gibt's bessere Wohnungen. Und da ist es auch warm. Kaufen müßte man sich eine. Aber da bräuchte man 100 000 Mark. Und wer hat die? Wir wollten ja jetzt auch mal jeden Mo-

Hildegard Missall und ihr Mann Paul

nat 1000 Mark sparen. Aber dit find ick gar nicht so gut. Da spar' ick 20 Jahre, und dann fall' ick um und bin tot. Und wie die Männer so sind, im nächsten Monat ham se 'ne Neue. Nee. Da verreise ick lieber ein bißchen, hab' ick mehr davon. Wir waren ja schon in Paris und in London und letztens im Center-Park in Belgien. Aber jut wär' es schon, hier rauszukommen. Kieken Se sich mal an, wer hier noch wohnt. Der alte Wussack ist verrückt, und mit den anderen haben wir kaum Kontakt. Wo wir früher gewohnt haben, da saßen wir mit den Nachbarn im Sommer öfter auf'n Hof zusammen. Die Pokorny hatte zwar 'n Paragraphen, also praktisch 'ne Mulle, und unsere Nachbarn haben gesoffen. Aber gesellig waren se. Na ja, aber hier kann man nicht auf'm Hof sitzen, weil einem da der Putz auf'n Kopf fällt. Und Ratten gibt's im Keller. Und überall Türken. Ick hab' nichts gegen Ausländer, aber dit werden ja immer mehr. Und die sind auch anders als die Türken, die wir in unserem Türkeiurlaub kennengelernt haben. Die waren irgendwie netter da.«

Marion Stahl sitzt in ihrer lustigen grüngemusterten Couch und verschnauft nach ihrer wütenden Rede. Sie ist Erzieherin, ihr Mann ist Bäcker. Er arbeitet nachts und schläft am Tag. Sie müßten hier raus, aber es geht nicht. Er hat es ja zigmal durchgerechnet. »Die Wohngegend ist ja optimal«, sagt Marion Stahl. Und dann ruft sie rüber zum Schreibtisch: »In London war's noch lauter als hier, wa, Jürgen?«

»Was?« ruft ihr Mann zurück. Und rechnet weiter. Vielleicht gibt es ja doch irgendwo eine Lücke.

Im Krieg war Paul Missall einmal an der Ostsee und einmal bei einer Tante in Hamburg. Aber seit 1945 hat er Berlin nicht mehr verlassen. »Keene Lust«, sagt er. Paul Missall ist jetzt 65 Jahre alt und verläßt, wenn er ehrlich ist, nicht mal besonders gern die braune Couch, auf der er gerade sitzt. Von hier aus hat er den besten Blick auf den Fernseher.

Vor Paul Missall steht eine halbleere Flasche Stier-Bier, neben ihm sitzt seine Frau Hildegard. Die war mal in Ungarn und auch mal im Harz, was allerdings auch schon ein paar Jahre her ist. Aus dem Fernseher brüllt ein Game-Show-Moderator gegen den Verkehrslärm an. »Ick hab uff volle Lautstärke gestellt«, erklärt Paul Missall, »weil man bei dem schönen Wetter natürlich die Fenster uffmachen muß.«

Missalls sind 1963 in die Brückenstraße gezogen, weil die Wohnung in der Rungestraße für sie und ihre vier Kinder zu klein geworden war. Damals arbeitete Hildegard Missall noch als Gemüseverkäuferin, und Paul Missall war im Krematorium Baumschulenweg beschäftigt. »Ick hab Grotewohl und Ulbricht durch'n Schornstein gejagt«, erklärt Missall und lächelt versonnen. Ja, in den letzten Jahren hat er dann noch bei Lotto-Schulze unten vor der Tür geholfen, bis der zumachen mußte. Nun sind sie beide Rentner. »Wenn's warm ist, bummeln wir so ein bißchen durch die Gegend«, sagt Hildegard Missall. »Ansonsten, wo soll man hin?«

Die Kinder sind aus dem Haus. Bis auf den jüngsten, Klaus-Dieter. Der ist zwar auch schon 40, hat aber keine Lust auszuziehen. »Er hat ja allet hier, wat er braucht«, sagt Paul Missall, der seinen Jungen wohl am besten verstehen kann. Zu Erika, der Ältesten, gibt es keinen Kontakt mehr, seit deren Ehemann das verboten hat. »Der war damals so 'n bißchen überkandidelt mit de Partei. Und weil ick mit de Partei nischt am Hut hatte, durfte Erika nich mehr kommen. Und och nich die Enkel«, sagt Paul Missall. »Jeder nach seiner Fasson. Wer nich kommt, brauch nich zu gehen«, ergänzt seine Frau. Zum zweiten Sohn, Hans-Joachim, ist ebenfalls der Kontakt abgerissen. »Der ist ja damals in den Westen gegangen. Nach Trier. Da hat er dann geheiratet. Und wollte wohl nach Amerika auswandern. Ob dit geklappt hat, weeß ick nich. Die Hauptsache is doch, es geht ihm gut. Man hört ja ville schlimme Sachen von Amerika«, erzählt Paul Missall.

Nur Hannelore, die jüngere Tochter, kommt manchmal.

Sie hat ja auch vier Kinder. Aber die sind nun schon ziemlich groß, so daß die Schokoladenosterhasen, die ihre Großeltern gekauft haben, immer noch dastehen. Und ehrlich gesagt sind sogar noch ein paar Weihnachtsmänner da, die niemand abgeholt hat. Hildegard Missall verläßt ihren Sessel, um ein paar Familienfotos zu suchen. Inzwischen erklärt Paul Missall, daß er froh sei, daß es nun wieder wärmer wird, weil die Wand hinter ihm ja eine reine Außenwand sei, »halber Stein«. Deswegen stopfe er sich auch immer das alte Sofateil hinter den Kopf. Im Sommer könne man es auch zwischen die Fenster klemmen, damit man es beim Rausgucken bequemer habe. »Aber noch ist ja kein Sommer. Ich muß vorsichtig sein mit dem Unterwäschewechsel. Ich hab's mit den Nieren.«

Hildegard Missall kommt schnaufend ins Zimmer zurück und legt ein paar alte Fotos auf den Tisch. »Hier, ick als Trümmerlieschen im Ulbrichtstadion. Und da war ick mit meinem Paul im Cöllnischen Park spazieren.« Zwei lächelnde junge Menschen schauen von den kleinen Fotografien. »Kennengelernt haben wir uns ja uffn Schwarzmarkt, Murkusstraße«, sagt Paul Missall gerührt. »»Wolln Se bisken Süßstoff koofen, Frollein‹, hat er mich gefragt«, ergänzt seine Frau stolz. Im Fernsehen leitet eine *RTL*-Nachrichtenansagerin vom Nahen Osten zu einer Frau über, die auf einem Kölner Spielplatz vergiftete Schokoladeneier verteilt hat. »Nu hör' dir dit an«, sagt Hildegard Missall. Und ihr Mann versucht automatisch, mit der Fernbedienung die Lautstärke zu erhöhen. Aber die ist schon am Anschlag.

Die Straße dort draußen stört die beiden höchstens beim Fernsehen. So wie sie die Sonne, die am Nachmittag ins Zimmer flutet, beim Fernsehen stört.

Sie sitzen und trinken und rauchen und schauen fern. Bevor sie ins Bett gehen, dreht Paul Missall immer noch den Kalender, der neben dem Ofen hängt, einen Tag weiter.

Ganz oben unterm Dach wohnen zwei junge Menschen, die es der Welt zeigen wollen. Gordana Zoric ist 22 Jahre alt, ihr Verlobter David Plonsky 19 und ihre Tochter Jeniffer sechs Wochen. David und Gordana sind in der Schule immer gehänselt worden, weil sie dick und unsportlich waren. Aber dann haben sie abgenommen. David hat zusätzlich angefangen, eine Art Kampfsport zu betreiben. »So was zwischen Karate, Kickboxen und Tai Chi«, sagt er, und Gordana bestätigt schwärmerisch, daß er »vom Körper her schon so weit ist wie van Damme«.

David Plonsky ist zwar erst 19, hat noch Pubertätspickel auf der Stirn, noch keinen Beruf, und seine Lieblingsfloskeln sind »voll seltsam«, »voll gut«, aber er hat relativ klare Vorstellungen, wo ihr Leben hinführen soll. Erst mal beginnt er einen Job als Fahrradmechaniker, und später ziehen sie nach Florida.

Deutschland nämlich empfinden sie ein bißchen wie das Haus, in das sie vor einem halben Jahr zogen. Laut, dreckig und kriminell. »Unsere Nachbarn spannen in unser Schlafzimmer, ganz unten wohnt ein Spinner, dazwischen Trinker, und im Treppenhaus drücken sich Fixer rum«, erklärt David Plonsky. »Der Straßenlärm ist eine Zumutung«, sagt seine Freundin, »und nach sechs Monaten kannst du dir einen neuen Kinderwagen kaufen, so schlimm sind die Bürgersteige.« Es hilft nichts, sie müssen nach Florida.

»Vielleicht machen wir aber auch eine Boutique für Babysachen auf«, sagt David Plonsky. »Mein Schatz kann nämlich voll gut nähen.« Sie sehen sich verliebt an.

Im Schlafzimmer von Frauke und Andreas Noak hängt ein Stück Tapete, auf dem in roten, schwungvollen Buchstaben steht:

»Haut an Haut verbrennen
mich von Dir nicht trennen
diese Nacht lebt ewig
in Dir und mir«.

Die Worte stammen aus einem Lied von Roland Kaiser. Andreas Noak hat sie aufgeschrieben und seiner Frau zum Hochzeitstag geschenkt. Zu welchem, wissen sie nicht. Es muß schon ein bißchen her sein.

Als sie vor genau drei Jahren das erstemal die Wohnung betraten, haben sie den Lärm da draußen nicht gehört. Die Wohnung war groß und hell, sie gefiel ihnen. Sie waren beeindruckt, weil sie aus einer kleinen, feuchten Wohnung in der Bergstraße kamen. Erst später, als sie sich das Video ansahen, das sie beim Renovieren aufgenommen hatten, hörten sie, daß die Brückenstraße damals schon so laut war, wie sie ihnen heute vorkommt. Sehr laut. Und sehr dreckig. Was besonders schlimm ist, weil ihre vierjährigen Zwillinge an einer allergischen Hautkrankheit leiden und an Asthma. Aber die Sorge um die Kinder hatten sie wenigstens gemeinsam.

Vielleicht fing es damit an, daß Frauke Noak der Krach, der aus allen Richtungen in die Wohnung drang, beim Schlafen mehr störte als ihren Mann, der »schläft, wenn er schläft«. Wer weiß. Jedenfalls trennte der Lärm da draußen sie immer mehr. Andreas Noak, der in Berlin-Mitte aufgewachsen war, ertrug ihn besser. Er hat Freunde in der Stadt, er kennt das Klima in einem Berliner Mietshaus. Frauke Noak aber war auf dem Land großgeworden. In einem kleinen Ort bei Wittenberg. Sie sehnt sich nach der Ruhe zurück. Für ihren Mann ist es »zu weit vom Schuß«. Sie arbeitet als Nachtschwester in Reinickendorf. Er arbeitet als Erzieher in Hohenschönhausen. Er ist 33, sie 26. Er steht auf Oldies, sie auf die aktuellen Hits aus den Charts. Er liest die *Berliner Zeitung*, sie den *Berliner Kurier*. »Ich würde gern nach Griechenland fahren«, sagt sie. »Zu heiß«, sagt er.

»Wir sind schon sehr verschieden«, sagt Andreas Noak. »Aber früher haben wir das gar nicht so gemerkt«, sagt seine Frau.

Draußen lärmt die Brückenstraße.

David Plonsky, Jeniffer, Gordana Zoric

Vor ein paar Wochen ist Margot Doernbrack aus dem ersten Stock weggezogen. Ganz überraschend und ganz schnell. Sie wohnt jetzt in Eggersdorf. »Es ist ruhig hier«, sagt sie. »Es ist so ruhig.«

Denkt sie noch manchmal an die Brückenstraße? Immerhin war sie es damals, die gegen den Senat geklagt hat. »Nein, das ist vorbei«, sagt Margot Doernbrack schnell. Zu schnell. Wahrscheinlich fahren immer noch Lastkraftwagen durch ihre Träume.

Mißverständnisse in Rathenow

Gehört man zum toleranten Brandenburg, oder
ist man national befreite Zone?

Pawel spielt jetzt ein Lied, das von 100 Pferden handelt, die mit einem Schiff im breiten Fluß untergehen. Der Fluß, er färbt sich rot von ihrem Blut, klagt Pawel. Ein trauriges Lied. Aber nicht trauriger als das nächste, in dem es um zwei Brüder geht, die als Kinder voneinander getrennt wurden. Später erschießt der eine Bruder den anderen im Krieg. Als er erkennt, was er getan hat, richtet er die Waffe gegen sich selbst.

Pawel hockt mit seiner Gitarre auf dem Rücken einer Parkbank, und er will Paul genannt werden. Die Bank steht im Rathenower Fontanepark, und Pawel ist ein Deutscher. Er fühlt wie ein Deutscher, sagt er. Aber seine Lieder sind russisch. Und das sollen sie wohl auch sein. Die Mädchen schauen mit schiefgelegten Köpfen hoch in den dunkelblauen Augusthimmel über der Havel.

Es ist eine Sonnabendnacht.

20, 30 Aussiedler treffen sich jeden Abend im Fontanepark. Sie trinken ein paar Bier, manchmal singen sie, die Jungs zeigen ihre Muskeln, ihre neuen Turnschuhe und reden über Autos, die sie sich bald kaufen werden. Volkswagen. Am besten schwarz. Die Mädchen hören den Angebereien der Machos zu und träumen von Karrieren, die sie einmal aus Rathenow hinausführen werden. Sie wirken entspannt, selbstbewußt und gar nicht so ängstlich, wie man denken könnte.

Vor drei Wochen kamen etwa 30 Skinheads vorbei. Es war spät, die meisten der jungen Aussiedler waren schon zu Hause. Die Skinheads fragten Wassili und Hermann, die noch auf den Bänken hockten, ob sie deutsch sprächen. Als die nicht antworteten, schlugen sie sie zusammen. Die Nachricht von dem Zwischenfall verließ die Rathenower Stadtgrenzen zügig und schaffte es bis in einige Polizeiberichte überregionaler Zeitungen. Zwischen die anderen Prügelmeldungen aus Brandenburg. Die Polizei verhaftete noch in der Nacht drei stadtbekannte

Rechte, die sie gleich wieder laufen ließ. Wassili und Hermann konnten niemanden identifizieren.

»Es ging alles so schnell«, sagt Hermann und grinst.

Ein paar Wochen zuvor verdroschen die Aussiedler einen der Rathenower Rechten vor der elf-Tankstelle. Daniel Kuhn. Auch Kuhn konnte später niemanden identifizieren. Dieser Zwischenfall schaffte es nicht in die Polizeiberichte von Zeitungen, die außerhalb Rathenows erscheinen. Und auch die Schlägereien davor nicht. Rathenow galt schon ziemlich lange als friedlich. »Das mit den Rechten und uns geht, solange ich hier bin«, sagt Ida Bär. Sie ist seit drei Jahren in der Stadt. Es ist ein bißchen schlimmer geworden in letzter Zeit, sagt sie. »Es ist eben Sommer«, sagt Olga.

Die Jungs lachen.

Es ist normal. Sie sind nun mal hier gelandet. Und hier gehört es offenbar dazu.

Für die brandenburgischen Politiker lohnte sich Rathenow jetzt wieder. Diana Gnorski vom Landesvorstand der PDS erklärte es umgehend zur »national befreiten Zone«. Oder wenigstens den Fontanepark. Der Verfassungsschutz konnte beweisen, daß er die Definition von »national befreiten Zonen« beherrscht. Und auch das Handlungskonzept »Tolerantes Brandenburg« konnte »greifen«.

Zwischen der Tankstelle und dem Fontanepark liegt das Rathenower Polizeirevier. Es versteckt sich am Tage hinter dichten Bäumen, abends sickert warmes Licht aus den Fenstern auf die gepflasterte Straße. Selten sieht man, wie sich ein Polizist zu Fuß durch die Stadt bewegt. Aber ab und zu rollen ihre Autos über die Rathenower Straßen. Es gibt also Polizisten.

Wenn man ihr Revier besucht, kann man sie vom klitzekleinen Warteraum aus hinter ihren schußsicheren Fenstern herumlaufen sehen wie in einem Terrarium.

Polizeihauptkommissar Bodo Zackert leitet das Rathenower Polizeirevier jetzt im dritten Jahr. Ein blonder, gesund aussehender Mann, der im Umgang mit der vagen Auskunft noch etwas ungeübt ist. Zackert hat festgestellt, »daß die Tendenz rechtsgerichteter Gewalttaten in Rathenow stagniert«. Rein gefühlsmäßig offenbar.

»Der Anfall ist mehr oder weniger der gleiche geblieben«, sagt Polizeihauptkommissar Zackert. »Wobei ich das zahlenmäßig nicht belegen kann.« Zackert lächelt. Er würde vielleicht gern das Gefühl vermitteln, daß er nicht mehr sagen dürfe. Allerdings wirkt er eher so, als könne er nicht mehr sagen, weil er nicht mehr weiß.

»Wir haben dann drei Tatverdächtige festgenommen«, sagt Zackert, »und nach den Motiven geforscht.«

Route 66 ist eine schäbige Baracke am Rande eines breiten Parkplatzes. Mehr ein Imbiß als eine Kneipe. Es gibt einen Fernseher, auf dem *Premiere* läuft, das Nulldreier Bier kostet nur einsneunzig, und der Wirt ist ein maulfauler Dicker, dem es »ejal is, wat meine Gäste politisch denken«. Hier trifft sich die rechte Szene von Rathenow regelmäßig. Ein armseliger Ort mit verpißten Toiletten.

Gegenüber befindet sich das Spielecenter von Ingo Wilimzig, der auch die größte Diskothek der Stadt betreibt. Das Dance House. Wilimzig kommt mit den rechten »bombig« aus, weswegen er einige von ihnen in seiner Ordnungsgruppe beschäftigt.

Es ist Freitag abend. Auf *Premiere* läuft Stuttgart gegen Dortmund, der Wirt spült Gläser, Wilimzig spielt mit ein paar Leuten Dart im Flur vor der halboffenen Klotür.

Nach und nach trifft die rechte Szene ein. Mario Knudsen ist dabei, einer der drei kurzzeitig verhafteten Verdächtigen. Ein untersetzter, nervöser Typ in einem schwarzen Störkraft-T-Shirt. Auf seinen Unterarm ist das Wort Skinhead tätowiert, auf seinen Nacken ein Reichsadler. Sie gehen rüber ins Spielecenter, um sich eine *ZDF*-Reportage über rechte Jugendliche in Brandenburg anzusehen. Sie spielen auch mit.

Das Fernsehteam begleitete einen Ermittler der Mobilen Einsatzgruppe gegen rechte Gewalt, der sich vor der Kamera aufführt wie ein schlechter Schauspieler. Wackelige Bilder von kahlrasierten Köpfen und glänzenden Jacken. Dazwischen der Wichtigtuer von der Einsatzgruppe.

Im Hintergrund dudeln die Spielautomaten, zwei blasse, blonde Mädchen unterhalten sich über einen Friseurtermin, die Rathenower Skins machen sich über den Ermittler im Fernsehen lustig. Und über ein paar »Dorfjacken, die sich mit Dingen beschäftigen, die wir schon seit Jahren nicht mehr machen«.

Ganz zum Schluß kommen sie. Endlich.

Dunkle Bilder einer nächtlichen Veranstaltung unter freiem Himmel im nahen Wusterwitz. »Wohl ein politisch motiviertes Treffen«, sagt die Stimme des Moderators aus dem Off.

»Scheiße iss«, ruft einer der Skins. »Dit war 'ne Jeburtstachs-feier, du Arsch.«

Als die Sendung vorbei ist, laufen sie noch breitbeiniger als vorher durch die Gegend, sie telefonieren mit Bekannten wie jemand, der beim »Aktuellen Sportstudio« mal kurz in die Kamera gewinkt hat. Sie beschweren sich über einen der Kameraden, der in die Kamera geguckt hat, weil das wohl irgendwie unprofessionell ist. Für einen Untergrundkämpfer. Sie trinken Bier und gucken. »Das Treffen in Dänemark ham se verboten«, sagt einer. Dann saufen sie weiter. Ab und zu verschwinden zwei im Dunkel des Parkplatzes. Knudsen fummelt sich pausenlos an der Hose rum, spuckt, zuckt, klappt sein Handy auf und zu. Zweimal geht er an eine Bambuswand, die den Parkplatz von dem des Extra-Marktes trennt, und pinkelt dagegen.

Irgendwann sagt einer: »Ich hab Lust, noch was zu machen. Bißchen was erleben.« Es ist halb zwölf. Sie steigen in ihre Autos und verschwinden. Zehn Mann. Vielleicht elf.

»Zum Stadtfest wollen die Russen zurückschlagen«, sagt Wilimzig und tätschelt einen winzigen grauen Hund auf seiner Schulter. »Mal sehn. Ich glaube ehrlich gesagt nicht, daß sich die Russen das trauen. Bei der Stimmung, die hier gegen Ausländer herrscht.«

In der Nacht wird im nahen Milow ein Mann bewußtlos geschlagen. Keine Verdächtigen. Keine Zeugen. Die Kriminalpolizei ermittelt.

Die Ausländerbeauftragte des Kreises Havelland heißt Gabriele Steidl und ist in Personalunion auch noch für Gleichstellungsfragen und Behinderte zuständig. Das ist viel für eine Frau in so einem großen Landkreis. »Aber Sie werden sich wundern«, sagt Frau Steidl. »Es passiert gar nicht mal so selten, daß ich mit ausländischen Frauen zu tun habe, die auch noch behindert sind.« In diesen Fällen ist es sogar von Vorteil, daß sie die drei Bereiche »zusammengewunden« hat, wie sie es nennt. Ihr Jahr teilt sich nach drei Großveranstaltungen. »Die Frauenwochen sind im März, im Juli haben wir den Tag des Behinderten und im Herbst dann die Woche des ausländischen Mitbürgers. Viel mehr ist nicht drin.«

Frau Steidl hat vom Überfall im Fontanepark gehört.

»Die Aussiedler sollen aber auch nicht ganz ohne sein«, sagt sie. »Die fühlen sich ja deutscher als die Deutschen. Einige be-

nehmen sich nicht so, wie wir uns das vorstellen. Ab 1. Januar
'99 sollen ja alle in eigenen Wohnungen untergebracht sein. Fragen Sie mich nicht, wie das gehen soll. Allerdings ist der Nähr-
boden für rechte Gewalt in unserem Landkreis sehr gut. Hier ist
ja alles weggebrochen. Oder weggebrochen worden, muß man
schon sagen.«

Das Chemiefaserwerk in Premnitz beispielsweise mußte ihrer Meinung nach schließen, weil es eine zu starke Konkurrenz
für westliche Unternehmen war. Daher rühre die verständliche
Abneigung gegen den Westen. Sie nimmt sich da nicht aus.
Schließlich hat sie selbst 15 Jahre lang in dem Werk gearbeitet.
In gewisser Weise kann sie auch verstehen, daß Berliner Schul-
klassen in Brandenburg nicht gerade gern geschen sind. »Berlin ist immer bevorzugt worden. Erdbeeren, Rauhfasertapete,
H-Milch. Ich habe drei Kinder. Wenn ich für die Cordhosen kaufen wollte, hieß es: ›Fahren Sie nach Berlin. Da gibt es alles.‹
Und ich sagen Ihnen eines, das ist immer noch so. Berlin wird
bevorzugt. Überzeugen Sie sich doch selbst. Das Konfektions-
angebot ist dort besser als in Brandenburg.«

Gabriele Steidl ist eine tüchtige Frau. Ein paar Jahre hat sie
sich um den Aufbau eines psychiatrischen Betreuungsnetzes im
Landkreis gekümmert. Jetzt macht sie das hier. Erfahrungen
mischen sich mit Vorurteilen und dem, was ihr mehr oder weniger zufällig aus Merkblättern und Studien in die Hände fällt.

»Die Rechten sind ja oft wohlsituiert«, sagt Gabriele Steidl. Vor
zwei, drei Monaten brachte sie einen Senegalesen, der in Rathenow zu Besuch war, zur Volkssolidariät, um ihn der Senioren-
gruppe vorzustellen, die dort Englisch lernt. »Das war nur eine
Informationsveranstaltung. Da sprang plötzlich ein älterer,
wohlsituierter Herr auf und rief, daß die Schwarzen immer mit
den Fahrrädern auf den Bürgersteigen fahren würden. Die hätten hier überhaupt nichts verloren.«

Zu rechten Jugendlichen hat sie weniger Kontakt, sagt Gabriele Steidl. Aber sie habe gehört, daß der sogenannte Freibeuter
e. V. rechte Tendenzen haben soll.

Die Freibeuter sind linksautonome Jugendliche, die von der
Stadt Rathenow das ehemalige Freizeitzentrum zur Verfügung
gestellt bekamen. Der Pressesprecher des Landratsamtes verspricht, eine Mitarbeiterin aus seiner Behörde zu finden, die
sich in den Jugendszenen auskennt. Sie heißt Carola Holowaty,
ist seit April im Jugendschutz tätig und hat von den Auseinan-

dersetzungen zwischen Aussiedlern und Rechten überhaupt noch nichts gehört.

»Ach«, sagt sie. Aber sie ist guten Willens. »Da sind bestimmte Dinge im Vorfeld. Wir werden Projekte durchführen. Aber jetzt sind Ferien. Da haben die Träger natürlich geschlossen. Aber wir werden da präventiv tätig werden.« Zum Schluß sagt sie noch: »Ich glaube, daß da viele Sachen aufgeputscht werden, die gar nicht so schlimm sind.«

Es gibt Abende, da sollte man an der elf-Tankstelle in Rathenow besser nicht seinen Wagen verlassen. Sagen die Mitarbeiterinnen der Tankstelle.

Christina Schröder hat Nächte erlebt, »an denen die Rechten einfach auf alles einschlagen, was kreucht und fleucht. Ohne Grund.« Die Tankstelle liegt an der Berliner Straße. Auf der einen Seite liegt das Dance House von Ingo Wilimzig, das als Hochburg der rechten Jugendlichen gilt, auf der anderen Seite die Oststadt, in der viele Aussiedler wohnen. »Sie sind alle unsere Kunden. Die Russen und die Rechten auch«, sagt Christina Schröder. »Die Rechten saufen mehr Bier, die Russen mehr Korn und Wodka. Sie sind gute Kunden allesamt. Wobei die Russen adretter sind.«

Christina Schröder ist 19 Jahre alt und wurde von der Polizei schon einmal aufgefordert, eine Anzeige gegen Rechte zu machen. Sie machte es nicht, obwohl ihr von der Polizei versichert wurde, daß die Rechten dann ins Gefängnis kämen. »Die haben doch Freunde. Dann könnte ick gleich nach Bayern ziehen. Ick meine, die drohen doch schon, mich umzubringen, wenn ich ihnen keinen Alkohol mehr gebe. Einmal haben sich hier draußen welche ausgezogen. Vor meinen Augen. Ick war fix und fertig. Ich hatte einen total schlechten Tag gehabt. Aber die Polizisten kamen ewig nicht. Ick meine, dit Revier ist doch gleich über die Straße. Aber die kommen einfach nicht. Und als ich mich darüber aufgeregt habe, da sagt der Zackert, also der Chef, ich sei zu sensibel für diesen Beruf.«

»Sie sagen auch, wir sollen denen keinen Alkohol verkaufen. Aber das ist doch unser Beruf. Nee, ich sage auch zu meinen Mädels, daß sie keinen Streit mit den Rechten suchen sollen. Wir müssen ja hier weiterleben«, sagt die Pächterin der Tankstelle, Ramona Streisel.

Zwei Abende später schwenkt Christina Schröder ihren Hin-

Stadtfest in Rathenow. Alles ruhig.

tern aufreizend an ein paar glatzköpfigen Jungs vorbei, die vor der Tankstelle herumlungern. Sie lächeln sie an. Sie lächelt zurück. Sie muß wohl doch nicht nach Bayern.

Vor dem Büro des Rathenower Pressesprechers Giese wartet Wolfgang Kroll, Bezirksleiter der Firma Walter-Präsente. Kroll hat durchgetretene Schuhe, eine feuchte Stirn und einen dicken Musterkoffer in der Hand. Er ist seit zwanzig Minuten mit Rolf Giese verabredet, um ihn über die »Werbe- und Streugeschenke« der Firma Walter-Präsente zu informieren. Er muß jetzt wirklich los, sagt er. Er habe noch Termine. »Bis runter in den Süden.«

Fünf Minuten später kommt Giese. Er mußte den Bürgermeister beim Geburtstag einer alten Rathenower Dame vertreten. Frau Günther ist 99 geworden.

»Na ja Mensch, Walter-Präsente, tut mir leid«, sagt Giese, kreist den verpaßten Termin, der einsam in seinem Kalender steht, ein und beginnt, Prospekte von Rathenow über den Tisch zu schieben. »Wohnen im westlichen Havelland«. »Der Stadt- und Wirschaftsführer«. »Zur Geschichte der Juden in Rathenow«. Die aktuelle Ausgabe des »Journals für Deutschland«, in der ein kleiner, lobender Text über Rathenow steht.

»Probleme gibt's vor allem mit den Aussiedlern«, sagt Giese. »Ich habe von wirklich vertrauensvollen Leuten aus Rathenow Ost gehört, daß die sich nicht besonders zivilisiert aufführen. Wenn man sie bittet, mal den Hausflur sauberzumachen, hört man Dinge wie: Habt ihr den Krieg gewonnen oder wir?! Also, das sagen wirklich vertrauenswürdige Leute, nicht wahr. Dabei wollen sie doch Deutsche sein. Na ja, und da bilden sich ja auch Mafia-Strukturen heraus. Ich habe 'ne Tochter in Berlin, ich weiß, wovon ich rede. Klamotten vom Feinsten, einkaufen auf dem Ku'damm.«

Giese blinzelt mit einem Auge, als verrate er jetzt ein Geheimnis. »Und die Mafia stempelt denen doch auch die Ausweise. Die Männer sind danach alle Ärzte, die Frauen alle Lehrerinnen. Und dann haben sie die große Klappe.«

Giese ist ein kräftiger, kahlköpfiger Mann mit rosiger Haut, dessen oberster Hemdknopf unter der Krawatte geöffnet ist. Ein 59jähriger Anpacker. Bis zur Wende war er Russisch- und Deutschlehrer an der Erweiterten Oberschule, dann absolvierte er ein einjähriges Fernstudium bei der Standortpresse in Bonn.

Jetzt macht er Pressesprecher. Und Karnevalspräsident des Rathenower CC ist er auch.

»Was die Rechten angeht, da hat der Bürgermeister sogar versucht, sich mit denen gütlich zu einigen. Aber die wollten nicht. Das ist doch das Problem. Die wollen niemanden an sich ranlassen. Die lassen sich nichts überstülpen. Die Linken sind ja fast noch schlimmer. Im Sommer haben sie vom Dach des Freizeitzentrums gepinkelt und gekotzt. Auf deutsch gesagt: Die Toilettenbecken gestrichen voll, aber kreativ arbeiten. Dis geht mir über die Hutschnur.«

Giese verteilt weiter Prospekte, beklagt sich darüber, daß gerade Rathenow mit seinen Problemen viel mehr Asylbewerber abkriegt als das reiche Nauen aus dem Speckgürtel und sagt: »Das schürt natürlich Vorurteile bei den normalen Leuten. Das ist wie mit den Assis, die angeblich Geld für ihre Hunde kriegen. Dis stimmt gar nicht. Da habe ich mich erkundigt. Aber zu den Ausländern und so, da kann Ihnen die Frau Gyros oder so bestimmt mehr sagen, warten Se mal.«

Giese telefoniert kurz. Er findet heraus, daß die Frau, die er meint, Grygo heißt und auch nicht für Ausländer zuständig ist.

Die Reisners sind Opfer rechter Gewalt. Im März wurde die Geburtstagsfeier ihrer 17jährigen Tochter von etwa 20 rechten Jugendlichen überfallen. Sie fuhren mit sieben Autos vor, bedrängten Klaus Reisner, der Direktor eines Berufsausbildungszentrums ist. Dann aßen sie das Büfett leer, zerschmissen Flaschen und verschwanden in der Nacht. Es entstand ein Schaden von etwa 450 Mark. Reisner hat Anzeige erstattet. Die Ermittlungen laufen. Seit drei Jahren leitet Reisner eine Berufsschule. 240 Lehrlinge hat er, kaum einer hat die zehnte Klasse geschafft.

»Aggressiv sind sie alle«, sagt Reisner, nimmt in einer türkisfarbenen Ledercouch Platz und brennt sich eine Zigarette an. Vor uns blubbern zwei 2 600-Liter-Bassins, in denen tropische Fische treiben. »Aber Rechte hatte ich bis jetzt nur zwei aus Premnitz, aber die habe ich mir tadellos zurechtgebogen.«

»Die Linken müßten genauso verboten werden«, sagt seine Frau, während sie sich neben ihm in die Couch senkt.

»Aber man muß schon sagen, das im Fontanepark war unfair. 30 Skinheads gegen zwei Russen, Ramona.«

»Kann schon sein, aber eine meiner Lehrlinge hat einen Marokkaner oder so was geheiratet. Jetzt sitzt der zu Hause auf der Couch, und sie soll schuften. Genauso die Weißrussen, die herkommen. Die kriegen einen Haufen Geld in den Hintern gesteckt, und die Deutschen sitzen zu Hause. Neulich beim Bauern in Böhne haben die Weißrussen wieder zwei Fahrräder geklaut. Da hilft nur eins. Jackstück vollhauen. Da kann man die Rechten doch verstehen. Wenn man sieht, wie ungerecht der Deutsche behandelt wird, der brav seine Steuern bezahlt.«

»Da hat meine Frau schon recht. Von den Asylanten haben doch höchstens zehn Prozent politische Motive.«

»Hochgegriffen, Klaus.«

Die Fische schwimmen durch die riesige Wasserwelt im Wohnzimmer. Reisners sind Lehrer.

Der Rathenower Bürgermeister Hans-Jürgen Lünser erinnert sich noch, wie er mit einem Dutzend von »der rechten Truppe« in Timms Café gesessen hat. Das brachte nicht soviel. Dann tauchte Anfang der 90er Jahre überraschend ein Professor aus Oslo auf, der seine Hilfe anbot. »Professor Nökling, tja. Der wollte Projekte mit den rechten Jugendlichen anschieben, weil er was über Rathenow in der Zeitung gelesen hatte. Die Projekte sind dann aber an Wechseln im norwegischen Parlament gescheitert«, sagt Lünser. »Das wäre bestimmt 'ne gute Sache geworden. Der Nökling war ein Kerl von einem Mann. Der hatte gewaltige Oberarme. Vor dem hätten sie Respekt gehabt.«

Lünser war früher ökonomischer Direktor im Backwarenkombinat. Mit der Wende wurde er Bürgermeister. Hinter ihm hängt ein Bild, auf dem er sich zu Helmut Kohl herunterbeugt, der 1992 mal in der Nähe einen Truppenübungsplatz besuchte. Neben seinem Tisch stehen die abmontierten Schilder von Wilhelm-Pieck-Straße und Leninallee. »Puschkin haben wir gelassen, ja, Puschkin, großer Dichter, der konnte bleiben.« Sicher würde Lünser lieber über Autobahnzubringer reden als über rechte und linke Szenen. Er hat keine guten Erfahrungen gemacht.

In diesem Jahr verbot er den »antifaschistischen Frühjahrsputz«, den die PDS angeregt hatte. Im vorigen Jahr erklärte er, daß die Stadt kein Geld für einen Gedenkstein habe, der an die ermordeten Rathenower Juden erinnere. Zu Egon Kornblum, einem der wenigen Rathenower Juden, die überlebten, fiel ihm ein: »Herr Kornblum hat den Holocaust übrigens gar nicht so live erlebt. Er war bereits 1938 weg.«

Hans-Jürgen Lünser steckt in einem fürchterlich grünen Anzug fest, sein Kopf leuchtet rot, seine rechte Hand liegt hilfesuchend auf der Karte mit den möglichen Schnellstraßen, die seine Stadt dem Wohlstand näherbringen könnten. Er ist kein Rassist und kein Antisemit.

Aber er ist auch nicht zufällig Bürgermeister dieser Stadt.

1995 kam der Berliner Diplomsoziologe Gernot Griesbach auf Anfrage der Stadt Rathenow über die Vermittlung des Verfassungsschutzes hierher, um rechtsextreme Strömungen unter den Jugendlichen zu analysieren. Er fand keine.

»Ich war ein Jahr in der Stadt. Die rechtsextremen Orientierungen unter den Jugendlichen waren minimal. Ich hatte zunehmend den Eindruck, mich mit Einstellungen bei älteren Rathenower Bürgern auseinandersetzen zu müssen. Einige davon saßen in den Verwaltungen der Stadt.«

Vor ein paar Monaten erschien in der Regionalausgabe der *Märkischen Allgemeinen* ein Artikel mit der Überschrift: »Ein ›jüdisches‹ Problem behindert die KWR«. Es ging um einen Parkplatz, auf dem einst das Kaufhaus Conitzer gestanden hatte. Der ehemalige Chef des HO-Möbelhauses, das später auf dem Grundstück stand, erinnert sich noch schwach an die Familie Conitzer. »Die müssen wohl alle rausgekommen sein, sonst hätten sie ja keine Ansprüche stellen können, was?« sagt Wilfried Kuschewski, der heute auf 28 Quadratmetern »Kuscheleck« Rattanmöbel, Bettwaren, Scherzgeschenke und Fanartikel vertreibt. Sein Vater war bis 1945 in der KPD, sagt Kuschewski.

Er hat Probleme mit den Vietnamesen, deren Preise er nicht unterbieten kann. »Allein im ehemaligen Kaufcenter, dem heutigen Multistore, gibt's drei Vietnamesen. Und der Vietnamese ist hochangesehen in der Bevölkerung.«

Charlotte Bleis, deren Eltern direkt neben dem Warenhaus ein Fuhrunternehmen betrieben, erinnert sich noch gut an ihre jüdischen Nachbarn. »Der Galinski hat damals als Verkäufer im Warenhaus gearbeitet. Er hat zwar später behauptet, er sei Geschäftsführer gewesen, aber er war nur Verkäufer. Und er war schon immer so ein Ekel.«

Die Sozialarbeiterin Constanze Borgner, die von 1993 bis 1997 im Kreissozialamt in Rathenow arbeitete, erzählt, daß ihr von Mitarbeitern der Behörde schon mal vorgeworfen wurde: »Du immer mit deinen Kanaken.« Sie hat sich sehr allein gefühlt in

Rathenow, sagt sie. Sie sei auch die einzige ausgebildete Sozialarbeiterin in der Behörde gewesen. Schüler der Rathenower Oberschule, die eine Studie zum jüdischen Leben in ihrer Stadt anfertigten, bekamen anschließend einen Brief der »Initiative zur Verhinderung der Verjudung des deutschen Volkes«.

Egon Kornblum lebt heute in Essen. »Es gibt jetzt einen Gedenkstein, und ich wollte eigentlich meinen Frieden mit dem Bürgermeister machen, nicht wahr. Ich habe mich nie so richtig willkommen gefühlt. Ich habe auch gebeten, eine Wache zu bekommen, als der Rechtsextremismus stärker wurde«, sagt Kornblum. »Sie haben mir einen netten jungen Mann zur Verfügung gestellt, der später sagte, er werde der NPD beitreten.«

Vor anderthalb Wochen wurde das Ehepaar Schwartze zusammengeschlagen, als es im Morgengrauen nach einem Feuerwehrball an der Sprint-Tankstelle noch einen Kaffee trinken wollte. Rainer Schwartzes linkes Auge ist immer noch blutunterlaufen. »Es waren zwei Golfs, die Typen haben gesagt, wir sollen uns hier verpissen, und dann ging alles sehr schnell. Es waren wohl Russen oder sowat. Ick meine, die Rechten aus der Gegend kenne ich doch alle. Die würden so was auch nicht machen. Nicht. Was mich wirklich stört, ist, daß sie auch Frauen verprügeln. Meiner Frau mußte die Lippe genäht werden.«

Woher wußte er, daß es Russen waren?

»Sagen wir mal so. Es war früh um viere. Ick hatte och schon ein paar Bierchen in der Birne, oder? Ich hab gar nichts richtig mitgekriegt. Aber Glatzen waren es nicht.«

Im Juni dieses Jahres lag das rechtsextreme Einstellungspotential nach einer Studie der FU Berlin und der Deutschen Paul-Lazarsfeld-Gesellschaft in Brandenburgs Bevölkerung bei 19 Prozent. Das ist der Spitzenwert. Mit dem Konzept »Tolerantes Brandenburg« will die Landesregierung dagegen vorgehen. Nach ein paar Gemeinplätzen erklärt Staatssekretär Dr. Harms, was sie konkret vorhaben. »Wir werden in fünf Regionen jeweils zwei Mitarbeiter zur Verfügung stellen. Ein Netz von Menschen.«

Zehn Leute für das gesamte Land Brandenburg. Ein Netz.

»Der entscheidende Impuls muß natürlich von den Gemeinden ausgehen«, sagt Staatssekretär Dr. Harms. »Wir sind natürlich nicht besonders glücklich über die Konzentration von Asylbewerbern in unserer Stadt«, sagt Bürgermeister Lünser.

Das Stadtfest am Wochenende verlief ruhig. Die Polizei wartete in den Seitenstraßen. Die Aussiedler kamen nicht. Die Rechten sickerten mit der Landbevölkerung ins Stadtbild. Reinhard Dahnke, Musikchef von *Antenne Brandenburg*, der für das Programm zuständig war, hatte diesmal keine ausländischen Musiker dabei. Beim letztjährigen Stadtfest waren türkische Popmusiker mit Eiern beworfen worden. »Diesmal haben wir Rock-'n'-Roll-Bands«, sagt Bahrke. »Da wird wohl nichts passieren.«

Es blieb ruhig, und es regnete.

Aber in der Nacht zum Sonntag nach zwei Uhr beobachtete eine Frau von ihrem Balkon in der Berliner Straße einen Aufmarsch. »Vielleicht 40 Leute«, sagt sie. »Richtig in Reih und Glied. Sie marschierten die Goethestraße hoch und dann in die Berliner rein. Richtig gepatscht haben sie mit ihren Stiefeln. Sie haben Sieg Heil gebrüllt und Lieder gesungen. Die Polizei ist langsam hinter ihnen hergefahren.«

Eine Anzeige will sie nicht machen.

Deutscher Ketchup ist gut

Eine Winterreise über die Oder

Die Zeiten mischen sich. Die Menschen versuchen, Schritt zu halten. Aber manchmal stellt sich auch jemand quer. Bleibt einfach stehen. Dann wirken die Zeiten grotesk. Oder er.

Kurz vor der Stadtbrücke nach Słubice, genau zwischen McDonald's und McPaper, verkauft ein Mann die *Rote Fahne*. Er heißt Jörg Pilat, bittet aber darum, mit Genosse Pilat angesprochen zu werden. Genosse Pilat ist Mitglied der Kommunistischen Partei Deutschlands und bald 40 Jahre alt. Zudem ist er »auf dem Wege«, sich »als Publizist selbständig zu machen«. Früher war er in der Wirtschaft tätig, heute verfaßt er Manuskripte. »Mein erstes Manuskript heißt: ›Popper und die Erkenntnistheorie‹«, sagt Pilat. »Ich rechne damit, daß es sehr viel Bedeutung findet.« Es ist ihm zu gönnen, denn die aktuelle Nummer der *Roten Fahne* findet nicht so sehr viel Bedeutung. Die Menschen umkurven den Genossen Pilat, als sei er ein Hundehaufen. »Mein drittes Manuskript heißt: ›Gesammelte Texte und Gedichte‹«, ruft Genosse Pilat noch in die Kälte. Aber die Menschen laufen durch seine Worte hindurch. Sie blasen weiße Atemwolken vor sich her und tragen pralle Beutel. Es ist Weihnachtszeit. Helmut Kohl hat die Stadt gerade verlassen, aber der Verkehr fließt noch dick von den Absperrungen. Kohl hat eine neue Autobahnbrücke zwischen Deutschland und Polen eingeweiht und anschließend eine kurze Rede an der Frankfurter Europa-Universität gehalten. Er forderte die Studenten auf, »hier in der Mitte des Kontinents das Tor zum 21. Jahrhundert weit aufzustoßen«.

Jutta Lehmann, die den TIP-Markt neben der Stadtbrücke leitet, weiß noch nicht, was Helmut Kohl gerade gesagt hat, und es ist nicht sicher, ob sie es jemals erfährt. Aber wenn es nach ihr ginge, sei das Tor eigentlich schon weit genug auf. Vor allem jetzt in der Weihnachtszeit. Kohl hin, Kohl her, Europa schön und gut, aber woher kriegt sie jetzt die Schokoladenweihnachtsmänner für 89 Pfennig. Die sind nämlich alle. Und auch die billige »Schokodero«-Vollmilchschokolade ist ausverkauft. Frau Lehmann hat Schokolade nachbestellt, aber es gibt einen Engpaß in der Zentrale, heißt es. Die Polen, sagt sie, kaufen wie die Wahnsinnigen.

Es gibt drei TIP-Märkte in Frankfurt an der Oder. Einer davon steht direkt neben der Stadtbrücke nach Slubice. Es ist der TIP-Markt mit dem meisten Umsatz in Frankfurt, und es gibt Tage, da könnte Jutta Lehmann schwören, daß es sogar der TIP-Markt mit dem größten Umsatz in ganz Deutschland ist. Konkrete Zahlen kennt sie nicht, aber sie hat so was gehört, und wenn man mal eine Stunde zuguckt, wie sich die Paletten mit den, sagen wir mal, Erdnußflips leeren, kann man sich vorstellen, daß Jutta Lehmann recht hat.

»Es liegt natürlich an den Polen«, sagt Jutta Lehmann. »Die fallen ja hier praktisch rein, wenn sie über die Grenze kommen.«

90 Prozent der Kundschaft sind Polen, glaubt Frau Lehmann. Konkrete Zahlen hat sie nicht, aber so ein Gefühl. Schließlich erkennt man schon, wer Pole ist und wer nicht.

Aber woran?

»Sie müssen nur in den Wagen gucken«, sagt Frau Lehmann. »Die Polen kaufen vor allem Margarine, Öl, Erdnußflips, Paprikachips, die billige Vollmilchschokolade, Mehl und jetzt natürlich Schokoladenweihnachtsmänner und die Weihnachtsmischbeutel. Und sie kaufen in großen Stückzahlen. Also deutsche Kunden, die zehn Flaschen Pflanzenöl im Korb haben, gibt es nicht. Aber die Polen kaufen schon mal 30, 40 Tafeln Schokolade. Fragen Sie mich nicht, was sie damit machen.«

»Sie kaufen auch gern den Napoleon-Weinbrand«, sagt die Verkäuferin Monika Mattibe. »Unsere deutschen Kunden, die gern mal einen trinken, aber nicht so ville Geld haben, kaufen lieber den Klaren für Siebenneunundzwanzig. Die Polen, wie gesagt, Napoleon.«

»Ich sag' es mal so«, sagt Jutta Lehmann. »Es gibt keinen Polen, der nicht Napoleon kauft.«

»Der polnische Kunde hat an und für sich mehr Ruhe als der deutsche«, sagt Carla Raschke. »Man kann auch sagen Arschruhe. Der polnische Kunde vertieft sich teilweise so sehr in seine Ware, daß man ihn regelrecht anschreien muß, wenn man an ihm vorbeigehen will.«

Ilona Fuchs hat gestern einen polnischen Kunden beim Klauen

erwischt. Als sie ihn bat, die Sachen rauszugeben, hat er sich entblößt. Hose auf. Vorn an der Kasse. »War nicht der Rede wert«, sagt Ilona Fuchs. »Ansonsten, wie soll ick sagen, dit Schachern und Schmuggeln steckt so im Polen drin. Von der Mentalität her. Dit kriegste auch nicht raus aus'm Polen.«

Die Frauen arbeiten hart. Früher, als der TIP-Markt noch eine Konsum-Kaufhalle war, gab es hier 35 Verkäuferinnnen. Heute sind es vier bis fünf pro Schicht. Und es ist mehr zu tun als früher. Es gibt mehr Waren, und sie sind aufwendiger verpackt.

Die Frauen schleppen und zerren den Nachschub aus dem eiskalten Lager in den Verkaufsraum. Sie jonglieren breite Paletten durch enge Gänge, sie schneiden Kartons mit Rasierklingen auf, sie klauben Becher, Dosen und Packungen aus den Kartons, sie ordnen sie in Regale, sie füllen auf, sie sortieren aus, sie räumen leere Pappen zurück ins Lager, stopfen sie in eine Papppresse, die jeden Tag viele riesige Pappwürfel ausspuckt. Und dann fangen sie wieder von vorne an. Am Morgen haben sie keine Zeit für die Zeitung, am Tage können sie kaum hochgucken, und abends schlafen sie meistens vor der »Tagesschau« ein. Sie haben kaum Gelegenheit, über ihre Vorurteile nachzudenken. Jetzt wäre eine. Wenn es im Margarineregal nicht schon wieder so aussehen würde. »Die Polen reißen die Margarine einfach aus den Kartons. Gucken Sie sich das bloß mal an. Als wenn 'ne Bombe eingeschlagen hat«, sagt Frau Lehmann.

Sie versuchen, freundlich zu den Kunden zu sein. Selbst wenn die nörgeln und drängeln und mäkeln. Vielleicht fällt es leichter, zu Menschen freundlich zu sein, die ihre Wünsche deutlich formulieren können. Vielleicht sind die Kunden, die einen Weihnachtsmann nicht zehnmal wenden, bevor sie eine Mark für ihn ausgeben, die einfacheren Kunden. Vielleicht.

Ein älterer Herr in einem Pelzmantel, der von besseren Zeiten erzählt, fragt Frau Lehmann in höflichen, gebrochenen Worten nach Glühwein. Nach dem abgepackten. Dem billigen aus dem Tetrapack. Er braucht zehn Kartons. Frau Lehmann verdreht die Augen. Die Glühweinkartons stehen auf dem Grund einer Palette. Tief unter Hundefutterpackungen begraben. Der Mann schaut freundlich. Er hat Zeit. Er braucht den Glühwein für seinen Imbißstand in Słubice, erzählt er lächelnd. Er heißt Andrzej Opolski. Die Dame in der roten Steppweste ist seine Frau Krisztina. »Sie ist meine Speiseministerin«, stellt Opolski vor.

TIP-Markt in Frankfurt/Oder. Monika Mattibe, Ilona Fuchs, Jutta Lehmann, Carla Paschke. Weniger Personal, mehr Arbeit.

»Sie müssen uns unbedingt besuchen kommen. Meine Frau macht den besten Schaschlyk auf dem ganzen Markt.«

Jutta Lehmann trägt stumm den Hundefutterberg ab. Sie hat keine Zeit, zum Polenmarkt zu fahren. Sie hat auch keinen Grund. Außerdem hat sie ein bißchen Angst um ihren Wagen.

Das Tor zum 21. Jahrhundert ist ein Nadelöhr. Die Zeit quält sich hindurch.

Die Autoschlange, die auf der Stadtbrücke liegt, dampft in der Kälte. Die Grenzer werfen flüchtige Blicke auf Ausweise und Gesichter. Mitten in der Oder steht auf einer kleinen Insel ein Angler. Der Fahrer des Taxis Słubice Nummer 8 hat das Gesicht und die Hände eines Bauern und auch kein funktionierendes Taxameter. Aber der Weg von der Grenze hier bis zum großen Markt kostet sowieso 5 Mark. Ist so. Rechts glitzert die Oder in der Morgensonne. Links blinzeln verkaterte Nachtklubs.

Andrzej Opolski steht in seinem alten guten Pelzmantel, aus dem zwei Trainingshosenbeine hervorgucken, die in dicken Thermostiefeln stecken, vor seinem Imbiß. Er deutet einen Kniefall an und rudert mit den Armen wie der Empfangschef eines guten Restaurants. Es sieht traurig aus in dem schmalen Gang zwischen den Marktbuden.

Opolski hat in Warschau Psychologie und Soziologie studiert. Weil sich damit aber im Augenblick kein Geld verdienen läßt, ist er jetzt hier. Seit sieben Jahren. Jeden Tag. '90, '91 und '92 waren gute Jahre, sagt Opolski. '93 ging gerade noch so. Seitdem geht es bergab. Die Preise haben sich angeglichen. Die Ostdeutschen sind nicht mehr so kaufwütig. Seit sieben Jahren hatte das Ehepaar Opolski keine Pause mehr. Es ist genug, findet er. »Zwei Jahre machen wir das noch, dann gehen wir zurück nach Warschau«, sagt Andrzej Opolski. Seine Frau Krisztina wendet lächelnd den Schaschlyk. Vielleicht hat sie nicht verstanden, was er sagt. Vielleicht kennt sie die Sprüche.

Ein Ehepaar aus Salzgitter kauft zwei Becher Kaffee und einen Schaschlyk. Sie sprechen anhaltinischen Dialekt, was kein Wunder ist, denn sie stammen aus Halle. 1993 wurden Hans-Jürgen und Regina Förster von den Pumpenwerken Halle gekündigt. Da zogen sie nach Salzgitter, wo die Tochter einen Kinderarzt geheiratet hatte. Dort fanden sie Arbeit, warmgeworden sind sie nicht. »Die Menschen im Westen sind mehr für sich«, sagt Hans-Jürgen Förster. »Mir hat's im Osten auch besser gefallen«, sagt seine Frau. »Schon von der Wurst her.«

Bitte? »Die Wurst schmeckt besser«, sagt sie. »Das Brot auch.«

Am Stand gegenüber führt ein junger Mann einem Kunden eine Pornokassette vor. Andrzej Opolski stellt sich mit seinem dicken Pelzmantel vor den Bildschirm und lächelt unsicher. Es ist ihm peinlich, in dieser Nachbarschaft zu arbeiten.

Es ist schwer, Würde zu bewahren in dieser Umgebung, wo polnische Imbißbuden Guten Appetit und Futter-Luke heißen. Futter-Luke! Die Raubkopien der Videofilme sind deutsch synchronisiert. An den Ständen, wo CDs und Kassetten verkauft werden, liegen die »Super Hitparade der Volksmusik mit Carolin Reiber«, »Uwe Hübner: Der deutsche Hitmix« und ein Interpret mit dem Namen Hansi Hinterseer ganz vorn. Darek Chmielenko hat auch die Böhzen Onkelz, Endstufe und Störkraft im Angebot. Die laufen gut, sagt er, räumt sie aber vorsichtshalber unter den Ladentisch, als ihm sein Standnachbar, der Sockenhändler Stanisław Jadziewicz, erklärt, daß ich von der Presse bin. Herr Jadziewicz erklärt das Mißtrauen. »*Stern* und *Spiegel* haben schlechte Artikel geschrieben. Sie sind sehr rechts eingestellt. Deutschnational muß man sagen. Vor allem der *Spiegel*.«

Stanisław Jadziewicz hat einen zu kleinen Hut und eine kräftige Fahne. Früher hat er bei der polnischen Staatsbahn gearbeitet und ist ziemlich rumgekommen. Seit fünf Jahren verkauft er auf dem Markt Socken, er hat festgestellt, daß Ostler unfreundlicher sind als Westler. »Ostler sehen ängstlich aus. Westler haben Kultur«, faßt Stanisław Jadziewicz zusammen.

Neben seinem Sockenstand hockt eine alte Frau mit schwarzem Kopftuch zwischen Dessous. Wahrscheinlich hält sie die Menschen, die ihr etwas abkaufen, für krank. Ein paar versprengte ältere deutsche Besucher schlendern durch die Budengassen und tun so, als würden sie die lockenden Rufe der polnischen Verkäufer nicht hören. Ein Schuhverkäufer redet auf eine dicke junge Frau ein. »Nix kaufen müssen. Nur gucken und probieren«, verspricht er.

»Nee«, sagt die junge Frau. »Ick hab' aber keene Lust, mir die Schuhe auszuziehen bei die Kälte. Kapierste.«

Es ist schwer, bescheiden zu sein. In dieser Umgebung. In diesen Zeiten.

Frau Lehmann vom TIP-Markt fragt sich manchmal, was eine einzelne alte Dame mit zehn Packungen Margarine anfangen soll. »Wahrscheinlich handeln sie damit. Oder die kommen aus einem kleinen Nest von weit her und verteilen es dann zu Hause. Manche sieht man ja nur einmal und dann nie wieder. Andere kommen jeden Tag. Wir haben auch regelrechte Stammkunden aus Polen, die ganz normale Einkäufe machen. Also wie wir auch. Und dazwischen diese Großeinkäufe. Ist schon komisch.«

Vor ein paar Monaten hat jemand nach und nach sieben Paletten Haselnüsse gekauft. 60 Kartons sind auf einer Palette. 25 Beutel sind in einem Karton. 200 Gramm Haselnüsse sind in einem Beutel. Das waren dann also zusammen 300 Kilogramm Haselnüsse. Eine ganze Menge. Als der Mann dann auf Mandeln umstieg, hat Frau Lehmann doch mal gefragt, wozu er sie braucht. Rein interessehalber. Er hat sie für eine Schokoladenfabrik in der Nähe von Warschau gekauft.

»Wahnsinn, was? Warschau ist doch so weit weg«, sagt Jutta Lehmann.

Im Radio freut sich Heinz aus Berlin-Hohenschönhausen, daß er 50 000 Mark gewonnen hat. Frau Lehmann steht unterm Heizlüfter, der ein wenig warme Luft in die Halle bläst, und wartet darauf, daß die Nachrichten was über das Zugunglück bringen. Ihr Mann arbeitet bei der Bahninspektion in Berlin. »Er fährt einen BMW«, sagt Frau Lehmann. »Da muß man in der Gegend hier ein bißchen vorsichtig sein.« Die Nachrichten bringen nichts. Dafür kommt eine Fuhre Weihnachtsmänner aus dem Schweriner TIP-Lager. Die großen. Zu 89 Pfennig. 2000 Stück.

»Die werden die da nicht mehr los«, sagt Jutta Lehmann und lächelt nachsichtig. »Bei uns sind die in zwei Stunden weg.«

»Dit geht bei den Polen rum wie'n Strohfeuer, dit Weihnachtsmänner reingekommen sind«, ergänzt Carla Raschke. »Ick weiß ja auch nicht, wat die für Kanäle haben.«

Jerzy Religa hat keine Kanäle. Er kommt, wie es früher hieß, dazu.

Er kauft 20 Stück. Dann kauft er noch zwei Paletten Dosenbier, fünf Tafeln Schokolade, zweimal TIP-Pflanzenmargarine und zweimal TIP-Pflanzenöl. Er kauft zwei Dosen Süßstoff, Kaubonbons und Ketchup. Er packt alles in eine fadenscheinige Tasche mit Rädern unten dran. Dann macht er sich auf den Weg nach Słubice, wo seine Mutter wohnt. Die Räder unter der Tasche sind nicht zu gebrauchen. Religa schleppt seinen Wagen über die Grenze. Die Beamten mustern ihn träge. Er hat nichts verbrochen, glaubt er, aber er ist trotzdem ganz froh, daß er seinen Beutel nicht aufmachen mußte. Auf einem Parkplatz hinter der Grenze steht sein Fiat Uno.

Seine Mutter wohnt in einem heruntergekommenen Neubaublock. Sie teilt ihre zwei Zimmer mit einem 13 Jahre alten deutschen Schäferhund, der Rolf heißt. Er trägt einen deutschen Namen, weil Elzbieta Rostkowska das Deutsche mag. Sagt sie. Sie zeigt stolz den deutschen Süßstoff her, der neben ihrem Tee steht. »Deutscher Ketchup ist gut«, sagt sie. »Polnischer Ketchup ist schlecht.« Vielleicht liegt es daran, daß sie in der Ukraine geboren wurde, vielleicht daran, daß sie zehn Jahre lang im Halbleiterwerk Frankfurt/Oder gearbeitet hat. Vielleicht auch daran, daß in ihrem Neubaugebiet alles auseinanderfällt, während drüben, auf der anderen Seite der Oder, ein Haus bunter als das andere leuchtet. Vielleicht auch daran, daß sie nur 400 Złoty Rente bekommt, von denen die eine Hälfte für Medikamente draufgeht und die andere für die Miete. Vielleicht auch an allem zusammen. Jedenfalls ist Elzbieta Rostkowska nicht besonders stolz auf ihre polnische Heimat.

Sie verfolgt mit Genugtuung, wie ihr Sohn Jerzy ein paar Sachen aus dem TIP-Markt in ihre Küche trägt. Margarine, Öl und Schokolade. Sie tätschelt Rolf und steckt sich hustend eine Zigarette an.

»Polnische Zigaretten sind nicht gut«, sagt sie. »Aber deutsche sind zu teuer.« Das ist die ganze Wahrheit.

Jerzy muß los. Es sind noch 300 Kilometer bis nach Hause. Er wohnt mit seiner Familie in Słupsk. Eine 100 000-Einwohner-Stadt zwischen Koszalin und Gdańsk. Draußen wird es langsam dunkel.

Wir wechseln die Zeiten. In Jerzys Fiat riecht es wie im Intershop.

Wir fahren durch Städte in mattem Laternenlicht, das die Tage älter macht, als sie sind. Ein Nachmittag wirkt wie ein Abend. Alles ist von einer Staubschicht bedeckt. Die Straßenschilder, die Häuser, die Autos. Das Licht aus den Fenstern der Häuser wirkt funzelig. Es gibt nur wenige Menschen auf den Bürgersteigen, denn es gibt nur wenig Geschäfte. Aus dem Dunkel tauchen plötzlich sehr langsam fahrende und spärlich beleuchtete Autos auf. An der Einfahrt von Słupsk stehen große Peitschenmasten, die gelbes Licht auf die Straße gießen. Wenig später stehen wir wieder vor einem schäbigen Neubaublock. Es riecht muffig im Hausflur, und graue Tapete schält sich von den

Wänden. Aber die Wohnungstüren haben sich die Bewohner hübsch gemacht. Mit Holztapete, Leisten, Messingschildern und Laubsägearbeiten. Sie trotzen den grauen Zeiten.

Es ist Besuch da. Nun, ist normal, sagt Jerzy Religa. Seine Frau Anna macht ein bißchen mehr Abendbrot. Sie wohnen zu viert in einer 48 Quadratmeter großen Dreizimmerwohnung. Die Kinder haben ihre eigenen Zimmer. Die Eltern schlafen auf der Wohnzimmercouch. Außerdem gibt es noch einen Schäferhund und eine Katze. Der Schäferhund hat beruhigenderweise einen polnischen Namen. Jerzy versteckt ein paar Süßigkeiten aus dem TIP-Markt im Wandschrank. Dann macht er am Telefon »Programm« für den Besuch. Für uns. Er will, daß wir die Polizeischule sehen, an der er einst gearbeitet hat, die Apotheke seiner Frau und seinen Bauernhof. Und natürlich müssen wir seinen Pastor kennenlernen. Der kommt sofort.

Er heißt Mirosław Sikora und betreut die Augsburgische evangelische Gemeinde in Słupsk. Eine Gemeinde, die es sich zur Aufgabe gemacht hat, die in Polen verbliebenen Deutschen seelsorgerisch zu betreuen. Mirosław Sikora liest jede zweite Messe in deutscher Sprache. Sie singen auch die deutschen Kirchenlieder. »Aber wir singen sie langsamer als die Deutschen«, sagt Sikora. »Deutsche Besucher amüsieren sich immer darüber. Aber es ist eben so. Wir singen langsamer.« Ansonsten kann er keine gravierenden Unterschiede zwischen Deutschen und Polen feststellen. »Allerdings herrscht in der Kirche nicht so eine Busineß-Situation wie zum Beispiel an den Grenzen, wo Menschen miteinander handeln.«

Jerzy Religa ist von der katholischen Konfession zur evangelischen übergewechselt, weil er den Neuanfang wollte. Er hatte nur eine Frage: »Reden Sie im Gottesdienst über Politik?«

»Nein«, sagte Sikora. Damit war er Religas Mann. Er wollte nämlich nichts mehr mit Politik zu tun haben, nachdem er aus der PVAP ausgetreten war. Jetzt war Kapitalismus angesagt. Nach vorn schauen. Er kaufte ein altes Bauerngehöft in der Nähe, pachtete 150 Hektar Land dazu, er richtete seiner Frau eine Apotheke im Erdgeschoß eines Neubaublocks ein, und alle spuckten in die Hände.

Am nächsten Tag empfängt uns eine fünfköpfige Delegation in der Słupsker Polizeischule. In den Gesichtern der Offiziere kann man lesen, wie sie früher so waren.

»Wir orientieren uns stark an Frankreich, England und

Jerzy Religa (Mitte) und seine Arbeiter

Deutschland«, berichtet der Kommandant der Schule, Henryk Znaniecki. »Wir haben hervorragende Kontakte zur Polizeischule Basdorf. Das ist in der Nähe von Berlin.« Ein Untergebener springt auf, um zwei Schnappschüsse von einem Polizistentreffen mit den Basdorfern zu holen. In der Zwischenzeit erläutert der Kommandant seinen Eindruck von den Deutschen. »Es gibt zwei Sorten von Deutschen«, sagt er. »Die regulären Deutschen. Also die dort geboren sind. Das sind wirklich ordentliche, disziplinierte Bürger. Die andere Gruppe sind die zugezogenen Deutschen. Zum Beispiel Polendeutsche. Mit denen haben wir Probleme.« Als wir über den Hof zurückgehen, zeigt jemand auf ein lindgrünes Gebäude und sagt: »Dort hat einmal Göring übernachtet.« Als würde er uns mit dieser Nachricht eine Freude machen.

Am Tor sagt der Dolmetscher, der erst vor einem Jahr als Psychologe an die Schule kam: »Sie werden sich sicher wundern. Aber bei uns läuft es mit der Demokratie etwas langsamer. Anders als in der DDR müssen wir alles selbst lernen. Wir müssen Geduld haben.«

Etwa 17 Kilometer südlich von Słupsk führt ein Feldweg zu dem alten Bauernhof, den Jerzy Religa vor ein paar Jahren gekauft hat. Auf dem Hof stehen ein paar Leute. Einer stützt sich auf eine Krücke, einem fehlt eine Hand. Der Mann mit der Krücke heißt Irek Lehmann, ihm ist ein Auto über den Fuß gefahren. Der Mann, dem die Hand fehlt, ist Janek Barikowski. So was wie der Vorarbeiter. Dann gibt es noch einen kräftigen Jungen in Tarnjacke, der Czarek heißt, und eine fast blinde Melkerin. Es ist die Mannschaft, mit der Jerzy in die neuen Zeiten aufbricht.

»Meine Arbeiter«, ruft er. Dann rennt er auf einen Hügel, breitet die Arme aus und ruft: »Mein Land.« »Meine Kühe«, ruft er in einem finstren Stall. »Meine Milch.«

Jerzy Religa schreitet weiter sein Land ab, Janek Barikowski will etwas zeigen. Er führt mich in eine Werkstatt, in der es nach frischem Holz riecht. In der Mitte des Raumes steht eine alte Sägemaschine. Ein gußeisernes Ungeheuer. Es ist die Maschine, die ihm die Hand nahm. Er läuft um sie herum, sucht etwas. Dann reibt er mit dem Handstumpf an einer Stelle die Späne vom Sägegehäuse. »Fleck & Söhne Reinickendorf« steht dort. Janek Barikowski strahlt und zeigt, daß ihm auch eine ganze Menge Zähne fehlen. Diese verdammten Deutschen. Man kann sagen, was man will, aber wenn sie eine Säge bauen, dann eine, die auch sägt.

»Meine Felder«, ruft Jerzy Religa draußen. »Und hierhin werde ich mein Haus bauen. Im nächsten Jahr«, erklärt er.

Seine 15jährige Tochter Agniecka flüstert: »Das erzählt er uns schon seit drei Jahren. Genau wie er uns jedes Jahr verspricht, in den Urlaub zu fahren.«

Die Zeiten mischen sich. Und die Menschen versuchen, Schritt zu halten. Es ist überall dasselbe.

Ilona Fuchs aus der TIP-Kaufhalle war schon lange nicht mehr im Urlaub. Das letzte Mal an der Nordsee, in einem Ort, dessen Namen sie vergessen hat. Ihre Kollegin Ines Trauer war im vorigen Jahr mit ihren beiden Kindern in Wuppertal, wo ihr Bruder nach der Wende hingezogen ist. Ansonsten war sie nicht im Urlaub. Sie ist ja allein mit den Kindern und seit diesem Jahr auf einen Vier-Stunden-Tag runtergestuft worden. Genau wie Ilona Fuchs und ein paar andere. Da verdient sie noch weniger. Und Wuppertal fällt jetzt auch weg. Ihr Bruder ist arbeitslos und will zurück nach Frankfurt kommen.

Sie sitzen nach der Frühschicht vor dem Aufenthaltsraum. Ines Trauer raucht. Sie arbeitet schon seit 1979 in der Kaufhalle. Seit sie 16 war. Ach damals, da waren sie noch wer. »Wir ham alles gekriegt«, sagt sie. »Wir saßen doch an der Quelle. Für 'ne Flasche Rosenthaler gab's 'ne Lizenzplatte. Man konnte mit den anderen tauschen.« – »Jenau«, sagt Ilona Fuchs. »Sogar Wolle.«

Eine Palette Bier hat Jerzy Religa seinen Landarbeitern spendiert. Die Schokoladenweihnachtsmänner schenkte er den Kindern aus dem Dorf. Die andere Palette Bier bekam der Autoschlosser. Weil man aufgeschmissen ist ohne einen guten Autoschlosser.

Fühlen Sie sich den Polen eigentlich nah? Können Sie sie verstehen?

»Nee«, sagt Ines Trauer. »Überhaupt nich. Im Gegenteil. Manchmal fahr' ick rüber Zigaretten holen. Aber sonst? Nee.«

Ilona Fuchs erzählt, daß sie seit dem Hochwasser nicht mehr rüber tanken fährt. »Weil da garantiert Wasser in den Sprit jeloofen ist. Bei denen.«

Vor ein paar Tagen kam das Blitzeis und fror sie ein in ihren Bewegungen. Eine kalte Hand lag auf dem Land. Seifige, dicke Schlieren zogen sich durchs Oderwasser. Die Menschen konnten sich nicht bewegen. Nicht auf den Fußwegen und nicht auf den Straßen. 50 Kilometer Rückstau bis zum Berliner Ring. Lange Schlangen mit Gefangenen in Automobilen. Sie konnten nicht hin und nicht zurück. Die Räder drehten durch auf den spiegelglatten Straßen. Das Eis war die Grenze.

Dann taute es.

Die Freude am Schachspiel

Angela Merkel ist die einzige ostdeutsche Politikerin,
die sich durchgesetzt hat.

Man möchte sie fast in den Arm nehmen. Wenn Stefan Aust sie
bei »Talk im Turm« mit blitzenden Brillengläsern und diesem
Haifischlächeln vorstellt, während sie sich noch im Sessel auf
der Suche nach einer guten Position windet, den Rock ein letztes
Mal über den Knien ordnend. Wenn sie im großen Bonner Par-
teitagssaal mit hüpfender Frisur und tapferen Siebenmeilen-
schritten nach vorn marschiert, um ihre Antrittsrede zu halten.
Wenn sie früh um neun pünktlich den leeren Hennigsdorfer
Marktplatz betritt, um Wahlkampf zu machen. Oder eben jetzt,
wenn sie in ihrem dicken Poncho, auf dem die ersten Schnee-
flocken des Winters tauen, auf der Schwelle des schlecht besuchten Schweriner Hotelsaales steht, in dem sie gleich der
Landespresse erklären soll, wie es weitergeht mit der CDU,
dann möchte man sie am liebsten von hier wegführen. Sie irgendwie retten. Beschützen. Ihr Pony klebt an der Stirn, die
Augen fallen traurig nach außen ab, der Mund scheint nicht zu
wissen, ob er lachen oder weinen soll, sie scheint eine von uns
zu sein, gegen ihren Willen in die Politik geraten. Vorgeschoben.
In den Sturm gestellt. Man fühlt dann wie der alte Mann, von
dem sie gern erzählt. Der aus seiner Mansardenwohnung in
Prenzlauer Berg auf Socken zu ihrem wackligen, einsamen
CDU-Wahlkampf-Stand auf der Schönhauser Allee herabstieg,
um sie zu fragen:»Warum tust du dir das an, Mädel?«

Sie wird unterschätzt, klar. In fast jedem Artikel, in dem Angela Merkel mitspielt, ist sie das Objekt, eine Frau, die sich an
Richtlinien lehnt und an Männer hält. An Kohl, an Krause, an
Schäuble. Auch die Schweriner Lokaljournalisten, die an diesem Morgen selbstzufrieden und zerknittert auf die neue Generalsekretärin warten, sind sich sicher, daß Angela Merkel wie-

Angela Merkel

der mal Glück hatte. Sie glauben, daß sie wieder einen Posten abbekommen hat. Noch mal eine Chance für die erfolglose Ministerin. Vielleicht traut ihr der eine oder andere mehr zu. Aber auf die Idee, daß Angela Merkel in diesem Saal gleich die Männer tanzen läßt, kommt natürlich niemand.

»Kommen Se bloß näher ran! Sonst fühl' ich mich da vorne so allein«, ruft sie in die Männerrunde. Ein paar Herren erheben sich und traben in die Nähe des Präsidiums. Auf einen Wink von Angela Merkel schmeißt Pressesprecher Axthelm die Abgesandte der Landes-SPD aus dem Raum. Der neue *Spiegel*-Korrespondent für Schwerin stellt sich vor, Frau Merkel liefert sich mit ihm das kurze Scheingefecht, das er und die anderen von einer CDU-Generalsekretärin und einem *Spiegel*-Mann erwarten, dann streichelt sie die Journalisten. Sie pendelt geschickt zwischen Grimmen und Bonn, schießt ein paar obligatorische Salven auf die Schröder-Stollmann-Schily-Clique, probiert ein »Unerträglich«, das wie ein »Bedauerlich« klingt, widmet sich kenntnisreich dem Konflikt zwischen Vorpommern und Mecklenburg. Sie gibt den Leuten das Gefühl, daß sie wichtig sind. Darum geht es ihr. Ein Lichtstrahl fällt auf Schwerin, die Presse schwebt beseelt aus dem Saal. Der Job ist getan.

»Ach«, sagt sie am Ende. »Wir haben 170 neue Mitglieder. Das ist erfreulich.«

»Sehr erfreulich«, souffliert der hiesige Generalsekretär Gehring.

»Sehr erfreulich«, wiederholt Angela Merkel brav.

Selten fallen Wesen und Miene eines Politikers so überzeugend auseinander wie bei Angela Merkel. Aber es ist schwer vorstellbar, daß es sozusagen andersherum sein könnte, daß man nicht mit ihr, sondern sie mit uns spielt, daß hinter dieser Miene, die manchmal an Willy, den traurigen, immer etwas schläfrigen Kumpel von Biene Maja, erinnert, ein kühler, rechnender Kopf steckt.

Auf dem letzten CDU-Parteitag stand sie zwischen den ganzen Pokergesichtern der CDU-Männer im Präsidium scheinbar schutzlos am Pult, um die Delegierten mit einer Rede für sich zu gewinnen. Gerade war Helmut Kohl tränenreich verabschiedet worden. Unten im Saal glänzten noch die Augen in Gedanken an die historischen Leistungen des Kanzlers, da sagte Angela Merkel vom Podest: »Ich darf unseren Wahlkampfslogan vielleicht so umformulieren: ›Risiko statt falscher Sicherheit sollte es für die Zukunft heißen!'« Die Männergesichter im Präsidium starrten ausdruckslos nach vorn. Wulff, Rühe, Koch, Seiters, eine Miene. Eine Wand. Kohl schüttelte leicht den Kopf, aber es war nicht klar, ob diese Respektlosigkeit zu ihm vorgedrungen war. Er schien auf dem Weg in die Geschichte zu sein, er begann bereits, unscharf zu werden. Nur Schäuble drehte sich zu ihr um. Sie hatte gerade Kohl geohrfeigt. Er schien überrascht. Angenehm überrascht.

Hintze saß in der ersten Reihe und grinste. Er wurde in diesen Tagen mit den Worten »Nach einem Jahr Merkel werden Sie merken, wie gut ich war« zitiert. Angela Merkel kommentiert das nicht. Warum auch. Wer ist Hintze? Zwei Tage nach der Wahl hat sie seine schwarze Ledersitzgruppe bereits aus dem Generalsekretärsbüro im Konrad-Adenauer-Haus geworfen. »Ich mag kein schwarzes Leder«, sagt sie. »Ich will niemanden einschüchtern, der zu mir kommt. Ich mag auch diesen Ledergeruch nicht.« Gerade wird die schwarze Platte von Hintzes Konferenztisch geschraubt, seine Bilder werden morgen abgeholt. Eines ist weiß, ganz weiß; wenn man lange hineinschaut, entdeckt man ein paar Schattierungen und kann sich vorstellen, wie sich Hintzes Blick in den letzten Tagen in dieser weißen Wüste verloren hat.

»Das hatte er schon, als er bei mir Staatssekretär war«, sagt Angela Merkel. Es ist, als rede sie von einem Toten, einem zu früh Verstorbenen. Auf dem Weg zur Abteilung Politik des Adenauerhauses, der sie sich jetzt vorstellt, läuft sie am Rote-Socken-Plakat vorbei. »Das kommt natürlich ab«, sagt Angela Merkel. Nichts wird an Hintze erinnern.

Im Konferenzraum »Arena« sitzt die Hauptabteilung Politik um einen großen, ovalen Tisch. 40 Leute, vielleicht auch 50. Alle sehen sie reserviert an. Am Kopfende hat man für sie und ihre Bürochefin zwei Plätze frei gelassen. »Die neue Generalsekretärin wird ein motiviertes Team erwarten«, hatte Hintze angekündigt, und es klang so, als wolle er sagen: Macht euch keine Sorgen.

»Da möchte ich nicht sitzen«, sagt Angela Merkel. »Ich sitze lieber in der Mitte. Das ist gut für die Gesprächsatmosphäre.« Sie bringt mit zwei, drei Kommandos den gesamten Raum in Bewegung. Die Abteilung Politik schwirrt aufgeregt um den Tisch. Als sie wieder sitzt, hat man das Gefühl, die Merkel sei hier schon sehr lange zu Hause.

145

Sie löst solche Situationen instinktiv und zügig. Als Erwin Teufel im Präsidium des CDU-Parteitages kurz seinen Platz verließ, rückte Christoph Bergner aus Sachsen-Anhalt rüber, um mit Angela Merkel ein kleines Schwätzchen zu halten. Sie befreite sich sofort aus seiner Nähe. Sie stand auf und ließ ihn dort allein sitzen. Sie will in keine Ostnische, ist aber Ostlerin geblieben. Ihre Sprache ist einfach, ihre Gesten wirken immer etwas übertrieben, unkontrolliert. Wenn sie den Kopf in die Hände stützt zum Beispiel. Manchmal hat man den Eindruck, sie würde ihre Gesprächspartner gern durchschütteln. Ihre Augen lachen, wenn sie lacht. Und wenn ihre Gedanken wegrutschen, sieht man es ihr an. Sie wirkt offen und unideologisch. Ihre Angriffe auf die PDS scheinen lustlos, sie hat nichts gegen ehemalige SED-Mitglieder in ihrer Partei. Sie glaubt, »daß viele von denen in die SED eintraten, weil sie was machen wollten, mitmachen, sich einmischen«. Sie lobt ihre glückliche Kindheit und erzählt gerne von dem Westonkel, der ihr nicht glauben konnte, daß man auch lachen durfte in der DDR. Angela Merkel wohnt in Ostberlin. »Ich habe keine Lust, in den Westen zu ziehen«, sagt sie, überlegt einen Moment und korrigiert sich. »Es gibt keine Notwendigkeit, dort hinzugehen.«

Es ist unklar, welche inhaltlichen Ziele sie verfolgt. Sie setzt sich für Dinge ein, sicher, aber ob sie es aus politischer Überzeugung tut, bleibt im dunkeln. Wenn sie davon redet, daß das »C« in ihrem Parteinamen mit neuem Inhalt gefüllt werden muß, klingt das, als habe sie das auswendig gelernt. Ihre Rede auf dem Parteitag war seltsam inhaltslos, aber sie hatte die richtige Länge und genügend Verben. Sie klang gut. Als sie fertig war, herrschte gelöste Stimmung im Saal. Die CDU-Delegierten klatschten aus Freude. Schäubles Rede war zu lang und mit Substantiven vollgestopft. Gegen Ende legte sie sich wie eine schwere Bettdecke auf den Saal. Die Delegierten klatschten, um sich Mut zu machen.

»Wolfgang Schäuble wird in die Rolle des Vaters der Partei hineinwachsen. So eine Partei ist eine sehr emotionale Angelegenheit«, sagt Angela Merkel.

Keine Frau braucht weniger Mitleid als sie. Sie will auch gar keins. Nicht zufällig wollte sie keine Frauenquote. Nicht zufällig verzichtet sie darauf, das anbiedernde »-innen« an jede Anrede zu pappen. Sie ist nicht undankbar, sie ist Physikerin. Mit den mitleidlosen Augen einer Naturwissenschaftlerin hat sie beobachtet, wie ihre ostdeutschen CDU-Freunde aufstiegen und fielen. Der umtriebige Krause, der eitle Eggert, die strebsame Nolte, der zarte de Maizière. Zersetzt, zerrieben, aufgelöst, implodiert. »Wir sind ja mehr oder weniger zufällig in diese Karrieren geraten. Es gab kein objektives Selektionsverfahren. Da war nicht viel durch Leistung unterfüttert. Jetzt, nach acht Jahren, wird klar, wer langfristig in der Politik bleibt.«

Claudia Nolte lief beim CDU-Parteitag wie ein verstoßenes Kind durch die Reihen. Niemand wollte in ihre Nähe geraten. Die Wahl in den Vorstand schaffte sie im zweiten Anlauf, mit genau einer Stimme Mehrheit. Als das Ergebnis verkündet wurde, lächelte Angela Merkel, als habe sie damit gerechnet. Mit dieser einen Stimme.

»In jedem Wahlergebnis steckt ein bißchen Weisheit«, sagt Angela Merkel. »Im übrigen brauchen wir Claudia Nolte. Sie ist ja erst 31.«

Rita Süssmuth dagegen fiel durch. Angela Merkel kannte die Fehler. Taktische Fehler. Sie wollte gegen alle Warnungen zu viele Frauen in den Vorstand bringen, es gab zu viele Kandidatinnen, zu viele Alternativen zu ihr selbst. Sie hatte den Willen der Partei zu einem personellen Schnitt unterschätzt und nicht damit gerechnet, daß ihr der eigene Landesverband in den Rücken fiel. Sie rannte ins offene Messer. So etwas passiert Angela Merkel nicht. Sie spürt, wenn sich die Verhältnisse verschieben. Oder sie rechnet es sich aus. Dann reagiert sie. Im Januar 1995 entließ sie ihren Staatssekretär Stroetmann, weil der als heimlicher Minister hinter ihrem Rücken gearbeitet hatte. Sie fühlte sich nicht genügend informiert.

Sie redet gerne über den Klimagipfel in Berlin, den sie leitete. Sie schwärmt heute noch davon, wie sie eine ganze Nacht lang zwischen den beiden Verhandlungssälen hin- und herpendelte, in denen die Industrieländer und die Entwicklungsländer saßen. Sie schwärmt nicht von den Ergebnissen, sie schwärmt von den Verhandlungen.

Das ist ihre Welt.

Menschen kneten. Namen kennen. Stimmungen erfassen. Politik. Sie kannte schon als Kind die Namen aller Politbüromitglieder und aller westdeutschen Minister.

»Es ist eine Mischung aus Menschenkenntnis und der Freude am Schachspiel«, sagt sie. Eine Art Versuchsanordnung. Angela Merkel füllt nicht das »C« in CDU mit Inhalt. Aber sie macht die richtige Bewegung zum richtigen Zeitpunkt. Sie promovierte über die »Berechnung von Geschwindigkeitskonstanten«. Vielleicht muß man kein Jurist sein, um sich in der Politik durchzusetzen. Angela Merkel als Generalsekretärin scheint an sich ein Neuanfang für diese Partei zu sein. Als Frau, als Ostlerin, als Naturwissenschaftlerin.

Als sie nach dem Wahlergebnis zu Rita Süssmuth lief, um sie zu trösten, wandte sich die Verliererin instinktiv von ihr ab. Es war, als begegneten sich zwei Zeiten. Angela Merkel stand noch einen Augenblick mit ausgestreckter Hand da. Dann ging sie wieder nach vorn. Und machte weiter.

Schabowskis Schuld

Eine Reise in die Vergangenheit, ein Prozeß und
die Schwierigkeit, gerecht zu sein

Ich sitze auf dem Balkon, der sich vor dem 185-Mark-Zimmer
des Rodenberg-Hotels befindet, das ich vor ein paar Minuten
bezogen habe, und schaue nach unten ins Tal, wo sich das idylli-
sche Rotenburg um die Fulda versammelt hat. Es ist ein lau-
warmer Sommernachmittag. Die Tür zu meinem Zimmer ist
geöffnet, damit ich das Telefonklingeln nicht überhöre. Schabowskis Telefonklingeln. Schabowski hat versprochen, hier an-
zurufen, um mir mitzuteilen, ob er mit mir spricht.

Günter Schabowski sitzt nur etwa 400 Meter entfernt in
einem kleinen Bungalow, wo er an der nächsten Nummer der
Heimat-Nachrichten arbeitet, einem Anzeigenblatt, das im
Raum Rotenburg – Bebra erscheint. Günter Schabowski ist der
Chefredakteur, und die Ausgabe, an der er gerade arbeitet, ist
eine besonders wichtige Ausgabe. Denn es könnte für lange Zeit
die letzte sein, an der Schabowski mitwirkt. Im schlechtesten
Fall für neun Jahre.

Ich sitze also hier, die Beine auf dem Geländer, und überlege,
ob ich Genugtuung darüber empfunden hätte, wenn man mir
vor neun Jahren gesagt hätte, daß ich eines Tages 185 Mark
West dafür ausgeben könnte, in einem Hotel in Hessen darauf
zu warten, daß Genosse Schabowski mit mir darüber spricht,
wie es ist, in fünf Tagen verhaftet zu werden. Und wenn es mir
denn Genugtuung verschafft hätte, warum?

Im Sommer 1988 fuhr ich als Berichterstatter meiner Zeitung
zu einem FDJ-Sommerlager nach Plau. Dort sollte Günter Schabowski, der damals erster Sekretär der SED-Bezirksleitung
Berlin war, zu Jugendlichen sprechen. Schabowski saß mit einigen anderen Funktionären auf der Bühne eines kleinen Frei-
lichttheaters und beantwortete Fragen. Irgendwann stand ein
Mann auf. Er sagte, daß er Geschichtslehrer sei. Er sei auch,
damit man ihn nicht falsch verstehe, ein überzeugter Kommu-

nist, aber er wisse nicht mehr, was er seinen Schülern über die Stalinzeit erzählen solle. Er habe einfach zuwenig Informationen darüber. Schabowski gab dem Mann recht. Man werde sich kümmern.

In der anschließenden Auswertung im Kreise der Journalisten beschwerte sich Schabowski darüber, wie es möglich sei, daß so jemand in einem Jugendforum zu Wort komme. Es sei fast bedenklich, daß so ein Mann überhaupt unterrichte.

Ein paar Monate später besuchte ich mit meinem Abteilungsleiter eine Konsumgütermesse im Klubhaus des Kabelwerkes Oberspree. Damals gab es einen Parteibeschluß, daß jeder Betrieb eine bestimmte Prozentzahl an Konsumgütern zu produzieren habe. So kam es, daß selbst die Schwermaschinenbetriebe Wäscheständer und Partygrills herstellten. Es gab viele Wäscheständer damals. Schabowski lief die Stände ab, und als er beim Kombinat Schienenfahrzeugbau anlangte, erklärte dessen Generaldirektor, daß er den Konsumgüterbeschluß für unsinnig halte. Schabowski kritisierte diese Haltung und forderte in der anschließenden Presseanleitung, diese Kritik weiterzuleiten.

Ein paar Wochen später wurde der Generaldirektor nach Bitterfeld strafversetzt.

Ich habe an diese Erlebnisse gedacht, als Schabowski am 4. November 1989 auf die Rednertribüne am Alexanderplatz trat. Ich habe daran gedacht, als sein Buch »Der Absturz« erschien. Dann hatte ich es vergessen. Es fiel mir erst wieder ein, als ich im Saal 500 des Moabiter Landgerichts saß, wo gegen Schabowski wegen Totschlags an der Mauer verhandelt wurde. Ich habe an damals gedacht. An ihn. Und an mich.

Durch die hohen Fenster fiel das helle Licht eines heißen Augusttages, aus unerfindlichen Gründen war der Kronleuchter trotzdem eingeschaltet, und der Anwalt vom mitangeklagten ehemaligen Politbüromitglied Günther Kleiber sagte gerade: »Günther Kleiber war von früh auf technisch interessiert. Er war ein Techniker. Er war kein Parteifunktionär.« Egon Krenz saß mit halbgeschlossenen Augen vor ihm, das Kinn in die linke Hand gestützt, die rechte trommelte gelangweilt auf seiner Anklagebank. Gegenüber hatte Günter Schabowski seinen Kopf an die Holzwand hinter ihm gelehnt und starrte ins Nirgendwo. Der Anwalt versuchte allen Ernstes klarzumachen, daß Günther Kleiber ein begeisterter Tüftler war, der mehr oder weniger zufällig ins Politbüro gerutscht war. Und Kleiber gab dazu den stillen, bescheidenen Mann, den er und seine Verteidigung sich unter einem begeisterten Tüftler vorstellten. Die Stifte der Journalisten kritzelten, der Richter lauschte konzentriert, es war grotesk. Sie spielten ein Spiel. Sie beantworteten nicht meine Fragen.

Schabowskis Anwälte zerlegten in ihren Plädoyers Stück für Stück die Anklageschrift. Einer erläuterte auf die sachliche Art, daß dies ein politischer und kein Strafprozeß sei. »Ein Tatbeitrag muß etwas in Gang setzen, was sonst nicht passiert wäre«, erklärte Anwalt Dirk Lammer. »Eine juristische Analyse ist nicht dazu da, Empörungsbedürfnisse zu befriedigen«, sagte Ferdinand von Schirach.

Irgendwann kehrte der Anwalt der Nebenklage, Hans-Ekkehard Plöger, aus seinem Helgoland-Urlaub zurück, um ein Plädoyer zu halten, das so wirr wirkte, als habe er es am Abend zuvor auf einen Bierdeckel notiert. Er verwechselte Zahlen und Namen und erstellte eine Art Horoskop für Günter Schabowski. »Er möchte wie ein tödlich verwundetes Tier angreifen«, erklärte Plöger und fragte sich später laut: »Was hat denn Herrn Kleiber, der eigentlich wie ein Hugenotte aussieht, bewogen, dem Politbüro beizutreten?«

Vor dem Gerichtssaal stand ein Reporter, mit dem ich noch 1989 von den Weltfestspielen in Korea berichtet hatte, und grübelte, wie er einem Leitartikel zum bevorstehenden Urteil aus dem Wege gehen könnte. Ein Journalist vom *Neuen Deutschland*, der von Egon Krenz immer mit Exklusiv-Material versorgt wurde, gab dem *MDR* ein Interview. »Wie würden Sie die drei Angeklagten bewerten?« Der *ND*-Mann lächelte vielsagend. Eine Reporterin, die im Herbst '89 ein paar Klassiker der sozialistischen Kampfberichterstattung in der *BZ am Abend* abgeliefert hatte und heute für die Bingo-*BZ* schreibt, schenkte Günther Kleiber, der gerade ein Interview gab, einen geringschätzigen Blick. Dann fragt sie in die Runde: »Was sabbelt der denn wieder?«

In einer Verhandlungspause fragte mich ein alter, westdeutscher Journalist, ob ich bereit sei, das Gesuch für eine Generalamnestie zu unterzeichnen. Ich erbat mir Bedenkzeit. Wie sollte ich das entscheiden?

Die Worte des Vaters von Michael Schmidt, der 1984 an der Mauer erschossen worden war, gehörten zu dem Traurigsten, Ehrlichsten, was ich an all den Prozeßtagen gehört hatte. Er

hatte tagelang nach seinem Sohn gesucht, war hin- und herge-
schickt worden, war verhört worden und hatte schließlich lako-
nisch mitgeteilt bekommen, daß sein Junge tot sei.

Aber sie schienen irgendwie nicht hierher zu passen. Vielleicht
gerade, weil sie so ehrlich und traurig waren. Ich konnte mir
einfach nicht vorstellen, wie Krenz, Kleiber und Schabowski für
diesen Tod sühnen sollten. Vielleicht, weil mir schien, daß das
über ihren Möglichkeiten lag. Über ihren moralischen Möglichkeiten.

In ihren Schlußworten blieben die drei Angeklagten bei ihren
Rollen. Krenz hielt eine einstündige Rede ans Volk. Er war zum
letzten Mal in seinem Leben Staatsmann. Kleiber bedankte sich
– im Stehen – beim Gericht für den fairen Prozeß. Der krawatten-
lose Schabowski hieb noch einmal auf die Claqueure im Publikum ein, schoß ein paar Spitzen auf Krenz und Plöger ab und
entschuldigte sich noch einmal bei den Angehörigen der Opfer.
Als er sagte, daß er zu diesem Rechtssystem stehe, weil er zu diesem System stehe, und daß er zu diesem System stehe, weil das
andere nicht funktioniert habe, buhten einige Zuschauer.

»Er wird von den Kommunisten als Schwein, vom Solidaritäts-
komitee als Ratte, von großen Teilen der Bevölkerung als Wende-
hals, von der Nebenklage als Waschlappen beschimpft«, hatte
sein Anwalt im Plädoyer erklärt.

Und so ging er ab. Jedesmal. Die Journalisten stoben regelrecht auseinander, wenn Günter Schabowski den Gerichtssaal
verließ. Wer eine Frage hatte, stellte sie Kleiber oder Krenz. An
Schabowski schien sich niemand so recht ranzutrauen. Kleiber
zündete sich eine Zigarette an, Krenz begab sich schnurstracks
in den Schoß seiner Fangemeinde, und Schabowski hinkte einsam, aber entschieden davon. Der getreue Kleiber, der aufrechte
Krenz, der unbeugsame Schabowski.

Es schien alles so kleinkariert. So unangemessen. Die Richter,
die Angeklagten, die Zuhörer, die Journalisten. Ich.

Es ist dunkel geworden, aber ich habe keine Antwort. Ich habe
ein paar Fragen an Schabowski. Es sind dieselben, die ich ihm
vor sieben Jahren hätte stellen wollen. Sie haben nichts mit den
Mauertoten zu tun. Und ihre Antworten bringen einen nicht ins
Gefängnis. In diesem Moment klingelt das Telefon. Es ist Schabowski:»Ich wäre dann soweit.«

Auf dem Weg zur Redaktion der *Heimat-Nachrichten* erzählt

Günter Schabowski in seinem Rotenburger Büro.

mir der Fotograf, daß er in den letzten Jahren der DDR aufgefordert worden war, Schabowski immer von oben zu fotografieren, weil von oben sein Haltungsschaden nicht so auffiel. Er wirke dynamischer von oben, habe man ihm gesagt. Deshalb mußte der Fotograf von nun an immer eine Leiter mitnehmen, wenn er zu einem Schabowski-Termin ging.

Günter Schabowski führt uns in ein winziges Zimmer, in dem es nach Wurststullen riecht. Es gibt ein Bücherregal mit bunten, billigen Lexika, einen kleinen Fernseher, einen Schreibtisch, auf dem ein Computer steht, und eine Pinnwand. Der Wurststullengeruch entströmt einer offenen Brotbüchse. Auf diesen vielleicht zehn Quadratmetern hat Günter Schabowski den größten Teil der letzten Jahre zugebracht. In der Zeit vor dem Prozeß ist er nur alle Vierteljahre nach Hause gefahren. Er geht nicht essen, und die Nacht verbringt er in einem möblierten Zimmer bei einem älteren Ehepaar.

Auf einer Lesereise hatte ihn ein junger Mann gefragt, ob er sich vorstellen könnte, mit ihm zusammen eine Anzeigenzeitung zu gründen. Schabowski sagte zu. Er hat 25 000 Mark in das Projekt gesteckt. Er hat gelernt, mit Computern umzugehen, er hat das Layout entworfen und baut nun Woche für Woche diese

Zeitung zusammen. Inzwischen drucken sie 60 000 Exemplare, was, wie er sagt, reicht, um zu überleben. Er führt stolz seinen Computer vor. Er klickt Seiten an, auf denen Artikel über Kaninchenzüchtervereine erscheinen, Oldtimer-Treffen und Schäferhund-Wettkämpfe.

»Im Prinzip habe ich überhaupt keine Zeit«, sagt Schabowski. »Ich muß ja noch einen jungen Mann anlernen. Meinen Nachfolger sozusagen. Kann ja sein, daß ich am Montag verhaftet werde.« Was für ein Satz. Er paßt nicht in dieses Zimmer. Im Fernsehen läuft ein Bericht über Indien, die vergilbte Netzgardine vor dem Fenster bewegt sich leicht, der Computerbildschirm schaltet sich ab.

»Was ist es für ein Gefühl, auf der Anklagebank zu sitzen?« frage ich ihn.

»Es ist schrecklich«, sagt Schabowski. »Schmachvoll. Der Begriff Schmach wird plötzlich greifbar. Alle halten Gericht über dich. Es ist wie in einem Theater. Ich erzähle was, und von hinten ruft jemand: Lauter! Wie in einer Schmierenkomödie, wo das Heubodenpublikum nach vorne brüllt: Hey, du bist aber schlecht bei Stimme heute, Kumpel.«

Es ist so typisch. Er redet nicht über die Schmach des Vorwurfs. Er redet über alte Männer, die dazwischenrufen. Die Sturköpfe, die Unbeweglichen, die Ewiggestrigen. Und das Schlimme ist, ich kann ihn verstehen. Er lebt in seiner Welt. In einer Welt von Parteidisziplin, Aufbruch, Verrat, Neuorientierung, Arbeit. Ich lebe in meiner. Es sind keine Welten, in denen die Toten an der Mauer eine Rolle gespielt haben. So schlimm das ist.

»Es ist in Moabit praktisch jedesmal das gleiche. Ich komm' morgens an. Latsche meinen Weg. Dann seh' ich schon von weitem die Menschenansammlung. Die grauen Locken, die sich um die Glatzen ringeln. Ich überlege, loofste da vorbei? Doch, alter Freund, sage ick zu mir, da loofste vorbei. Die glotzen mich an. Ick glotze zurück. Am Anfang haben sie noch gepöbelt. Da bin ich mal auf einen zu und habe gefragt: Wat iss? Wat willste? Da war er ganz stille. Seitdem glotzen sie nur noch. Dann geh' ich hoch. Da stehen meine Anwälte. Tach. Tach. Dann stehen da Egons Anwälte. Tach. Tach. Und Egon. Ich sage: Schönes Interview hatteste im *Spiegel*, Egon. Er sagt: Findeste wirklich? Sage ick: Für deine Verhältnisse schon. Dann lachen wir beide. Dann gehn wir in den Gerichtssaal. Dit war's.«

Ist das wirklich alles? Fühlt er sich überhaupt nicht schuldig?

»Was soll ich denn sagen? Wenn ich im Nationalen Verteidi-
gungsrat gesessen hätte, wenn ich dabeigewesen wäre, als
Honecker gesagt hat, diese Grenzverletzer gehoren abgeschos-
sen, ja dann hätte ich die Hände gehoben. Aber so. Ich fühle da
einfach keine Schuld. Wirklich nicht. Als der Vater des Jungen
gesprochen hat, das ist mir wirklich nahegegangen. Es tut mir
leid. Aber ich kann mich langsam nicht mehr entschuldigen.
Man kann sich fünf-, sechsmal entschuldigen. Und jedesmal
wird das dünner. Es geht nicht mehr.«

Einen Augenblick habe ich überlegt, ob ich ihm noch die Geschichte aus dem FDJ-Lager erzähle.

Ein brauchbarer Held

*Mit dem ehemaligen Radrennfahrer Täve Schur
möchte die PDS ein Symbol in den Bundestag delegieren.
Die Frage ist, was es bedeuten soll.*

Eigentlich erzählt der Briefkasten schon die ganze Geschichte. Ein Blechbriefkasten, auf dem Täve steht. Nur Täve. Sonst nichts.

Ein Mann, der allen gehört, erzählt der Briefkasten. Jemand, den man anfassen darf. Jemand, den man duzen muß. Jemand, der sich in seine Rolle gefügt hat. Ein Weltmeister. Ein Held. Einer für alle. Ein Mensch wie ein Spitzname. Ein lebender Schlachtruf. Kinder brüllten seinen Namen am Straßenrand, ohne zu wissen, was er bedeutet. Ein ostdeutscher Superman mit Rädern unten dran. Eine Figur. Man kann sie bewegen. Hier hinstellen und dort hinstellen. Und wenn man will, kann man sie auch Symbol nennen. Niemals würde sich Boris Becker »Bobele« auf den Briefkasten schreiben. Oder Michael Schumacher »Schumi«. Das ist der Unterschied. Das ist die Geschichte.

Man könnte jetzt gehen, wenn der Mann, den jeder Täve nennen darf, nicht schon in der Tür seines Heyrothsberger Hauses stehen würde, gebeugt, aber lachend. »Komm rin, Mensch«, ruft er. »Hier draußen frierste dir doch 'n Arsch weg.« Täve Schur zerrt sich jeden Fremden sofort an die Brust. Auch weil er ein bißchen unsicher ist. Weil er glaubt, wer ihn duzt, tut ihm nicht weh. Irgendwo im Haus wartet seine Frau mit der Kaffeekanne und dem Kuchenteller. Die Frau des Helden. Das kann man in ihrem Gesicht lesen und in der Art, wie sie den Käsekuchen serviert. Als sei sie ein Geist. Eine Frau, die nicht stören darf, wenn sich die Männer über Politik unterhalten. Heute wird über Politik geredet. Im Wohnzimmer sitzt ein Mann mit einem roten Bart. Das ist Dr. Volker Külow von der PDS Leipzig, der Schur berät. Täve Schur kandidiert für den Bundestag. Da muß man ein bißchen aufpassen, was man so erzählt.

»Mensch, beim *MDR*, da hab' ich jetzt Scheiße gebaut«, sagt

Schur. »Da habe ich gesagt, daß die bürgerlichen Medien die Menschen manipulieren, so, als wenn man den Negern sagt, in der Wüste gibt's Wasser und Brot, und die rennen alle in den Tod. Die Neger. Das war große Scheiße, Mensch. Das kann man ja so und so deuten.«

»Der Täve hat da 'ne viel differenziertere Meinung zur Wende«, sagt Külow. »Die hab' ich jetzt nicht da. Könnte ich Ihnen aber zufaxen.«

»Mann, der Külow, der haut mich immer raus, das alte Wildschwein«, sagt Schur. »Ich bin ja jetzt praktisch sieben Jahre raus aus der Politik. Seit der Volkskammerzeit. Wenn man da nicht autodidaktisch liest, ist man weg vom Fenster. Aber ich lese ja *Neues Deutschland*, da weiß ich, was nicht in der bürgerlichen Presse steht. Also, das was drinne stehen müßte im Sinne der, äh, Veränderung der Welt. Ja.«

»Also der Täve meint«, beginnt Külow.

»Mensch, Külow. Jetzt sei aber mal stille«, unterbricht Schur. »Ich hab' ja hier auch jede Menge Bücher zu hängen. Mensch hier. Der Wolff und die Daniela Dahn, wunderbar, und alles vom Gregor Gysi. Ein Schlitzohr, Junge. Eben von Berlin. Und dann natürlich Mandela. Mensch, Mandela. ›Der lange Weg zur Freiheit‹. Hab ich jetzt angefangen. Ein Bombending. Der Mandela also, muß man den Hut ziehen. Der hat vom Lehmboden gefressen, und jetzt als Präsident, Mensch. Aber das Geld haben die Weißen. Und wer das Geld hat, hat die Macht. Das müssen wir ändern.«

Külow stopft sich schnell weiteren Käsekuchen in den Mund.

»Es gibt 85 Milliardäre in Deutschland«, sagt Schur. »Und 130 000 Millionäre. Aber das ist alles relativ.« Er steht auf, geht zur Schrankwand, zieht ein Reclambüchlein hervor und ruft: »Hier. Das hat in der DDR einsfünfzig gekostet. Heute sind doch alle orientierungslos. Wir müssen was für die Jugend machen. Die wollen auch mal mit dem Motorrad rumfahren, aber die haben keinen Kies.«

»Jugendpolitik wäre auch ein Politikfeld für Täve«, meldet sich Külow wieder. »Sportpolitik auch.«

»Man darf sich nicht von den Massen entfernen«, sagt Schur.

»Ja«, sagt Külow. Als der Kandidat auf dem Klo ist, sagt er: »Wir haben die Einladung des *MDR* zu einem Streitgespräch zwischen Thierse und Täve ausgeschlagen. Warum, dürfte Ihnen jetzt wohl klar sein. Täve liefert dem doch mit jedem Satz Munition.«

Es läßt sich nicht mehr genau rekonstruieren, wer darauf kam, Täve Schur als PDS-Kandidaten für den Bundestag zu nominieren. Schur glaubt, es lag an einer Veranstaltung in Zwickau, zu der er 600 Leute lockte. Gysi sagt, ihm sei das eingefallen, als er im vorigen Jahr den Jubel sah, der Täve Schur bei der Friedensfahrt entgegenschlug. Und die sächsische Landtagsabgeordnete Ingrid Mattern aus Hoyerswerda glaubt an eine Art Eingebung. »Es war zur Sachsentour von Gysis Bundestagstruppe, da fragte mich der Gregor, wer in Sachsen einen Blumentopf gewinnen könnte. Da habe ich gesagt, daß ein Sportler eine gute Nummer sein könnte. Es ist nicht ausgesprochen worden. Aber wir haben beide gewußt, daß ich in diesem Moment an Täve dachte.«

Weil Ingrid Mattern auch »fühlte, daß der Täve hier gewinnen würde«, beschloß man, ihn für den Lausitzer Wahlkreis aufzustellen. Ähnliche Gefühle hatte man allerdings im Leipziger Süden. Sie zerrten und rangelten. Täve Schur war ein bißchen verwirrt. Er wollte ja keinem weh tun. Aber als er nach dem ersten Hoyerswerda-Besuch auf seinen Tachometer schaute, entschied er sich für Leipzig. Er erklärt nun jedem, daß er eigentlich Leipziger sei. »Ich hab ja 15 Jahre dort gelebt. Ich kenn die Truppenteile. Den Ampler. Den Schiffner und die.«

Für die Parteispitze waren das nur Detailfragen. Wichtig war, daß Schur überhaupt mitmacht. Denn er ist ein Symbol. Für Gregor Gysi sogar ein Doppelsymbol. »Einerseits symbolisiert er, daß es auch in der DDR aufrechte und erfolgreiche Menschen gab. Andererseits ist er der Beweis, daß nicht alle Ostler nach der Wende den Kopf in den Sand steckten. Er hat schließlich die Friedensfahrt wiederbelebt.«

»Täve ist doch unser Super-Ossi«, sagt Lothar Bisky und lacht. »Täve ist ein Signal an die Ostdeutschen, daß ihr Leben ernstgenommen wird«, sagt André Brie. Sie polieren weiter am Denkmal, und jetzt, wo Gysi darüber nachdenkt, was Täve Schur noch so ist, außer Signal, Symbol und Doppelsymbol, fällt ihm ein: »Das Sachsenringding damals, als er den Eckstein gewinnen ließ, das hat sogar 'ne totale Antisymbolik.«

Ob er im Bundestag mehr sein kann als Symbol, ist im Augenblick weniger wichtig. »Er wird natürlich kein Politiker, der eine spezielle Kompetenz hätte«, sagt André Brie. »Um es mal vorsichtig zu sagen.«

Die Frage ist, ob das auch Täve Schur weiß. Der sitzt mit ausdruckloser Miene an seinem Wohnzimmertisch. Es ist ruhig. Külow träumt. Schur kann Ruhe nicht ertragen. Er muß in die Lücke springen, weil er denkt, daß es von ihm erwartet wird. »Ja, die sozialen Bedingungen, Mensch«, sagt er plötzlich. »Die Interessen vertreten. Für die Unteren. Ich kann jetzt nicht kneifen. Ich muß kämpfen.«

Später, als er dem Fotografen stolz die beiden Trabants zeigt, die er in seinem Garten eingemottet hat, den alten tschechischen Motorroller, die Badewanne, die er auf dem Müllplatz Gardelegen fand, die Holzkisten mit Hunderten Suppenschüsseln aus Plaste, die alten Eisenbahnschwellen und die vielen anderen Sachen, »die die Leute im Kapitalismus einfach so wegschmeißen«, erzählt seine Frau in einem kurzen, atemlosen Anfall im halbdunklen Flur, wofür ihr Mann eigentlich nach Bonn ziehen soll: »Wir brauchen eine starke Opposition. Vor allem gegen die Banken. Die haben die Macht im Lande. Das sehen wir doch an unserem Jungen. Der Jan, der das Hotel in Schierke hat. Die Banken machen ihn kaputt. Der kann die Schulden nicht mehr bezahlen. Wir helfen schon, wo wir können. Aber es geht nicht mehr.«

Jan Schur hat von dem Geld, das er in sechs Profijahren zusammenfuhr, ein kleines Ferienhotel im Harz gebaut und Täves Sporthotel genannt. Weil er keine Erfahrung hatte, weil die Gemeinde gegen ihn arbeitet und der Architekt Mist baute, hat er inzwischen so viele Außenstände, daß nur einer von den Handwerksbetrieben, bei denen er verschuldet ist, die sofortige Versteigerung des Hotels auslösen könnte. Eine Sicherheit für die Banken ist das Haus seines Vaters. Schur ist Rentner, er fährt den Peugeot eines Leipziger Autohändlers mit Werbeaufschrift, er hat seine Steuersachen jetzt Volker Külow mitgegeben, weil er da nicht durchsieht, der Radladen, den sein anderer Sohn in Magdeburg unter Täves Namen betreibt, mußte jetzt verkleinert werden, weil er nicht läuft. Er hat dem Gregor Gysi zwar versprochen, daß er nicht bei der Stasi war, »aber was weiß ich denn, was ich damals alles unterschrieben habe«.

Es bröckelt an allen Enden. Und die Probleme sind jetzt nicht mehr zu lösen, indem man einfach die Ärmel hochkrempelt oder ein bißchen kräftiger in die Pedale tritt. »Mein Vater brauchte nie selbst durchs Eis laufen, es gab immer einen Eisbrecher vor ihm. Das macht es jetzt so schwierig für ihn«, sagt Jan Schur. Täve Schur ist überfordert. Insofern ist er schon ein gewisses Symbol für viele Ostdeutsche.

Nachdem bekannt wurde, daß sein Vater für die PDS kandidiert, bekam Jan Schur einige anonyme Anrufe. »Sie haben uns als Kommunisten beschimpft und gefragt, ob wir jetzt das PDS-Betriebsferienheim wären. Also, es wird uns sicher keine zusätzlichen Kunden bringen, aber es ist die Entscheidung meines Vaters. Er hat mich tolerant erzogen, er hat mir nie Vorhaltungen gemacht, nicht mal, als ich Profi wurde. Obwohl ihm das sehr weh getan hat, weil er ja sein ganzes Leben gegen den Profisport gekämpft hat. Ich hoffe nur, daß die von der PDS ihm jetzt ein bißchen den Rücken stärken. Ihm jemanden geben, der ihn berät. Wenigstens einen, der ihm die Reden schreibt.«

Nun, er hat den Külow.

Külow hat ein altes Plakat ausgegraben, auf dem der ganz junge Schur in den 50er Jahren für die Kandidaten der Nationalen Front wirbt. Das hat er von der Leipziger Werbeagentur TOPline, die Schur vermarkten soll, vervielfältigen lassen und verkauft es. »Das ist kultig«, sagt Külow. »Wahlkampf muß Spaß machen. Auch mir.« Günther Meyer, Chef der Werbeagentur TOPline, die sonst für Fitneßstudios wirbt und für Harley-Davidson-Treffen, sagt: »Täve Schur ist als Figur gut zu vermarkten. Ein gutes Produkt.«

In dieser Woche wurde Schur in Leipzig noch ein weiterer junger Mann vorgestellt, der bereit ist, ihn zu bewerben. Stefan Hartmann ist gerade mit seinem Studium fertiggeworden und würde gerne persönlicher Wahlkampfmanager werden. »Termine, Feedback, Kontakte«, sagt Hartmann. »Als gelernter DDR-Bürger kenne ich den Täve natürlich. Das ist 'ne Legende. Der hat schon fast Kultstatus.«

Schur schüttelt Hartmann etwas abwesend die Hand. Von der Bühne des Sachsenplatzes brüllen die Butlers, Külow drückt ihm die Rede in die Hand, die er nachher halten soll, und führt ihn dann zu dem Signiertisch, auf dem sich die Kultplakate stapeln und die eilig zusammengeschusterte Kurzbiographie »Der Kandidat« von Klaus Huhn. Am Nachmittag sprechen Gysi, Schur und der Leipziger OB-Kandidat Lothar Tippach. Als Tippach die Leipziger zu »diesem wunderschönen sonnigen Frühlingstag« begrüßt, fängt es an zu regnen. Und nachdem Schur

Täve Schur

Külows Rede vorgelesen hat, sagt der Moderator: »Jetzt seht ihr, daß der viel mehr kann als radfahren.«

Am Abend gibt es im riesigen Speisesaal des Leipziger Ordnungsamtes noch ein Gesprächsforum mit Gysi und Schur. Es kommen 27 Leute. Gregor Gysi verschwindet erst mal, um sich von diesem Schock zu erholen. Täve Schur plaudert fröhlich mit einem alten Ehepaar. Der Leipziger PDS-Stadtvorsitzende Dieter Pellmann, der die Veranstaltung organisiert hat, flüstert

Volker Külow zu: »Der Gregor macht uns rund«, und bereitet sich darauf vor, indem er zügig ein großes Bier leert. Irgendwie fängt es dann doch an. Gysi redet sich warm, und Schur erzählt wieder, wie viele Milliardäre und wie viele Millionäre es in der Bundesrepublik gibt. Und daß das alles relativ sei. Was immer er damit meint. Am Ende fragt eine Frau nach der Zunahme des Rechtsradikalismus. Schur redet von Nazirichtern, »die in der BRD in Fülle Anstellung gefunden haben«, von Broschüren aus Dänemark und daß nach dem Mauerfall »die ganze braune Soße zu uns rübergeschwappt« sei. Dann sagt er: »Hitler hat die Probleme ja noch in den Griff gekriegt, indem er Autobahnen baute. Heute sind die Probleme zu groß dafür.«

Gysi starrte blaß durch Schur hindurch. Vielleicht dachte er daran, daß sich sein Kandidat hier um Kopf und Kragen redete. Vielleicht verstand er, daß der Mann einen Ruf zu verlieren hatte. Als Sportler. Und als Mensch. Vielleicht dachte er dieses eine Mal an Täve Schur. Und nicht ans Gewinnen.

Der kritische Punkt

*Der beste Skispringer der Welt, Jens Weißflog, kehrt in seine
Heimatstadt Oberwiesenthal zurück.*

Der Bergmann bettelt. Er ist aus Holz und trägt ein Pappschild,
auf dem in ungelenker Handschrift steht: Wir haben geöffnet.
Es ist kalt, und das Haus, in dessen Eingang der arme Bergmann steht, hat bessere Zeiten erlebt. Außerdem ist es ein Heimatmuseum. Schon das Wort riecht nach Mottenkugeln und
Bohnerwachs. Aber der Bergmann bettelt, und von seiner Uni-
form blättert die Farbe. Wir schauen uns in die Augen. Also gut,
Bergmann. Aber nicht lange.

Es riecht wie in den Häusern alter Leute auf dem Land, und
es ist dunkel. Im Flur hängen ein paar alte Holzski. Auf vergilb-
ten Fotos springen Männer in schwarzen Anzügen von winzigen
Schanzen. Frauen mit großen Hüten sehen ihnen dabei zu. Der
Anfang des Jahrhunderts in Oberwiesenthal. In einer kleinen
Stube hocken die geschnitzten Holzfiguren. Die Räuchermänn-
chen, Nußknacker, Soldaten, Bergleute und Engel. Im Sportler-
zimmer hängen Jugendbilder der Oberwiesenthaler Helden.
Ulrich Wehling, Ulf Findeisen, Jens Weißflog. Olympiasieger,
Weltmeister, Schanzenrekordhalter. Weißflog trägt einen zar-
ten Flaum unter der Nase. In seinem Heimatmuseum ist er noch
neunzehn. Für immer jung und steinalt. Die ordentlich getipp-
ten Erfolgsstatistiken reißen Mitte der 80er Jahre ab. Lilleham-
mer hat es nie gegeben. Nach Weißflogs zweitem Vierschan-
zentournee-Sieg blieben die Uhren stehen.

Ich schleiche an den Klöppelstöcken, Lederschlitten und Erz-
klumpen vorbei ins Freie. Es ist kalt und neblig. Heute nachmittag kommt Jens Weißflog nach Hause. Er ist der beste Skispringer aller Zeiten. Die Fernsehsender reißen sich um ihn. Er
ist ein Star.

Oberwiesenthal könnte ihm altmodisch vorkommen. Und eng.

Als Manfred Frei im Fernsehen beobachtete, wie Jens Weißflog
nach seinem zweiten Sprung von Bischofshofen landete, wie er
glücklich die Fäuste hochriß, als er die Massen im Tal jubeln

hörte und den Moderator nach Superlativen suchend, da wußte er, daß sich gerade eine Möglichkeit für ihn ergeben hatte. Frei ist der Direktor des neuesten Oberwiesenthaler Hotels. Es heißt Vier Jahreszeiten und ist so neu, daß es erst im März eröffnet wird. In zweieinhalb Monaten also. Aber warm und trocken ist es bereits, und es gibt einen großen Saal, in dem man eine erstklassige Begrüßungsfeier durchführen könnte. Manfred Frei rief den stellvertretenden Bürgermeister Jens Ellinger an und bewarb sich um die Ausrichtung der Feier. Selbstverständlich würde sein Haus alle Kosten übernehmen. Keine Frage. Eine bessere Werbung für sein Hotel konnte er gar nicht bekommen. Und Werbung war bitter nötig.

Es gibt eine Menge Hotels in Oberwiesenthal, aber es gibt seit einigen Jahren nur noch wenig Gäste. Das enttäuscht die Leute hier besonders, weil sie bis 1990 40 Jahre lang völlig ausgebucht waren. Oberwiesenthal war der höchstgelegene Ort der Republik. Im Sommer Sonne, im Winter Schnee. Die Hotels platzten aus allen Nähten, vor den Restaurants standen Schlangen. Aber mit der Wende fanden die Urlauber heraus, daß es auch woanders Sonne und Schnee gab. Und dazu noch Kinos, Theater und Schwimmhallen. Daß Oberwiesenthal auch der höchstgelegene Ort der neuen Republik war, interessierte höchstens Statistiker. Aber weil die Menschen hier 40 Jahre lang so hofiert worden waren, brauchten sie einige Zeit, um das zu verarbeiten. Einige verarbeiten immer noch. Sie sind stolz und trotzig und glauben, daß die Urlauber irgendwann schon wieder kommen werden. Schließlich ist es schön in Oberwiesenthal.

Gestern hat Manfred Frei den Zuschlag bekommen. Er hat die Köstritzer Brauerei und die Rotkäppchen-Sektkellerei als Co-Sponsoren gewonnen, der erste kostenlose Werbespot ist auch schon gelaufen. Das »ZDF-Länderjournal« hatte einen vierminütigen Bericht aus dem Hotel gebracht, mit Küche, Küchenchef und ihm, Manfred Frei, natürlich. Gleich würden die Gäste kommen. Jens, seine Familie, die Stadtgrößen und nicht zuletzt die Journalisten. Alles lief bestens.

Als Jens Weißflog die Treppen zum Festsaal hochläuft, hat er' gute Laune.

Natürlich ist er ein bißchen gestreßt von den vielen Interviews. Aber andererseits sind Live-Schaltungen in die »Heute«-Sendung ja wirklich was Besonderes. Er hätte sich nicht vor-

stellen können, daß er nach dem Doppel-Olympiasieg von Lille-
hammer noch mal einen draufsetzen kann. Aber irgendwie
hatte es nach Bischofshofen Knall gemacht. Die Journalisten
stellten ihn in eine Reihe mit Boris Becker und Michael Schu
macher. Er sei jetzt wirklich ein gesamtdeutscher Star, schrieben sie, und noch dazu einer ohne Allüren. Vielleicht hatten sie
ja recht. Heute nachmittag war überraschend Gunther Emmerlich aufgetaucht und hatte ihm zu Ehren eine Arie aus dem
»Falstaff« gesungen. In seinem Wohnzimmer!

Aber was ihn besonders freute, war, wie er zu Hause gefeiert
wurde. Auf der Straße gratulierten sie ihm. Dabei hatte es jahrelang Spannungen zwischen den Oberwiesenthalern und den
Sportlern gegeben. Die Leute im Ort hatten ihnen die Bananen
vorgeworfen. Sie seien verwöhnt und privilegiert, hieß es. Sie
waren richtig isoliert gewesen da oben in ihrem Sportzentrum,
und zu den Empfängen waren immer nur bestellte Claqueure
erschienen.

Das schien vorbei zu sein.

Lächelnd betritt Jens Weißflog den Festsaal. An seiner Seite
sein Sohn und Nicola, die Gattin.

Draußen wartet das kalte Büffet. Auf der Bühne sitzen fünf ge-
langweilte Bläser des Bundesgrenzschutzes. Einer von ihnen
popelt. Davor strecken sich vier lange Tischreihen durch den
Saal. Zwischen Bühne und Tischen streut Direktor Manfred
Frei wie ein alternder Ballöwe übers Parkett und richtet durch
ein knackendes, knisterndes Mikrofon, das er wie Dieter-Thomas Heck zärtlich zwischen zwei Fingern hält, ein paar Worte
an die Gesellschaft.

Es erinnert an eine Dorfhochzeit. Vorn das Paar. Die Braut war
gerade beim Friseur, der Bräutigam trägt ein rotes Jacket, das
aus der Olympiakollektion übriggeblieben sein könnte.

Hinter den beiden sitzen ein paar Freunde und Verwandte von
Jens Weißflog und viel Honoratioren der Stadt. Politiker, Geschäftsleute, Vereinsmitglieder, Hoteliers, Gastwirte. Kein Platz
ist unbesetzt, jeder will eine Scheibe Weißflog abbekommen.

»Glück auf!« ruft Bürgermeister Michael Kirsten in die Menge.
Es klingt ein bißchen komisch, weil Kirsten Ostfriese ist.

Er ist 1990 als Bundesgrenzschutzbeamter nach Oberwiesenthal versetzt worden. Er hat sich für den Ort interessiert, war auf

öffentlichen Gemeinderatssitzungen, hat die »Alternative« mitbegründet, rutschte in den Stadtrat und wurde im vergangenen Jahr zum Bürgermeister gewählt. Sein Vorgänger mußte nach nur dreimonatiger Amtszeit in psychiatrische Behandlung. Es ist nicht einfach in Oberwiesenthal. Kirsten ist 35 Jahre alt, groß, breit und guten Willens.

»Jens, du bist der Größte«, ruft der Bürgermeister. Der Saal klatscht, Weißflog unterhält sich mit seinem Sohn. Er hat ja in den letzten Tagen oft gehört, daß er der Größte ist. Außerdem fühlte er sich letzthin von seiner Heimatstadt etwas im Stich gelassen. Sie wollen der Erweiterung des Appartmenthotels, das er mit fünf weiteren Investoren augenblicklich aus dem ehemaligen Ferienhaus von Erich Mielke macht, nur zustimmen, wenn die Gesellschafter auch einen Golfplatz bauen. Und das Grundstück für sein neues Wohnhaus hat er zwar zu einem Vorzugspreis bekommen, aber Kitzbühel hätte es ihm geschenkt. Wenn er Bürger von Kitzbühel wäre.

»Darum schlage ich noch mal vor, die Fichtelbergschanze in Jens-Weißflog-Schanze umzubenennen«, schließt Kirsten seine Rede. Jens Weißflog lächelt. Eigentlich findet er es ein bißchen komisch. Als sei er bereits tot. Aber ein Fritz-Walter-Stadion gibt es schließlich. Und Emmerlich war auch da. Warum eigentlich nicht, jetzt, wo er in eine Reihe mit Schumacher und Becker gehört.

Während der Staatssekretär des sächsischen Kultusministeriums herzlichste Grüße von Kurt Biedenkopf übermittelt, beschließen Weißflog und Kirsten, die Streitereien für heute abend ruhenzulassen. Sie wollen feiern.

Eine halbe Stunde später spricht Jens Weißflog in eine Fernsehkamera, daß er sich von seiner Stadt manchmal im Stich gelassen fühle.

Das Büfett ist eröffnet. Die Gesellschaft löffelt zufrieden den Lachs von den Tellern. Friedlich klappern die Gabeln auf dem Porzellan. Die Leute im Saal sind so verschwägert, verfilzt und zerrissen wie Oberwiesenthal.

Da ist Udo Kaden, der ehemalige Bürgermeister, wichtiger Mann beim Skifasching und verbittert. Er war früher in der SED und regierte die Stadt vier Jahre lang auf CDU-Mandat. 1994 trat er der Partei dann auch bei. Er will auf den Bürgermeisterstuhl von Kirsten zurück. Kirsten ist im Karnevalsverein, seine

Viele Grüße von der CDU.
Jens Weißflog und ein Glücksschwein.

Frau ist in der Prinzengarde und hat zusammen mit dem stellvertretenden Bürgermeister Ellinger ein Reisebüro eröffnet. Kaden haßt Kirsten. Ellingers Frau betreibt die Boutique Carmen, in der gleichen Straße befindet sich das Geschäft von Manfred Wiesner, Parteifreund von Ellinger und Kirsten. Wiesner wird Jens Weißflog gleich ein Schwein schenken und ist in der Hochzeitsnacht von Kirsten mit dessen Ex-Frau verschwunden. Ellinger ist nicht nur stellvertretender Bürgermeister, Betreiber einer Marketinggesellschaft und eines Reisebüros, sondern auch Mitinitiator des Golfplatzes, dessen Vizepräsident Jens Weißflog ist. Präsident ist Lutz Heinrich, Parteikollege von Ellinger, Wiesner und Kirsten sowie Mitglied des Oberwiesenthaler Hotelvereins, dem auch Max Högn angehört, dessen Hotel Am Fichtelberg der Euro-Mill-Gruppe gehört, auf die Doris Enderlein, Besitzerin des ältesten Caféhauses der Stadt, gar nicht gut zu sprechen ist. Weil dort, wie sie sagt, nur Billig-Bus-Touristen hingekarrt würden, die keine Zeit hätten, Oberwiesenthal und damit das Café Enderlein aufzusuchen. Doris Enderlein ist in der Laienspielgruppe, zu der sich auch Kirsten hingezogen fühlt, der zu bedenken gibt, daß Högn, der gemeinsam mit Manfred Frei im Hotelverein sitzt, der größte Arbeitgeber der Stadt ist.

»Die Oberwiesenthaler haben die letzten fünf Jahre lang geschlafen«, sagt der Hotelbesitzer des Vier Jahreszeiten. »Die wissen ja heute noch nicht mal, daß sie den Schnee von den Bürgersteigen vor ihren Häusern kehren müssen.« – »Verschlafen worden ist hier überhaupt nichts«, sagt der ehemalige Bürgermeister Udo Kaden. »Wir haben versucht, den Ruf von Oberwiesenthal zu bewahren. Im Augenblick wird die Stadt von Wunschdenken regiert«.

Am späteren Abend beschimpft Boutiquebesitzer Manfred Wiesner einen Sportreporter der *Freien Presse*, der einst Jens Weißflog für seinen Rücktritt kritisiert hatte. »Da war mir zuviel Polemik drin. Zuviel Meinung«, sagt Wiesner. »Aber es war doch ein Kommentar«, antwortet der erstaunte junge Mann. »Trotzdem. Man muß Leistung anerkennen«, ruft Wiesner. »So wie Hajo Friedrichs mußt du es machen.«

Dann wendet sich der erhitzte Wiesner dem Direktor des Hotels Am Fichtelberg, Max Högn, zu. »Das muß hier alles professioneller werden«, schimpft er. »Aber das Erzgebirgische darf nicht verlorengehen«, sagt Högn schüchtern. »Ja, ich weiß, eure Gemütlichkeit«, sagt Wiesner.

Irgendwann verläßt Weißflog mit Frau Nicola relativ unbemerkt seine Feier. Multifunktionär Ellinger schimpft bis tief in die Nacht auf die alten Oberwiesenthaler, die schon zu DDR-Zeiten ihren Sack zugemacht hätten. »Fleischer, Bäcker und Gaststättenbesitzer haben doch soviel Geld verdient, daß sie gar nicht wußten, wo sie es hintun sollten. Jetzt sind sie satt und tun nichts mehr für die Stadt.« Aber das sei ein biologisches Problem, sagt Ellinger. Irgendwann würden die wegsterben.

Am Nebentisch stimmt Bürgermeister Kirsten »Ein Prosit auf die Gemütlichkeit« an.

Die Geschenke an Jens Weißflog werden verstaut. Er hat heute viele Blumen bekommen, Gutscheine, Sektflaschen, ein lebendes Schwein und viele Angebote. Er könnte im Trachtenverein mitmachen, Co-Kommentator beim Fernsehen werden, Sportdirektor der Region, Nachwuchstrainer. Und in der Politik hätten sie ihn auch gern. Hausbauer und Vize-Golfpräsident ist er schon, Hotelier ist er bald.

Und im Augenblick ist er auch noch Skispringer. Aber Skispringen kann er ja.

Unterhalb des Ortes betreibt Andreas Petzold eine Gaststätte. »Bis jetzt haben wir von dem Weißflog-Boom nichts mitbekommen«, sagt er. »Kann sein, daß er kommt. Kann auch nicht sein.« Die Gaststätte ist leer. Neben dem Eingang hängt ein Paar Langlaufski. Mit denen ist einst seine Schwester Barbara gelaufen. Die war auch mal Olympiasiegerin.

Das einfache Lottchen

Charlotte von Mahlsdorf hat ihr Leben aus vielen
Geschichten zusammengesetzt. Keiner weiß, ob sie stimmen.
Aber sie klingen gut.

Es hört nicht auf zu regnen. Wahrscheinlich wird es nie mehr aufhören. Es hat in Stockholm geregnet. Es hat 250 Straßenkilometer lang geregnet. Aus schwarzen, tiefhängenden Wolken, die keinen Anfang hatten und kein Ende, rauschte es gleichmäßig auf Felder und Bäume und ein paar rote Häuschen, die der Zufall in großen Abständen in die Landschaft gestreut hatte. Bis zu dem kleinen Straßenschild regnete es, das nach rechts in die tiefen Wälder zeigte. Nach Porla. Die Wälder taten sich für einen Moment auf und gaben zwanzig hübsche weiße Häuser frei. Vielleicht waren es auch nur fünfzehn. Auf jeden Fall war dies Porla. Dann schlossen sich die Wälder wieder.

In Porla hört die Straße auf. Sie versickert als schmaler Weg zwischen dunklen Bäumen. Es ist das Ende der Welt. Kurz davor steht die Villa Hamilton. Ein grauer, großer Pavillon mit schadhaftem Dach, in dem seit Mitte April Charlotte von Mahlsdorf wohnt. Und Lothar Berfelde. Retterin mehrerer Schlösser und Gutshäuser. Pionier der Schwulen- und Lesbenbewegung der DDR. Frau im Männerkörper. Gast vieler Talkshows. Gegenstand unzähliger Artikel. Bestsellerautorin. Museumsgründer. Es gibt seit kurzem sogar eine CD von ihr. Sie heißt »Farewell«. Lottchen. Lothar. 69 Jahre alt. Vertrieben aus Deutschland.

Vor der Tür steht ein roter Mercedes-Kombi mit einem Berliner Nummernschild, hinter der Tür springt aufgeregt ein zottliger, riesiger Hund auf und ab. Er heißt Klops. Es war ein weiter Weg bis zu Charlotte von Mahlsdorf. Und noch sind wir nicht da.

Eine alte Dame beruhigt Klops ein wenig, bevor sie die Tür öffnet. Sie heißt Helene Kempe, stammt aus der Nähe von Bitterfeld und ist die Mutter von Beate Jung. Beate Jung und deren Freundin Silvia Seelow leben seit über zehn Jahren mit Charlotte von Mahlsdorf zusammen. In der Küche sitzt Heinz Kempe.

Der wird dieses Jahr 80. Kempe stochert in einer dicken Nudelsuppe herum. Die beiden alten Leute wohnen hier bereits seit
über einem Jahr, sie haben ihr Haus in Bitterfeld verkauft, um
in Schweden ein neues Leben zu beginnen. Wie das aussehen
soll, ist noch nicht hundertprozentig klar. Vorerst läuft im
Küchenfernseher eine deutsche Volksmusiksendung. »Ist kalt
hier«, faßt Heinz Kempe seine Schwedenerfahrungen zusammen. »Und im Winter sehr dunkel.«

»Lottchen!« ruft seine Frau in die Tiefe des Hauses. Und dann
noch mal: »Lottchen!«. Es bleibt ruhig. »Ich geh' sie mal suchen«,
sagt Helene Kempe und verschwindet. Dafür erscheint jetzt Silvia Seelow. Sie ist dick und war mal Lehrerin für Polytechnik,
bevor sie vor zwölf Jahren in das Gutshaus zog, in dem Charlotte
von Mahlsdorf ihr Gründerzeitmuseum betrieb. Was sie seitdem macht, ist nicht sicher, jetzt will sie erst mal wissen, wie-
viel Geld die Zeitung bereit ist, für ein Interview mit Charlotte
von Mahlsdorf zu zahlen. Ein junger Mann mit dünnen Haaren,
die er zu einem Zopf gebunden hat, huscht wortlos vorbei. Moritz. Er lebt seit etwa fünf Jahren bei Charlotte von Mahlsorf.
Und wahrscheinlich auch von ihr. Wie all die anderen.

Helene Kempe kehrt mit der Nachricht zurück, daß »Lottchen«
gleich komme. Sie führt mich in ein großes Zimmer, das mit
dunklen, schweren Möbeln vollgestellt ist, und geht wieder zu
ihrem Mann und den Nudeln. Ein Büfett, ein Tisch, zwei Sofas,
ein Pianola, ein Musikautomat, ein großer Eßtisch, Sessel, Säu-
len, Tischchen, Regulatoren, Grammophone. Gründerzeit. Vor
den Fenstern geht gleichmäßig der Regen nieder.

Plötzlich steht Charlotte von Mahlsdorf im Raum. Sie ist einfach da. Wie ein Geist. Ein lächelnder Geist. Ein Geist in Kittel-
schürze, der ein Staubtuch in der Hand hält.

»Herzlich willkommen«, sagt sie mit einer Stimme, die dieses
immerwährende Lächeln auf wundersame Weise weitertrans-
portiert. Jedes Wort, das Charlotte von Mahlsdorf spricht, lächelt.
Wir setzen uns an den großen Eßtisch. Sie streicht sorgfältig die
Wachstuchdecke glatt, die viele kleine, als Weihnachtsmänner
verkleidete Kinder zeigt. In ein paar Tagen will sie in diesem
Haus ein Jahrhundertwende-Museum eröffnen.

Ist die Villa Hamilton nicht ein wenig abgelegen, um ein erfolg-
reiches Museum zu werden?

»Ja, dies ist ein alter Bau«, sagt Charlotte von Mahlsorf. »Der
wird auch schon an die 100 Jahre auf dem Buckel haben. Es ist

viel daran zu machen. Aber das zieht sich durch mein ganzes Leben. Ich hatte es immer mit alten Häusern, fehlenden Türen und dem gemeinen Hausschwamm zu tun.« Sie schaut verträumt auf die kleinen Weihnachtsmänner. »Ja, es ist jetzt fast auf den Tag genau 51 Jahre her, daß ich mit dem Gedanken umgegangen bin, meine Sammlung der Öffentlichkeit zugänglich zu machen. Es war im Mai 1946, man kann sagen, in diesen Tagen, als ich das Schloß Friedrichsfelde rettete. Kurz danach habe ich mit weiblicher Schläue das Schloß Dahlwitz-Hoppegarten vor dem Abriß bewahrt. Ich ...«

Von nun an wird Charlotte von Mahlsdorf zwei Stunden lang reden, unbeeindruckt von Zwischenrufen. Sie nutzt jede Frage nur als Anknüpfungspunkt. Wenn überhaupt. Nach spätestens zwei Sätzen ist sie immer da, wo sie sich auskennt. In ihren Geschichten. Sie geben ihr Sicherheit. Wie die schweren Möbel mit den vielen kleinen Verzierungen.

Es sind Geschichten, die gespickt sind mit Jahreszahlen und Namen. Namen von Adligen, Politikern und Menschen, die einfach nur Herr Schmidt heißen. Sie wird lächelnd zwischen den Jahreszahlen herumspringen. Von ihrem gütigen Großonkel Josef Brauner wird die Rede sein, der einst an dem kleinen Tischchen, das heute im Mahlsdorfer Gründerzeitmuseum steht, den ersten Mercedes-Benz erfand, vom hartherzigen Vater, den der kleine Lothar seinerzeit in dunkler Nacht – »die Wanduhr schlug mit Westminster-Gong zur vollen Stunde« – erschlagen hat, von der gewitzten Tante Luise aus Ostpreußen, die später nach England auswanderte, vom Wehrmachtsoffizier, der den 17jährigen Lothar Berfelde 1945 noch mit »gütigen, müden Augen aus einer kummerzerfurchten Miene« ansah, bevor er ihn vor der Erschießung durch »vier SS-Häscher« rettete, von freundlichen Hausmeistern, bösen und lieben Berliner Museumsdirektoren, engstirnigen Beamten, blutrünstigen Skinheads und Stasioffizieren mit »schnarrender« Stimme.

Von all den Menschen eben, die Charlotte von Mahlsdorfs Geschichten bevölkern wie die Kinderweihnachtsmänner ihre Wachstuchdecke. Geschichten, die ihre Autobiographie »Ich bin meine eigene Frau« füllen. Die ungebrochen in viele Zeitungsartikel flossen, in Ehrenreden und Politikeransprachen, in Begründungsschreiben für Preise, in Chroniken und Gedenkschriften. Sie wurden immer fester und zäher, niemand traute sich mehr, ihnen zu widersprechen. Die Geschichten standen im

Spiegel, sie sind in der Broschüre »Beiträge zur Geschichte«
verewigt, die 1995 zur 650-Jahr-Feier von Mahlsdorf erschien,
der Berliner Kultursenator Roloff-Momin begründete mit ihnen
1992 »im Namen des Bundespräsidenten« die Verleihung eines
Bundesverdienstkreuzes. Sie wurden härter und härter. Und
irgendwann waren sie wahr.

Fast.

Im Mai 1995 hat Bürgermeister Volker Schulz Charlotte von
Mahlsdorf die Ehrenbürgerwürde von Dahlwitz-Hoppegarten
ausgesprochen. Daran erinnert er sich noch ganz genau. Es war
ja das erste Mal, daß ein Ehrenbürger von Dahlwitz-Hoppegarten gekürt wurde. Volker Schulz weiß auch noch, wofür Charlotte von Mahlsdorf Ehrenbürger wurde. »Sie hat ja damals das
Schloß vorm Abriß gerettet. 1948 war das, glaube ich«, sagt
Schulz.

Hat das auch mal irgend jemand überprüft?

»Pffhh«, macht der Bürgermeister. »Nee. Aber das ist doch so,
oder? Das ist doch allgemein bekannt. Aber überprüft? Nee. Wo
denn? Ich hab' ein Buch über die Ortsgeschichte. Aber das geht
nur bis 1938.«

Frau Schnabel aus dem Amtsarchiv der Gemeinde hat in
ihren Beständen vor kurzem eine Liste gefunden, die belegt,
daß Lothar Berfelde im Juni 1976 mehrere historische Bilder
von Schloß Dahlwitz, dessen Wappen und ein Verzeichnis der
in der Kirche beigesetzten Schloßherren gekauft hat. »Das war
doch erst 1976«, überlegt Frau Schnabel. »Wie soll er da 1948
das Schloß gerettet haben? Das ist doch ein Widerspruch, was?«

Schwer zu sagen. Vielleicht hätte man mal jemanden fragen
sollen. Aber dazu hatte offenbar niemand Lust. Weder Roloff-
Momin noch Volker Schulz. Und die Leute, die hätten antworten können, schwiegen. Oder ihnen hörte niemand zu.

Peter P. Rohrlach zum Beispiel ist der stellvertretende Vor-
sitzende des Fördervereins vom Schloß Friedrichsfelde, das
Charlotte von Mahlsdorf 1946 gerettet hat. »Da ich mit einem
Leuchter durch die Zimmerfluchten ging und mitunter bei Re-
paraturarbeiten polterte, vermutete man ein Schloßgespenst«,
berichtet sie aus jenen Tagen.

»Es gibt keinerlei Hinweise dafür«, sagt Rohrlach. »Es gibt ja
nicht mal Hinweise dafür, wovor sie das Schloß hätte retten sol-

len. Irgendwann erschien bei mir eine Frau aus Westberlin und forderte mich auf, eine Gedenktafel für Lothar Berfelde am Schloß anzubringen. Das konnte ich glücklicherweise verhindern. Aber ich mußte mich lang und breit dafür rechtfertigen. Berfelde will ja auch vom Land Berlin Geld dafür haben, daß er das Schloß instand gesetzt hat. Er sagt, daß er Hypotheken auf das Haus seiner Mutter aufnehmen mußte, um das Gebäude wetterfest zu machen. Soweit bekannt ist, war das Schloß nach dem Krieg in einwandfreiem Zustand. Es gibt auf jeden Fall keine Dokumente oder Zeugnisse, nichts. Und da fließen Dichtung und Wahrheit munter durcheinander.«

Rohrlach ist alter Mahlsdorfer und erinnert sich noch daran, wie Lothar Berfelde mit dem Handwagen durch die Gegend zog, um Möbel zu sammeln. »Er hat schon immer so einen Kokolores erzählt«, sagt Rohrlach. »Eine Zeitlang nannte er sich Lothar von Berfelde. Irgendwann erzählte er von seinem Onkel Sigesmund. Sigesmund von Treskow soll sein Onkel gewesen sein. Angeblich habe er ihm auch einen Mantel vererbt. Meine Mutter nennt ihn heute noch manchmal ›von Berfelde‹ und redet von ›Onkel Sigesmunds Mantel‹. Solche Sachen leben eben weiter. Aber ich habe lange Zeit mit den von Treskows korrespondiert. Da gibt's garantiert keine verwandtschaftlichen Beziehungen.

Er hat wirklich Verdienste um das Gutshaus in Mahlsdorf und seine Gründerzeitsammlung. Da hat er unermüdlich dran gearbeitet. Und er hat auch immer sehr anspruchslos gelebt. Mein Vater hat ihn manchmal zum Essen eingeladen, weil der nichts hatte. Auch andere Mahlsdorfer haben sich um ihn gekümmert. Deswegen sind viele hier auch ziemlich sauer über seine Geschichten vom ewigen Opfer.«

»Die Geschichten aus Dahlwitz und Friedrichsfelde sind alles Legenden«, sagt Professor Günter Schade. Schade war früher Direktor des Kunstgewerbemuseums Köpenick, ist heute stellvertretender Generaldirektor der Stiftung Preußischer Kulturbesitz und kennt Lothar Berfelde seit den 60er Jahren.

»Wir haben immer gut zusammengearbeitet, und ich bewundere ihn wirklich für seinen Einsatz im Gründerzeitmuseum«, sagt Schade. »Aber in den letzten Jahren erinnerte er mich immer mehr an einen seiner Musikautomaten, der völlig stereotyp und automatisch seine Geschichten runterdudelt. Er kommt da einfach nicht mehr raus. Was mich vor allem wundert, ist seine Wut auf den SED-Staat, wie er die DDR immer nennt.

Charlotte von Mahlsdorf in ihrem Haus in Schweden

Ich meine, welcher Staat stellt denn einem Menschen einfach
so ein Gutshaus zur Verfügung. Er hat es pachtfrei bekommen.
Er hat seine Sammlung in der DDR zusammengetragen. Die
Museen haben mit ihm zusammengearbeitet. Und auch seine
pauschalen Vorwürfe gegen die Stasi, die ihn mit Steuerschul-
den erpressen wollte, sind mir ein bißchen zu einfach. Er hat immer schon Sachen verkauft. An Museen, an Privatleute, er hat
Kaffeemühlen nach Holland verkauft und auch viele Sachen an
diesen zwielichtigen Antiquitätenhändler in Wildau. Und er hat
nie Steuern bezahlt.«
    Als Professor Schade das letzte Mal im Gründerzeitmuseum
war, erklärte ihm Charlotte von Mahlsdorf, daß sie eine dem

Prinzen August gewidmete Granitplatte, die sie einst aus dem Schloß Friedrichsfelde gerettet habe, mit nach Schweden nehmen wolle.

»Das kannst du doch nicht machen. Das ist doch völlig ahistorisch«, hat ihr Schade vorgeworfen.

»Nee, die nehme ich mit«, hat Charlotte von Mahlsdorf geantwortet.

Erika Karasek blättert langsam in einer dicken Mappe mit alten Einkaufslisten des Berliner Volkskundemuseums. Jedes Stück, das das Museum für seine Sammlung erwarb, ist hier aufgelistet. Frau Karasek ist Direktorin des Museums für Volkskunde, und Lothar Berfelde war über lange Zeit einer ihrer besten Kunden.

»Hier, 1981 haben wir mal ein Trichterradio für 1 000 Mark von ihm gekauft und einen Phonographen mit fünf Walzen für 2 000. Dann mal ein Poesiealbum, ein paar Porträtfotos, und '84 hat er uns ein Polyphon mit fünf Walzen für 8 000 Mark verkauft. Er hatte keine kleinen Preise, das kann man nicht sagen. Die größte Summe haben wir 1987 ausgegeben. Da hat er uns für 27 000 Mark seine Uhrensammlung verkauft. 15 Uhren. Ja, man kann sagen, daß wir in zehn Jahren etwa 60 000 Mark an Lothar Berfelde gezahlt haben. Das waren ungefähr 60 Prozent unseres gesamten Fonds. Davon steht kein einziges Wort in seiner Biographie. Er hat ja immer gesagt, daß er von seiner winzigen Rente leben mußte. So schlecht, wie er es darstellt, ging es ihm nicht«, sagt Frau Karasek.

Als sie den Eindruck bekam, daß Lothar Berfelde zunehmend unter dem Einfluß seiner beiden Freundinnen Silvia Seelow und Beate Jung stand, habe man Abstand von weiteren Ankäufen genommen, sagt die Direktorin. Sie habe das Gefühl gehabt, daß er in ein unseriöses Umfeld geraten sei.

»Es gab Tage, da überwog bei ihm das sachliche Interesse«, sagt sie. »Und dann gab es welche, da überwog das finanzielle. Zum Schluß gab es nur noch das finanzielle.«

Prof. Güntzer vom Berliner Stadtmuseum hat seinerzeit die Befürwortung für das Bundesverdienstkreuz geschrieben. Damals war er der Museumsreferent des Berliner Senats und fest davon überzeugt, daß Charlotte von Mahlsdorfs Biographie die Biographie einer Heldin ist. Später hat er »in einem Zustand der Wut« gesagt: »Wenn Charlotte den Mund zum Gähnen öffnet, hat sie schon gelogen.«

Güntzer wurde mißtrauisch, als er erfuhr, daß ins Schloß Friedrichsfelde nach dem Krieg die Trophäenkommission der Roten
Armee eingezogen war. Für eine Rettungsaktion von Lothar
Berfelde dagegen gab es keine Anhaltspunkte. Guntzer wurde
mißtrauisch, als er dem Gründerzeitmuseum einen Besuch ab-
stattete, um mit Charlotte von Mahlsdorf zu beraten, wie man
ihre Sammlung stärker an die Stadt binden könne. »Sie hat da
eine regelrechte Schmierenkomödie aufgeführt. Sie bekam
einen Herzanfall, fiel um, erholte sich wieder und spielte dann
gleich noch einen Herzanfall vor. Es war lächerlich.« Güntzer
wurde mißtrauisch, als er las, »mit welchem Hopplahopp« sie in
ihrer Autobiographie die DDR-Jahre überflog: »Wenn sie dieser
Zeit genausoviel Aufmerksamkeit gewidmet hätte wie den 30er
und 40er Jahren, wäre das Buch dreimal so dick gewesen.«
Güntzer bekam immer wieder versteckte Hinweise aus Mu-
seumskreisen, Charlotte von Mahlsdorf nicht alles zu glauben,
was sie erzählte. Sehr verschwommene Hinweise zunächst, die
später konkreter wurden. Und je mehr sich der Westler Güntzer in die Ostgeschichte fummelte, desto stärker wurden seine
Bedenken. Desto mißtrauischer wurde er.
Aber es war zu spät. Güntzer hatte seine Befürwortung geschrieben. Roloff-Momin hatte ausgezeichnet. Die Dinge waren
nicht mehr aufzuhalten.
»Es war ja auch so, daß wir eigentlich einen Denkmalpfleger
würdigen wollten. Und dazu kann man, abgesehen von Friedrichsfelde, auch heute noch stehen«, sagt Güntzer. »Aber irgendwie kam es dann so rüber, als bekäme Charlotte das Kreuz
für ihre Verdienste als erster bekennender Transvestit der DDR.
Es war eines der typischen Ost-West-Mißverständnisse. Roloff-
Momin wollte sicher auch deutlich machen: ›Guckt her, liebe
Ossis. So tolerant sind wir. Jetzt kriegen sogar eure Tunten das
Bundesverdienstkreuz.‹ Na ja, Charlotte hat diese Rolle auch
vorzüglich mitgespielt, muß man sagen. Sie hat sich rumrei-
chen lassen. Sie wurde zu einer richtigen Kultfigur. Auch im
Westen. Sicher ist Charlotte benutzt worden. Aber sie hat sich
auch mit Wonne benutzen lassen.«
Irgendwann schien sie wirklich die Heldin zu sein, für die
sich Güntzer einst ins Zeug gelegt hatte. »Was da mit Charlotte
passierte, erinnerte mich an die deutsche Gesellschaft in der
Nußschale«, sagt Professor Güntzer.

Es regnet immer noch. Manchmal schlägt ein Regulator. Die Weihnachtsmänner tanzen. Charlotte von Mahlsdorfs Worte lächeln. Die Legenden leben.

Gerade erzählt sie, daß sie 1988 »reisemündig« wurde. Sie durfte jetzt den Westen besuchen, weil sie 60 Jahre geworden war. »Damit war ich pensioniert, wie alle Frauen in der DDR.«

1991 wurde ein schwul-lesbisches Fest, das Charlotte von Mahlsdorf in ihrem Garten organisiert hatte, von Skinheads überfallen.

»Es war natürlich eine schlimme Sache«, sagt Isolde Stark, die die Bürgerinitiative zum Erhalt des Gründerzeitmuseums gründete.

»Aber in Charlottes Erzählungen wurde sie von Mal zu Mal schlimmer.« So schlimm, daß sie schließlich zu einem Grund wurde, das Land zu verlassen. Der Psychologe Jürgen Lemke, der Charlotte von Mahlsdorf seit Ende der 70er Jahre kennt, sagt: »Das war eine Konstruktion. Charlotte hatte niemals Angst.« Aber Linda Seeberg aus dem kleinen schwedischen Dorf Porla, in dem Charlotte von Mahlsdorf seit kurzem lebt, weiß bereits: »Charlotte ist von den Nazis aus Deutschland vertrieben worden.«

In gewisser Weise erhöhte dieser unschöne Zwischenfall Charlotte von Mahlsdorfs Immunität.

Kein Mensch erinnerte sich mehr daran, daß sie ihr Museum zu DDR-Zeiten immer der Stadt Berlin vererben wollte. Und in der Folgezeit der jüdischen Gemeinde. Jetzt wollte sie es eben verkaufen. Und das Land Berlin sollte gefälligst bezahlen. Wen interessierte, woher die Möbel und Musikautomaten stammten, für die sie eine Million Mark verlangte? Das Mahlsdorfer Gutshaus hatte sie 1990 für 8000 Mark erworben. Jetzt wollte sie ebenfalls eine Million dafür haben. Und daß Charlotte von Mahlsdorf beim Finanzamt Hellersdorf 64000 Mark Schulden hatte, war ja auch egal. Bei ihren Verdiensten. Isolde Stark versorgte die Berliner Zeitungen mit diesen Informationen. Aber niemand druckte es.

Statt dessen wuchs der moralische Druck auf den Senat. Während sich die Beamten wanden, nach Ausreden suchten und nach Geld, verkaufte Charlotte von Mahlsdorf das eine oder andere Stück aus ihrem Museum. Drei komplette Zimmer und eine Küche beispielsweise stehen heute im Freilichtmuseum Altranft. Bezahlt mit Fördermitteln des Landes Brandenburg.

»Sie hat einfach die beiden einzigen Zimmer ihres gesamten Museums verkauft, die nachweislich aus Berlin stammen«, sagt Professor Güntzer. »Es war kein relevantes Museumsgut dabei«, beschreibt der Direktor des Freilichtmuseums, Peter Natuschke. »Sie haben viel zuviel Geld für diese Sachen ausgegeben, die auch stilistisch überhaupt nicht in das Museum passen«, sagt der Direktor des Oderlandmuseums in Bad Freienwalde, Reinhard Schmook.

Charlotte von Mahlsdorf war um Wertausgleich bemüht. »Irgendwann kam sie mit ein paar Büchern vom Sperrmüll an, die sie uns als Gutsbibliothek verkaufen wollte«, sagt Professor Güntzer vom Stadtmuseum. »Und zwar wäre es deshalb eine Gutsbibliothek, weil sie nicht vollständig sei. Klar. 10 000 Mark wollte sie dafür haben. Außerdem hat sie die ›Mulackritze‹ im Keller des Gutshauses schnell um ein historisches ›Hurenzimmer‹ erweitert. Sie hat einfach ein Bett in eine Kammer gestellt, einen Prügelbock – und fertig war das Hurenzimmer.«

Als Dr. Wanja, einer der drei vom Senat bestellten Gutachter, Ende 1995 das Gründerzeitmuseum betrat, um das Inventar einzuschätzen, fehlten bereits einige Stücke. Und auch sonst hatte er Probleme, den Wert des Inventars zu benennen. »Natürlich haben auch andere Museen der Stadt Gründerzeitmobiliar. Oft kompletter und im besseren Zustand. Die Sammlung ist also keineswegs einmalig. Ihr eigentlicher Wert besteht darin, daß sie von einer Person, also von Charlotte von Mahlsdorf, zusammengetragen und präsentiert wurde. Nur deswegen sind wir auf einen Schätzwert von etwa 350 000 Mark gekommen.« Die Stadt hat dann 520 000 Mark bezahlt. Auch ohne Charlotte von Mahlsdorfs unterhaltsame Führungen.

»Der Bestand des Museums hat sich seitdem nicht mehr verändert«, sagt Hellersdorfs Kulturstadtrat Wolf. Zum Anfang hatten sie eine Sicherheitsfirma mit der Bewachung des Gebäudes beauftragt. Aber das wurde zu teuer. Seitdem macht das ein älteres Ehepaar. Müller heißen die, glaubt Wolf.

Manche sagen, daß Beate Jung und Silvia Seelow schuld seien am zunehmenden Geschäftssinn von Charlotte von Mahlsdorf. »Das sind Drohnen«, sagt Güntzer. Horst Riesebeck, ein Mahlsdorfer Mechaniker, der seit Jahren die Musikautomaten des Museums wartet, hat festgestellt, »daß man in den letzten Jahren kaum noch zu Lottchen vordringen konnte, weil die beiden Mädels ihn doch ganz schön abgeschirmt haben«. Und Isolde

Stark von der Bürgerinitiative sagt: »Die beiden haben alle alten Freunde nach 1990 regelrecht weggebissen. Wie Hofhunde.«

Sie glaubt allerdings auch, daß die beiden so was wie eine Ersatzfamilie für Charlotte von Mahlsdorf waren. »Silvia ist eine grobe, ungebildete Person. Sie hat Charlotte mitunter regelrecht gedemütigt. Ich denke, sie hat die Rolle des bösen Vaters gespielt, der immer noch eine große Faszination auf Charlotte ausübt. Da war eine richtige Hörigkeit da. Die haben Charlotte vermarktet und gemolken, wo es nur ging. Charlotte hat doch überhaupt keine Übersicht mehr gehabt. Irgendwann hat sie Beate Jung dann adoptiert. Charlottes Geschwistern ist himmelangst geworden. Eine Weile sah es auch so aus, als wolle Charlotte ihre Schwester Siegrid aus dem Haus der Mutter treiben. Und die Idee, nach Schweden zu gehen, stammt doch auch nicht von Charlotte. Die Frauen wollten nach Schweden. Aber es war ihr nicht mehr auszureden. Man ist einfach nicht mehr an sie herangekommen. Eigentlich hätte Charlotte einen Psychiater gebraucht«, sagt Isolde Stark. »Ich kenne Charlotte ja schon seit zehn Jahren. Aber zum Schluß stand ich einem Menschen gegenüber, der mir völlig unbekannt war.«

Auf dem Bürgersteig vor einem alten Mahlsdorfer Einfamilienhaus stehen zwei ältere Menschen, die Charlotte von Mahlsdorf ähnlich sehen. Das ist kein Wunder, denn sie sind ihre jüngeren Geschwister. Siegrid und Hanfried Berfelde.

»Wissen Sie«, sagt Hanfried Berfelde. »Wir möchten nicht mit unserem Bruder in Verbindung gebracht werden. Er lebt sein Leben, wir unseres. Er ist eine schrille Person, wir nicht. Das sollte man nicht mischen.«

»Er spinnt sich in seine Träume ein«, sagt seine Schwester.

»Lothar erzählt seine Geschichten. Er erzählt sie so lange, bis sie Wahrheit sind«, sagt Hanfried Berfelde. »Dann ist hoffentlich Ruhe. Ich habe zwei Kinder, die Anfang 30 sind. Die wohnen in einer kleinen Stadt, da kennt jeder jeden. Die wollen auch noch eine Zukunft haben.«

»Aber bei allem, was ist, bleibt er doch unser Bruder«, sagt Siegrid Berfelde. »Ich mache mir Sorgen um ihn. Wie geht's ihm denn da oben? In Schweden?«

Es hat aufgehört zu regnen. Die Wolken drohen zwar weiterhin, aber Charlotte von Mahlsdorf möchte die Gelegenheit nutzen, die schöne Umgebung vorzuführen. Ihr blauer Damenmantel weht im Wind. Bürgersteige gibt es nicht in Porla. Es scheint ja auch keine Bürger zu geben. Nicht mal eine Gardine bewegt sich. Charlotte von Mahlsdorfs Absätze klappern auf der verlassenen Dorfstraße, dann biegt sie auf einen kleinen, schwarzen, moddrigen Pfad ab, der zu ihrem Lieblingsplatz führt. Wir balancieren durch struppige Büsche, vorbei an vermoosten Steinhaufen, die von Häusern übriggeblieben sind, die vor Jahrzehnten verlassen wurden. Neben dem Weg treibt träge ein schwarzer Bach. Irgendwann gelangen wir auf eine kleine Lichtung. Zwischen den Bäumen, einem überwucherten Gleis und einer verrotteten Lore stehen auf einem kleinen Rasenstück zwei Bänke. Durch einen Spalt im Wald kann man auf ein Stück schwarzglänzendes Torffeld sehen, auf dem eine rostige Maschine steht.

»Ist es nicht schön hier?« fragt Charlotte von Mahlsdorf. »Die Ruhe? Die Natur?«

»Charlotte hat was ganz ausgeprägt Autistisches«, sagt der Psychologe Jürgen Lemke, der Charlotte von Mahlsdorf in den 80er Jahren für sein Buch »Ganz normal anders« interviewte.

»Sie lebt in ihren Geschichten wie in einer Glaskugel. Um den ganzen Hohn und Spott zu überleben, den sie von Kindheit an ertragen mußte, hat sie sich eine eigene Innenwelt geschaffen. Die Leute in Mahlsdorf haben sie doch betrachtet wie eine Behinderte, wenn sie mit ihrem Körbchen durch die Straße lief. In ihrer Welt konnte sie überleben. Und da Charlotte nicht die Intelligenteste ist, ist auch diese Welt relativ schlicht. Es gibt die Guten und Weisen, wie ihre Tante Luise und den Onkel Brauner, und die ganz Bösen, wie den Vater und die Stasi. Es ist so etwas entstanden wie ein Groschenroman. Und wie bei Autisten üblich, erzählt sie die Geschichten auch immer wieder gleich. Die Stereotype werden perfektioniert. Ab und zu kommt etwas hinzu. Die Geschichte mit der Ermordung ihres Vaters zum Beispiel hat sie damals noch nicht erzählt. Und auch die Szene, in der der gute Offizier sie vor der SS rettet, ist neu. Aber sie passen gut in ihre Welt. Sie hat eine Kitsch-Ästhetik. Letztlich ist Charlotte auch eine Kitschfigur. Und ehrlich gesagt, wollten die Leute ja auch immer genau diese Charlotte haben.«

Lemke glaubt, daß zu der sicheren Umgebung, die Charlotte von Mahlsdorf sucht, auch ihr Gründerzeitmuseum gehörte. »Sie war ja so was wie ein Balken in diesem Haus. Ich habe ein bißchen Angst, daß sie da verdorrt in Schweden. Man wird es erst gar nicht merken. Denn wie alle Autisten ist Charlotte nicht in der Lage, Gefühle zu zeigen. Ihre Gefühle sind immer behauptete Gefühle«, sagt er.

Vor ein paar Monaten war er gemeinsam mit Rosa von Praunheim und Charlotte von Mahlsdorf bei einer Talkshow. Als sie nach dem bevorstehenden Umzug gefragt wurde, erzählte sie etwas von frischer Luft und herrlicher Natur. Da habe er sie zum erstenmal unsicher erlebt, sagt Lemke.

Auf dem Rückweg durch die borstige Landschaft in das Totendorf erzählt Charlotte von Mahlsdorf von Bussen, die hier bald eintreffen werden. Reisebusse. Voll mit Menschen, die in ihr Museum strömen werden. Der schwedische König wird kommen, sagt sie. Sie wird 20 Kronen Eintritt nehmen, weil ja das Dach gedeckt werden muß. Aber mit solchen Problemen hatte sie ja schon immer zu kämpfen. Seit Mai 1946, als ...

Daß ihre Freundinnen Silvia und Beate zusammen mit Moritz, den drei Hunden und dem Ehepaar Kempe aus Porla verschwinden werden, um irgendwo anders einen landwirtschaftlichen Betrieb zu gründen, erzählt sie nicht. Das werden sie später selbst erzählen, während Charlotte von Mahlsdorf abwesend auf die Weihnachtsmänner starren wird. Das Haus am Anfang der Straße ist bereits verlassen. Hier hat Angelika von Hoff gewohnt, die Anfang 1996 auszog, um mit Charlotte und ihren Freundinnen Schweden zu erobern. Die Giebelseite des Hauses hat sie noch gestrichen, bevor sie im August 1996 wieder nach Berlin floh.

»Ich war finanziell am Ende«, sagt Angelika von Hoff. »Ich wollte da mithelfen, das Museum aufzubauen. Aber Charlotte kam und kam einfach nicht. Ich habe Schwedisch gelernt, und manchmal bin ich in die nächste Stadt gefahren, um mir Menschen anzuschauen. Ich habe mich wirklich auf die Bank gesetzt und mich an den Menschen gefreut. Porla ist echt tot. Ich war ja im Sommer da. Es kamen auch ein paar Busse, weil das am Anfang des Jahrhunderts mal ein Kurbad war. Aber natürlich nicht annähernd soviel, wie die Frau erzählt hat, die Charlotte die Villa Hamilton verkaufte. Sie ist da sowieso total übers Ohr gehauen worden. Sie hat abartig zu viel Geld bezahlt. Und es muß noch viel gemacht werden.

Na ja, und weil Charlotte ewig nicht kam, habe ich gedacht, vielleicht hat sie ja doch keine Lust mehr. Ich habe versucht, ihr goldene Brücken zu bauen, habe erzählt, was sie da oben alles vermissen würde. Da gibt es im Umkreis von 100 Kilometern keine Szene, und Charlotte hat ja auch keinen Führerschein. Ich habe ihr die Einöde geschildert und ihr erklärt, daß da nicht mit vielen Reisebussen zu rechnen ist. Aber irgendwie bin ich nicht zu ihr vorgedrungen. Sie hat immer nur von frischer Luft und herrlicher Ruhe erzählt. Ich hab' ihr das nicht abgekauft. Aber es ist sehr schwer, von Charlotte etwas anderes zu bekommen als diese Traumbilder.«

Angelika von Hoff hat in dem halben Jahr, das sie in Schweden verbrachte, oft darüber nachgedacht, warum Charlotte seit Jahren ihre Geschichten erzählen konnte, ohne daß irgend jemand sie hinterfragt. Sie hat versucht herauszufinden, woher die grenzenlose Begeisterung kam, die Charlotte bei ihren Fuhrungen im Gründerzeitmuseum entgegenschlug. Wo Menschen es als Offenbarung empfanden, Charlottes Rockzipfel zu berühren, wie sie sagt. »Vielleicht ist es so eine Sehnsucht nach einem heilen Menschen«, sagt sie. »Der gleiche Grund, aus dem man Ärzte-Romane liest.«

Frau Marx aus der Gauck-Behörde lächelt, als sie die Kopie der Stasi-Akte von Lothar Berfelde herausgibt. Er ist von 1971 bis 1976 als IM »Park« geführt worden. Aber Frau Marx hatte schon am Telefon gesagt, daß sie die Akte harmlos findet. Jetzt sagt sie noch: »Es ist eine nette Akte. Es ist die Akte eines Menschen, der nicht nein sagen konnte. Aber nett. Also im Prinzip so, wie man Charlotte von Mahlsdorf kennt. Und er hat die hübscheste Verpflichtungserklärung geschrieben, die ich je gelesen habe. Richtig rührend.«

Die Verpflichtungserklärung ist in schnörkeliger Schrift abgefaßt. Und in den meisten Treffberichten steht, daß sie »keinerlei verwertbare Informationen erbrachten«. 1976 schloß man die Akte wegen unbefriedigender Ergebnisse. In seinem Abschlußbericht trifft Oberleutnant Kattner eine interessante Feststellung: »Durch seine überbetonten musealen Interessen hat der IM nur für diese ihn betreffenden Fragen Interesse, er unterschätzt bzw. negiert dabei völlig die in diesen Kreisen tätigen feindlichen Handlungen von Personen und verliert auch den Überblick.«

Warum hat sie denn nicht über ihre Stasikontakte berichtet?

Charlotte von Mahlsdorf schweigt einen Augenblick. Die ordentliche Welt in ihrer Glaskugel gerät in Bewegung. Dann sagt sie: »Das wollte ich alles in meinem nächsten Buch schreiben. Mein Verleger hat mir beim letzten Buch geraten, es nicht so auszuwalzen. Die Zöpfe abzuschneiden. Damit das Buch nicht so dick wird, daß man es nicht mehr für 28 Mark verkaufen kann.« So. Es herrscht wieder Ruhe in Charlottes Welt.

Sie sitzt auf einem ihrer Samtsofas. Im Polyphon läuft »Das Gebet einer Jungfrau«. Ein beliebtes Salonstück. Charlotte von Mahlsdorf schaut in sich hinein.

Wodkatrinker unter Wodkatrinkern

Die Volksbühne gastierte mit »Ernst Jünger« und
»Pension Schöller: die Schlacht« in Belgrad.

»Dieser Krieg des 19. Jahrhunderts, der heute in Rußland, in
den Sowjetgebieten und am Balkan tobt, ist mit dem Demokra-
tiebewußtsein des 20. Jahrhunderts und der technologischen
Konsumwut des 21. Jahrhunderts eine hysterische Allianz ein-
gegangen. Das kommt auf uns zu und bleibt außerhalb der Bere-
chenbarkeit. Die Wodkatrinker kommen in das Reich der Wein-
trinker.«
Frank Castorf, Intendant
»Man muß immer unendlich viel Schnaps saufen auf diesen Ost-
Reisen.«
Johann Kresnik, Regisseur

Sie haben einen serbischen Raubvogel bestellt, weil der deutsche Habicht nicht einreisen durfte. Der Vogel ist jetzt da. Es ist
ein Falke.
   Der Falke sieht nichts, weil er eine Lederkappe auf dem Kopf
trägt. Sein Falkner, ein bärtiger junger Mann aus den Bergen,
kann sehen. Er schaut irritiert auf die mit Stahlblech ausge-
schlagene Bühne, an deren Wänden große Käfer hängen. An den
Stahlplatten klebt altes Blut, drei Requisiteure werfen Hunderte Kochgeschirre aus dem Graben auf die Bühne. Das Blech
scheppert durch den riesigen Saal, der Parteitage erlebt haben
könnte, aber auch die große Samstagabendshow. Gestern lief
hier noch »Striptiz«. Mit Demie Moore. Die Akustik ist gut, die
Kochgeschirre schreien erbärmlich. Können Falken hören?
   Ein Tänzer fragt eine Dolmetscherin: »Was heißt eigentlich
›Soldaten sind Mörder‹ auf serbokroatisch?«
   Der bärtige junge Mann aus den Bergen heißt Sascha Pavlovic und kennt keinen Ernst Jünger. Er hat noch nie von der
Volksbühne am Rosa-Luxemburg-Platz gehört, und daß der
kleine, untersetzte Mann in dem violetten Campinghemd, der
gerade auf ihn zukommt, ein bekannter Tanztheaterregisseur

aus Deutschland ist, weiß Sascha Pavlovic auch nicht. Er soll nur den Falken bringen.

»Ah, der Geier!« ruft Johann Kresnik fröhlich, denn für ihn sind alle Raubvögel Geier. »Geht der auf rohes Fleisch?« fragt Kresnik. »Warum?« fragt Pavlovic zurück. »Weil wir doch die Szene haben, in der sich die Amy den Bauch aufschlitzt. Also sie ist schwanger, reißt sich den Fötus aus dem Leib und wirft ihn weg. Und der Fleischklumpen bleibt dann auf der Bühne liegen«, erklärt Kresnik. Die Dolmetscherin übersetzt, der junge Mann schaut ungläubig. Abwesend starrt er über die glänzende Stahlbühne in den großen Saal, wo sich Tausende, blaue Klappsessel im Dunkel auflösen. Dann sieht er wieder zu dem kleinen Mann im violetten Hemd. Was geht hier vor?

»Können wir dem Geier die Lederkappe während der Vorstellung abnehmen?« fragt Kresnik.

»Besser nicht«, sagt Pavlovic.

Der Krieg war vorbei. Die Volksbühne kam nach Belgrad.

Sie vertrat die Bundesrepublik Deutschland auf dem 30. Internationalen Belgrader Theaterfestival, dem BITEF. In den Kriegsjahren war das einstmals bedeutende Theatertreffen kaum von ausländischen Ensembles besucht worden. Auch die Volksbühne hatte noch im vorigen Jahr eine Anfrage abgelehnt. Diesmal kam sie gleich mit zwei Stücken. »Ernst Jünger« von Johann Kresnik eröffnete das Festival im großen Saal des Sava-Centar. Zwei Tage später lief im Belgrader Nationaltheater »Pension Schöller: die Schlacht« von Frank Castorf. Zwei Stücke zum Krieg. Beide Vorstellungen waren ausverkauft.

»Ich bin sehr froh, daß Castorf und Kresnik hier waren«, sagt Jovan Cirilov, der das BITEF gründete und heute leitet. »Sie haben gezeigt, daß Theater auch hier noch schockieren kann.«

Es hat eine Durchlaufprobe gedauert, eine Generalprobe, eine Vorstellung und eine durchgemachte Nacht, aber jetzt ist Johann Kresnik fast da. Fast angekommen. Im Reich der Wodkatrinker.

»Sozialistisch schwerer Schädel«, ruft er am Morgen nach der Vorstellung durch die Lobby des Hotel Intercontinental. Sein Gesicht leuchtet in frischem Rot. »Aber wenn man beim Wein bleibt, ist es nicht so schlimm. Man darf nur keinen Schnaps trinken.«

Er hat also keinen Schnaps getrunken?

»Doch«, sagt Kresnik.

Sie haben die Festivalpremiere in einem italienischen Restaurant gefeiert, das sich ganz überraschend in einem Neubaugebiet versteckt hielt. Zum Schluß hatte der Wirt noch ein paar Schnapsrunden spendiert, und plötzlich war es früh um sechs. Jetzt ist es kurz vor elf. »Wichtig ist nur, daß man überhaupt ins Bett kommt«, beschließt Kresnik und zwängt sich in den Zastava, der ihn zu einer Gesprächsrunde ins Stadtzentrum bringen soll.

Kresnik ist bereits zum viertenmal bei dem Belgrader Festival. Das letzte Mal war er 1990 hier. Hat es der Krieg verändert? »Früher haben die Leute nach den Vorstellungen immer so rhythmisch geklatscht. Das war diesmal nicht so. Und es gab auch keine Nationalhymne vorher. Wahrscheinlich haben sie noch keine neue«, sagt Kresnik. Er schwärmt von den Menschen hier, die noch richtige Gesichter hätten und richtige Probleme, er schwärmt von den vielen Lichtenberger Whiskeys mit Heiner Müller, er schimpft auf Pavarotti, Hochhuth und das Auswärtige Amt. Der Restalkohol tropft von den Scheiben des jugoslawischen Kleinwagens, Johann Kresnik kommt immer näher, er ist jetzt wirklich fast da.

Aber wir kommen zu spät. »Macht nichts«, erklärt Kresnik. »Im Sozialismus ist nur wichtig, daß du überhaupt kommst.«

Das Theatergespräch findet in einer kleinen fensterlosen Kneipe statt. Sie hat eine Galerie und eine schmale Bühne, auf der ein Tisch, drei Stühle und ein weißes Schild mit der Aufschrift IMEX stehen. Vielleicht ein Sponsor. Zwei Kamerateams sind anwesend und etwa 70 Gäste, 60 davon starke Raucher. Johann Kresnik bestellt ein Bier. Ein älterer Herr fragt ihn, wie man Kriege verhindern kann.

»Die Volksbühne am Rosa-Luxemburg-Platz ist ein rotes Auge für Deutschland«, beginnt Kresnik. »Ein rotes Auge?« fragt die Dolmetscherin überrascht. »Ja«, ruft Kresnik, »man will uns am liebsten weghaben. Aber wir haben einen Vertrag bis zum Jahre 2002, und bis dahin werden wir Kohl und Konsorten immer wieder Riesenhaufen auf den Rosa-Luxemburg-Platz scheißen.« Die Dolmetscherin zögert ein bißchen bei der Übersetzung. »Im Westen gibt es keine Großfamilie mehr«, fährt Kresnik fort. »Die alten Leute werden ins Altersheim abgeschoben, und die Kinder rennen mit dem Schlüssel um den Hals durch die Gegend. Deswegen haben wir eine orientierungslose Jugend in

Deutschland.« Er macht eine Pause, sammelt sich, scheint zu überlegen, was eigentlich gefragt war, und faßt zusammen: »Was passiert nach Tito? Wie kann man Kriege verhindern? Ich weiß es nicht.«

Der ältere Herr bedankt sich freundlich. Eine alte Frau mit hellblondgefärbten Haaren und einem Damenbart erklärt, warum sie alle Inszenierungen von Kresnik mag und »Ernst Jünger« ganz besonders. Am Ende ihres Vortrages steht sie auf, tanzt ein bißchen auf der Stelle, summt leise und schwingt dazu elegant ihre rechte Hand, in der eine Lord Extra brennt.

Kresniks Rede erreicht Brasilien. »Die reichen Länder dieser Welt sind doch verantwortlich dafür, daß dort der Regenwald abgeholzt wird. Und dann jammern sie, daß wir keinen Sauerstoff mehr haben.« – »Wer hat keinen Sauerstoff mehr?« fragt die Dolmetscherin besorgt.

Die alte Dame schlägt vor, in der »Jünger«-Inszenierung ein großes Hakenkreuz im umgekehrten Uhrzeigersinn laufen zu lassen. Als optimistisches Signal an die Welt.

»Oh«, sagt Kresnik und bestellt ein Bier.

Eine Stunde später sitzt Johann Kresnik bei einem Empfang des Belgrader Bürgermeisters in einer großen Runde mit Männern, die Anzüge tragen, denen man ansieht, daß es die besten sind, die sie haben. Es ist Mittag, und es gibt Slibowitz. Es finden nur noch wenige Politikerempfänge auf dieser Welt statt, bei denen um diese Zeit Schnaps gereicht wird. Johann Kresnik hockt vergnügt in dieser Runde Belgrader Honoratioren. Das rote Leninabzeichen am Kragen seiner alten Lederjacke glänzt im matten Herbstlicht, das durch hohe Fenster in den Festsaal des Rathauses fällt.

Kresnik ist angekommen. Gerade noch. In anderthalb Stunden startet sein Flugzeug nach Berlin.

Am Abend übernimmt Castorf.

Sie fliehen vor der bunten Streichergruppe und einem Kellner, dem man ansieht, daß ein großer Teil seines Trinkgeldes bereits in der Rechnung versteckt war, aus dem Hinterzimmer des Restaurants, treten auf eine Terrasse, unter deren Baldachin rotglühende Heizsonden hängen, die ihnen einreden wollen, man könne auch in dieser kühlen Herbstnacht draußen speisen. Sie gehen die dampfende, dunkle Skadarska entlang, an Restaurants vorbei, vor denen weitere rote Heizsonden hängen, die die

*Der Morgen danach. Frank Castorf (links) und die Schauspieler
der Volksbühne kurz vor der Abreise.*

Fußgängerzone der Stadt wie eine alte, schlechtbesuchte Bor-
dellgasse aussehen lassen. Sie wetten, welchen Preis der Taxifahrer diesmal für die immer gleiche Strecke macht, und ziehen
sich schließlich ins Intercontinental zurück. In die glänzende
Fluchtburg der zivilisierten Welt.

»Das ist hier nicht mehr Belgrad«, sagt Herbert Fritsch in der
Pianobar des Hotels. »Das ist irgendwo auf der Welt. Das ist das
Netz.« Fritsch ist Schaupieler, im Augenblick aber auch sehr
mit dem Internet beschäftigt. »I'm Herbert, the Fridge«, erklärt
Fritsch und kichert verrückt. Er erzählt, wie er kürzlich den
Woyzeck vernachlässigt habe, weil er gerade irgendeinen Code
knacken mußte. The Fridge will noch einen Gin Tonic trinken,
eine Viertelstunde nur noch und dann ins Bett.

Der Pianist spielt »Strangers In The Night«. An den Neben-

tischen sitzen Neukapitalisten mit bunten Krawatten und vier-
schrötigen Gesichtern. Aus dem Fax-Gerät an der Rezeption
quellen die Maße für Transportkisten von zwei Berliner Pythons,
die bei »Pension Schöller« mitspielen.

Um halb eins kehrt Castorf aus der Stadt zurück. In die Pianobar.

Am nächsten Morgen sitzt Fritsch vor der Pförtnerloge des Nationaltheaters und hat einen Film im Kopf.

Er beobachtet die rauchende Frau hinter der Glasscheibe, die
gammelnden Sicherheitsbeamten und die müden Arbeitskräfte,
die nichts zu tun haben. Eine Frau geht ein paar Schritte,
kratzt sich am Kopf und geht wieder zurück. Zwei Männer in zu
großen, dunkelblauen Anzügen sitzen regunglos auf einer Kunst-
ledercouch. »Man müßte nur die Kamera draufhalten«, sagt
Herbert Fritsch. »Den Stillstand filmen.« Er kichert.

Es sind doch mehr Viertelstunden geworden, als er gedacht
hatte. Und mehr Gin Tonics. Und dann hat er mit jemandem
um 50 Mark gewettet, daß die beiden Pythons nicht rechtzeitig
ankommen werden. Er weiß aber nicht mehr, mit wem.

Die Probe läuft stockend. Castorf ist in der Kantine verschwunden, die Schauspieler rattern ihren Text durch, die Schlangen
werden vermißt, die Sicherheitskräfte des Theaters wollen die
pyromanischen Effekte des Stückes nicht genehmigen. Irgendwann erscheint die Frau, die dem Belgrader Publikum heute
abend simultan übersetzen soll, und sagt: »Tut mir leid. Ich höre
nichts.«

Henry Hübchen war schon mal vor fast 20 Jahren mit der
Volksbühne in Belgrad. »Dit war ja praktisch Westen damals.
Oder Halbwesten. Dit war bunter als bei uns. Ick hab' mir ›Satur-
day Night Fever‹ im Kino angekiekt und das Weiße Album von
den Beatles gekauft. Als indische Raubpressung oder so was.«

Und heute?

»Ick weiß nicht. Diese ganze jugoslawische Frage ist mir irgendwie zu verworren. Wir haben auch vorher nicht diskutiert,
ob es nun gut ist hierherzufahren. Ich denke, es ist wichtig, daß
hier wieder Normalität einkehrt. Es ist wichtig, daß Gespräch
stattfindet. Und Theater ist ja so was wie Gespräch.« Er schaut
auf die Bühnen, wo ein deutscher Bühnenarbeiter auf vier jugoslawische Bühnenarbeiter einredet.

Es tut sich gar nichts.

»Außerdem ist es ja auch so was wie 'ne Reise in unsere Vergangenheit.«

Herbert Fritsch verliert seine 50 Mark. An wen auch immer. Die Riesenschlangen kommen, wenn auch völlig verkühlt. Kurz vor der Vorstellung wärmt sie die Schlangenfrau mit Heizlüftern auf.

Es ist eine schöne Vorstellung, von der die Schauspielerin Sophie Rois später sagen wird, sie sei irgendwie heller gewesen als die bisherigen. »Der fremde Blick eines fremden Publikums klärt. Es hebt die Intelligenz der Schauspieler. Zu Hause spielen wir doch meistens vor coolen Leuten mit einer festen Erwartungshaltung. Die sagen sich, na mal sehen, womit patschen sie denn diesmal so rum. Das war hier ganz anders. Ich habe das Stück noch nie so begriffen wie an diesem Abend.«

Schade, daß Frank Castorf das nicht erlebt hat. Er sieht sich seine Inszenierungen nach der Generalprobe nie mehr an. »Ich habe meine Arbeit doch getan. Ich gebe die Verantwortung aus der Hand. Regisseur ist ja eigentlich ein feiger Beruf. Man richtet etwas an und verschwindet.« So sitzt Frank Castorf während der Vorstellung in der Kantine des Belgrader Nationaltheaters und trinkt Rakijas.

Es müssen einige gewesen sein, denn als er anschließend zum Empfang erscheint, den die deutsche Botschaft im Theater gibt, hat er so ein permanentes Grinsen im Gesicht. Es verläßt ihn nicht mehr.

Volksbühnen-Chefdisponent Klaus Michael Aust schiebt seinen Intendanten vorsichtig von einer wichtigen Persönlichkeit zur nächsten. Der künstlerische Leiter des Festivals, ein Botschaftsrat, der Leiter des hiesigen Goethe-Instituts. Castorf murmelt Sachen wie »ach«, »sehr schön« und immer wieder »merkwürdig« und erreicht schließlich den deutschen Botschafter in Belgrad. Wilfried Gruber ist ein kleiner, drahtiger Mann, der sich viel vorgenommen hat. Er ist erst seit drei Wochen Botschafter.

»Herr Castorf, ich gratuliere Ihnen zu dieser Vorstellung«, erklärt er.

»Ick hab' sie ja nich gesehen«, sagt Castorf.

»Ach«, sagt der Botschafter.

»Nö«, sagt Castorf, »ick hasse das.«

»Aha«, sagt der deutsche Botschafter. »Aber es war schon sehr, wie soll ich sagen, sehr beeindruckend.«

»Ham Se mal wieder was über Deutschland gelernt, was?«
fragt Castorf.

»Ich kenne Deutschland«, sagt der Botschafter energisch, »aber
Sie kannte ich bisher noch nicht.«

»Nun kennen Se mich ja«, sagt Castorf und geht weiter.

Er redet dann noch mit einer großen blonden Frau und einem
alten Tschechen, der eine dicke schwarze Brille trägt. An Namen kann er sich später nicht mehr erinnern. »Ich war mal zwei
Monate mit dem Residenztheater in Südamerika. Jeden Tag in
einer anderen Stadt. Und überall gab es jemanden vom Goethe-
Institut. Nee. Da trinke ich lieber in Ruhe weiter. Außerdem
mag ich den Rakija. Der Geschmack hat mich an einen Bulga-
rienurlaub erinnert«, wird Castorf morgen erklären.

Heute abend aber steht der deutsche Botschafter Wilfried
Gruber plötzlich ganz allein da, inmitten der Theaterleute. Mit
einem gefrorenen Diplomatenlächeln. Schade. Eigentlich hatte
er noch sagen wollen, »daß die Absicht des Stückes eine Reduk-
tion ins Absurde darstelle«. Das muß er nun jemand anderem
mitteilen. Vielleicht dem älteren weißhaarigen Mann, der neben ihm steht.

»Gehören Sie auch zu der Truppe?« fragt der Botschafter vorsichtig.

»Ja«, sagt der Mann.

»Und welche Funktion haben Sie?«

»Na, ich habe in dem Stück eben den Schöller gespielt.«

»Ach ja, richtig«, sagt der deutsche Botschafter in Belgrad.
Und lächelt freundlich. Mist.

Die Pianobar des Intercontinental hat an diesem letzten
Abend bereits geschlossen. Volksbühnendisponent Klaus Michael Aust, der in den letzten Tagen eher ein Reiseleiter war,
möchte sofort den Geschäftsführer des Hotels sprechen. Aber
der ist nicht da. Und der Mann an der Rezeption lächelt nur.
Aust erklärt feierlich: »Dann werden wir bei unserem nächsten
Belgrad-Besuch im Hyatt absteigen.« Es hilft nichts. Sie plün-
dern ihre Minibars. Jeder bringt irgendwas runter ins Foyer. Es
ist ja erst halb zwei. Was soll man denn machen?

Eine komische Truppe. Rauh und versoffen wie eine Rockband.
Warm und treu wie, man traut es sich kaum zu sagen, ein Kollektiv. Eine übriggeblicbene, eine wahre Brigade. Ein altmodi-
scher Haufen in einer altmodischen Stadt. Wodkatrinker unter
Wodkatrinkern.

»Naja, so ein Gastspiel ist schon irgendwie wie Ferienlager. Wenn man das mit Leuten erlebt, die man sowieso mag, ist doch schon«, sagt Castorf.

»Das, was wir im Theater machen, hat ja viel mit Rockmusik zu tun. Vielleicht sind wir ja so was wie Rock 'n' Roller. In die Jahre gekommene Rock 'n' Roller«, sagt Henry Hübchen.

»Es ist schon so, daß wir ein wenig anders miteinander umgehen. Das hat natürlich mit Castorf zu tun. Letztlich ist so ein Haus wie sein Chef. Und so ist die Atmosphäre an der Volksbühne ziemlich entspannt«, sagt Sophie Rois.

Jedem, der in dieser letzten Nacht aus dem Foyer verschwindet, schärft Klaus Michael Aust ein: »Abfahrt, morgen früh 9.45 Uhr!«

Am nächsten Morgen erscheint Sophie Rois um zehn vor zehn im Foyer und sagt: »Ich gehe jetzt erstmal frühstücken.« Um zehn ruft der Schauspieler Hendrik Arnst an der Rezeption an und verlangt den Reiseleiter. Er sei hier irgendwo im Hotel, erzählt ihm Arnst. Er wisse nur nicht genau, in welchem Zimmer.

Wie groß ist Europa?

Ein Pfarrer, die rotarische Idee und
globale Gedanken in Havelberg

Ist es wahr, bin ich aufrichtig?
Ist es fair für alle Beteiligten?
Wird es Freundschaft und guten Willen fördern?
Wird es dem Wohl aller Beteiligten dienen?
Die »Vier-Fragen-Probe« des Rotary-Clubs

Über der Havel treiben ruhig weiße Wolken, die keine Sommerwolken mehr sind und noch keine Herbstwolken. Sie sind wunderschön, auch wenn man sie nicht sehen kann, weil der Frühstücksraum des Hotels am Schmokenberg keine Fenster hat. Er ist groß, sehr neu und hat viele Tische, denn er hält sich für eine Zeit bereit, in der Havelberg einmal viele Touristen anlocken wird. Im Augenblick sitzen nur vier Menschen im großen Frühstücksraum. Ein älteres Paar aus Hamburg und zwei Roadies des Opernhausorchesters Halle.

»Mit den Brötchen tun sie sich noch ein bißchen schwer hier«, sagt der ältere Herr zu seiner Frau. Und weil sie es nicht gleich versteht, muß er es noch mal und nun ein wenig lauter sagen. So laut, daß sich einer der beiden Roadies, die am anderen Ende des Saals sitzen, langsam zu ihm umdreht. Er trägt ein schwarzes T-Shirt der letzten Prinzen-Tournee, eine Trainingshose und versteht bei Brötchen offensichtlich keinen Spaß. Einen Augenblick sehen sie sich quer durch den Raum an. Dann sagt der ältere Herr zu seiner Frau: »Aber die Wurst ist schon sehr gut.«

Die deutsche Einheit ist gerettet, aber die Kellnerin weiß das noch nicht. Weil sie gerade einen der anderen sehr neuen Räume des Hotels auf den Abend vorbereitet. Mitten auf den Tisch legt sie ein kleines Plastekästchen, in das vier englische Fragen graviert sind. Daneben stellt sie einen Wimpel, der ein Zahnrad zeigt. Heute abend kommen die Rotarier.

Die Havelberger Rotarier, um genau zu sein.

Havelberg hat 7 000 Einwohner. Viele von ihnen behaupten, daß sie »ein bißchen anders« seien.

Ja, aber anders als wer? Anders als das Land Sachsen-Anhalt, dem das Städtchen vor ein paar Jahren zugeschlagen wurde? Auf jeden Fall! Anders als die nahen Länder Mecklenburg und Brandenburg? Ein bißchen. So wie der Osten? Nicht ganz. So wie der Westen? Niemals! Anders als der Rest der Menschheit? Vielleicht.

Auf jeden Fall ist Havelberg ziemlich schwer zu erreichen. Elbe und Havel trennen die Stadt vom Umland, die nächste Autobahn ist weit, und Züge fahren hier auch nicht her. Havelberg liegt verlassen und vergessen irgendwo zwischen Brandenburg, Sachsen-Anhalt und Mecklenburg-Vorpommern. Die Bundeswehr gab ihrer Dependance das Prädikat »Einöd-Standort«. Das ist ungerecht, weil es häßlich und staubig klingt, Havelberg aber ist schön.

Nur daß gerade hier einer der ersten Rotary-Clubs im Osten Deutschlands gegründet wurde, ist schon erstaunlich.

Die edle Idee eines Vereins wichtiger Persönlichkeiten, der sich einmal in der Woche zum Essen trifft, um Gedanken auszutauschen und Gutes zu tun, fiel mitten in die verschlafene Westprignitz. Sie wurde dort auf die regionalen Besonderheiten abgestimmt.

Vielleicht ist Havelberg »anders«, sein Rotary-Club ist es bestimmt.

Ist es wahr? Bin ich aufrichtig?

Pfarrer Ulrich Wolff ist der Gründungspräsident des Rotary-Clubs Havelberg. Aber er hat noch einige andere Sachen gegründet. In den Wendetagen.

Weil es im Herbst 1989 in Havelberg kein Neues Forum gab, gründete Wolff die Initiativgruppe Havelberg. Wenig später berief er den Runden Tisch ein, begründete die Partnerschaft mit der niedersächsischen Stadt Verden, schuf eine Wochenschrift mit dem Titel *Der Havelberger* und gründete, »weil ich den Ebeling irgendwie vom Studium kannte«, den Orts- sowie den Kreisvorstand der DSU.

»Wenn der Kaiserstuhl vakant ist, ist der Papst der rechte Nachfolger«, sagt Pfarrer Wolff, der im Ort bekannt fürs kühne Bild und seine schwungvolle Unterschrift ist, mit der er ganze Seiten bedecken kann.

Doch nicht der Papst wurde Kaiser in Havelberg, sondern das ehemalige SED-Mitglied Bernd Poloski. Der war schon vor der

Wende Bürgermeister. »Ich hatte einfach keine Erfahrungen mit der Macht«, sagt Pfarrer Wolff, »sonst wäre ich in Brandenburg bestimmt so was geworden wie der Eggert in Sachsen.« Es ist nicht ganz klar, ob Wolff über das jüngere Schicksal des ehemaligen Innenministers informiert ist, es ist ja nicht mal klar, ob Wolff überhaupt schon aus jenen wilden Wendezeiten aufgetaucht ist.

Vor den Fenstern des Pfarrhauses verdunkelt sich der Himmel, die Standuhr schlägt, und Pfarrer Wolff erzählt die Geschichte von einem langen, schweren Lastwagen, der ihn im Sommer 1990 überrollen wollte. Wahrscheinlich habe die Stasi dahintergesteckt, vermutet Wolff. Er habe sich nicht weiter darum gekümmert.

In jenen Tagen ist Pfarrer Wolff mit dem grünen Mercedes, den er aus Verden bekommen hatte, einfach nach Dresden gefahren, weil er gehört hatte, daß sich dort der Herr Stoiber aufhalte, den er mal fragen wollte, ob die DSU denn eine gute Partei wäre. Er hat auch bei Minister Eppelmann angerufen, um ihm eine Verteidigungskonzeption anzubieten, von der er heute vergessen hat, wie sie aussah. Damals, 1990, hat er auf der Synode den sofortigen Beitritt der DDR zur Nato gefordert. Damals hatte Pfarrer Wolff noch das Gefühl, national, wenn nicht gar international, etwas anschieben zu können.

Der Runde Tisch und die Initiativgruppe Havelberg lösten sich auf, Wolff trat aus der DSU aus, *Der Havelberger* wurde eingestellt, eine dicke Stasi-Akte tauchte auf, in der Pfarrer Wolff der IMS »Lauterbach« war. Die Wende war tot, Ulrich Wolff wieder Pfarrer.

Er gründete den Rotary-Club.

Das war 1991. Wolff begeisterte die Persönlichkeiten der Stadt für den Club. Den Goldschmied, den Augenoptiker, den Chefarzt, den Bürgermeister.

»Ich war der Gründungspräsident, aber es gelang mir, diese Präsidentschaft sehr schnell weiterzuleiten«, sagt Wolff. Der junge Club sollte nicht mit den Stasivorwürfen belastet werden, die immer heftiger wurden. Aber Wolff hatte ein Gremium gefunden, vor dem er globale Gedanken ausbreiten konnte. Kürzlich hat er im Club den Vortrag »Wie groß ist Europa?« gehalten.

Pfarrer Ulrich Wolff in seiner Kirche

»Ich meine, Europa wird doch ein immer unklareres Gebilde. Die ganzen jugoslawischen Staaten, die GUS-Republiken, Bulgarien. Der europäische Gedanke wird doch immer mehr verwässert. Nehmen wir den Kaukasus auch noch mit rein? Man wird doch wohl mal fragen dürfen.« Fragt Wolff. In seinem Rükken hängt der Rotary-Wimpel zwischen Ikonen und Kruzifixen.

Ulrich Wolff sieht nicht aus wie ein Kirchenmann. Er trägt gern zweireihige Anzüge und ähnelt, wenn er spricht, ein wenig Rudolf Scharping. Einem schnell sprechenden Rudolf Scharping, wenn sich das jemand vorstellen kann. Auch sein Aktenkoffer ist irgendwie zu wuchtig für einen Pfarrer. Domkantor Förster sagt, Wolff betrachte sich nicht als Hirte, sondern als Pfarrherr.

Vor ein paar Wochen hat der Havelberger Pfarrer wieder mal was gegründet. Die Laurentius-Tage. Eine Art einwöchige Waffenschau des Bundesgrenzschutzes mit Gespächsrunden zum Thema »Dienen in unserer Zeit«.

Ein Rotary-Club hat gewöhnlich ein Einzugsgebiet, in dem etwa 100 000 Menschen leben. Eigentlich. In Havelberg stehen nur etwa 7 000 zur Verfügung. Dennoch wuchs der Club schnell auf 25 Mitglieder. Der Bürgermeister, der Schuldirektor, der Apotheker, der Uhrmacher, der Baumarktbetreiber, der Elektrohändler, der Ordnungsamtsleiter, der Fuhrunternehmer.

Das machte die restlichen Bürger mißtrauisch. Manche bezeichneten die Rotarierrunde als Saufabend, andere als Eliteversammlung. Gerüchte um einen Geheimbund entstanden, weil sich die Havelberger Rotarier wie ein Geheimbund aufführten. Sie zogen vom offenen Tisch der Güldenen Pfanne ins Hotel am Schmokenberg, wo sie sich hinter einer gepolsterten Tür zurückzogen. Und während sich die Rotarier im Lande um mehr Transparenz bemühen und inzwischen auch Frauen zu ihren Treffen zulassen, betrachten die Havelberger Clubmitglieder Rotary immer noch als Männerclub.

Als Gründungspräsident Wolff erfährt, daß man im Hotel am Schmokenberg den Rotary-Wimpel schon Stunden vor dem Treffen aufstellte, wird er grundsätzlich: »Der Wimpel darf nur während des Treffens auf dem Tisch stehen!«

Vom Computer, den der Club einem Behindertenheim stiftete, weiß in Havelberg kaum jemand was. Und daß Rotary-Mitglieder zu Weihnachten Glühwein verkaufen und die Senioren der

Stadt zu einer Busfahrt einladen, erklärt den meisten Bürgern nicht, was der Fernsehfritze jede Woche mit dem Autofritzen zu besprechen hat.

»Vielleicht haben wir uns in der Öffentlichkeitsarbeit ein bißchen dumm angestellt«, vermutet Rotarier und Augenoptiker Holger Rebien.

Wird es Freundschaft und guten Willen fördern?

Dieter Bäker, der das Opelhaus am Stadtrand betreibt, war einer der ersten im Club. In diesem rotarischen Jahr ist er der Sekretär der Männergruppe. Seine Bürowände sind von Plakaten und Wimpeln des FC Bayern München bedeckt, der schon Bäkers Lieblingsverein war, als in Havelberg an Opel noch nicht zu denken war. Einen Rotary-Wimpel dagegen gibt es nicht. Warum nicht?

»Weil ich mich nicht politisch arrangiere.«

Warum ist er damals in den Club eingetreten?

»Na erst mal die Idee. Das ist ja nischt Negatives. Das ist ja wat Positives.«

Welche Idee?

»Wat machen, wat tun.«

An die Thesen des Europavortrages von Pfarrer Wolff erinnert sich Bäker nicht mehr so genau. »Es wird ja jede Woche ein Vortrag gehalten. Und der Pfarrer redet ja immer sehr viel, also sehr in die Länge hin. Aber es ist eigentlich immer sehr interessant. Er kann ja reden, der Pfarrer Wolff.«

Dieter Bäker hat schon zwei Vorträge gehalten. »Das erste Mal ging es ganz einfach um den Kunden. Der Kunde is König. War sehr interessant gewesen. Und beim zweiten Mal hab' ich den Club in den Betrieb eingeladen. Da war gerade der neue Omega rausgekommen. Da hab' ich praktisch den Omega neu vorgestellt. War sehr interessant gewesen.«

Ein Viertel der Clubmitglieder fährt inzwischen Opel.

Heute abend ist Bäker wieder mit Vortrag dran. Er wird über Kfz-Versicherungen referieren. Könnte interessant werden.

Ist es fair für alle Beteiligten?

Irgendwie schien die Lokalpresse von Anfang an was gegen den Club zu haben. Schon im Text über die Gründung der Havelberger Rotarier schwang ein leicht belustigter Unterton mit.

Später wurde die *Havelberger Volksstimme* deutlicher.

Sie kritisierte, daß sich Bürgermeister Poloski auf Gemeinde-kosten von seinem Rotarierfreund Lars Kripke eine 10 000 Mark teure Amtskette schmieden ließ. »Die Stimmung war so gereizt, daß ich die Kette, an der ich 175 Stunden gearbeitet hatte, nicht richtig offiziell im Rathaus übergeben konnte, sondern nur hier im Laden«, erinnert sich Kripke und sucht nach dem Foto, das den Bürgermeister im kurzärmeligen Hemd, aber mit Amts-kette, vor den Schmuckvitrinen zeigt.

Im vorigen Sommer berichtete die *Volksstimme* mehrfach über Ungereimtheiten in einer Havelberger Krankentransport-firma. Gegen den Betreiber der Firma, Kurt Harbart, wurde ein Ermittlungsverfahren eingeleitet. Harbart ist Mitglied des Ro-tary-Clubs.

Bürgermeister Poloski erinnerte den Chef der Lokalausgabe: »Es muß doch unsere Aufgabe sein, bestimmte Dinge positiv zu sehen.« Pfarrer Wolff mahnte ihn, »nicht den großen Kapita-listenjäger zu spielen«. »Die journalistische Freiheit sollte man nicht bis zum Ende ausreizen«, ergänzt Goldschmied Kripke. Und Chefarzt Dr. Hoffmann lud den Lokalchef zu Kaffee und Kuchen ein, um ihm zu erklären, »daß wir hier keine Mafia auf-bauen, sondern bestimmte Dinge vorantreiben wollen«. Aber der Journalist stand mitten im Gespräch vom Kaffeetisch auf.

Das hatte Folgen. Zuerst lud ihn Bürgermeister Poloski nicht mehr zu den wöchentlichen Pressegesprächen ein, dann wei-gerte sich der Polizeichef, mit ihm zu reden, schließlich drohten mehrere Unternehmer im Ort der Zeitung mit Anzeigenboykott.

Jetzt gibt es einen neuen Lokalchef in Havelberg.

»Der Mann war ja nicht untalentiert«, sagt Pfarrer Wolff und schwingt leicht in seinem Drehstuhl. »Aber man muß auch mal Lehren annehmen können.«

Es ist zehn nach neun. Im kleinen Saal des Hotels am Schmo-kenberg beginnt der gemütliche Teil. Dieter Bäker hat seinen Freunden alles erzählt, was sie über Kfz-Versicherungen wis-sen müssen, der Kellner bestückt das Tablett mit hochfüßigen Malteser-Kreuz-Gläsern.

»Den trinken se gern«, sagt der Kellner. »Also der Abend läuft eigentlich immer gleich ab. Erst kommt der ernsthafte Teil, dann kommt das Essen, dann kommt noch ein kleiner ernsthaf-ter Teil und dann das gemütliche Beisammensein. Das geht manchmal bis elf, manchmal auch bis zwei. Heute tippe ich eher auf elf.« Er balanciert das Tablett vorsichtig auf die Tür zu, hinter der sich die wichtigste gemütliche Runde der Stadt zurückgezogen hat.

Draußen an der Bar sitzt Jörg Rudorf in einem OWI-Hähnchen-Grill-Anzug. Rudorf ist 33, geborener Havelberger und zur Zeit mit einem mobilen Broilerstand unterwegs. »Die ham schon Einfluß, die Brüder«, sagt Rudorf. Ein Rotarier öffnet die Tür und geht zur Toilette. »Das is der Geldadel von Havelberg. Er hier eben war übrigens Ruß, der hat 'ne Baustoffversorgung. Wie och immer. Einmal im Jahr kutschen se zu Weihnachten 'n paar alte Leutchen durch die Gegend, aber ansonsten schustern se sich gegenseitig die Verträge zu. So seh' ich das.«

Havelberg hat 20 Prozent Arbeitslose, Rudorf, der früher im inzwischen leerstehenden Hotel Stadt Havelberg kellnerte, muß jeden Tag 50 Kilometer fahren, um arbeiten zu können. »Ich weiß ja auch nich, warum ich immer noch hier bin. Ich häng' einfach an der Gegend. Dabei ham wir nicht mal mehr 'n Kino. Total ausjehungert ham se uns.« Er bestellt noch ein Bier. »Und die da drinne«, sagt er mit einem weiteren Nicken zur Tür, »schwimmen immer oben. Die waren doch schon zu Ostzeiten wat. Jetzt ham se jut die Kurve gekriegt. So isset. Der jetzt gerade uff Klo geht, ist übrigens Rebien, der Brillenfritze.«

Rudorf scheint richtig verbittert zu sein. Doch als später Fernsehgeschäftsbesitzer Grunwald den Raum verläßt, fragt ihn Rudorf nach der günstigsten Satellitenanlage.

Der Kellner hat sich geirrt. Um eins sitzen Baustoffhändler Ruß und Goldschmied Kripke immer noch an der Bar.

Wird es dem Wohl aller Beteiligten dienen?

Bürgermeister Bernd Poloski ist ein untersetzter Mann mit blonder Stoppelfrisur. Er duftet nach Rasierwasser und Tabak und gibt ungefragt zu, daß er in der DDR »ein Mitläufer« war. »Ich bin nicht so ein exotischer Typ«, erklärt Poloski, und man begreift schnell, warum die Leute ihn hier so mögen. Er ist wie sie. Sieben Sitze im Stadtparlament hätte er alleine besetzen können, soviel Stimmen gab es für den gerade parteilos gewordenen Kandidaten bei der ersten freien Wahl. »Die Leute merken eben, wenn man Spaß an der Arbeit hat«, sagt der Bürgermeister.

Poloski, der in zehn Minuten den Havelberger Pferdemarkt eröffnen wird, konnte gestern abend nicht zum Rotariertreffen erscheinen. Er hat überhaupt Schwierigkeiten, die 60prozentige »Präsenzpflicht« nachzuweisen, hält den Club aber »an sich für 'ne gute Sache«.

Kennt er die »Vier-Fragen-Probe«?

»Das ist das kleine Kästchen, was da immer auf'm Tisch steht, was? Ja, der Grundsatz ist wohl Dienen. Helfen. So was.«

Im großen Festzelt treffen wir die Rotarierfreunde Dr. Hoffmann vom Havelberger Krankenhaus und Gerd Imig, der früher mal der Chef des örtlichen Arbeitsamtes war. Morgen abend, sagt Imig, kommen die Verdener Rotarier zu Besuch. »Wir zeigen einen Dia-Vortrag über das Liebesleben der Prignitzer Biber. Der ist sehr schön«, sagt Imig. Auf der Bühne ruft Bernd Poloski gerade: »Ich eröffne damit das schönste Fest Deutschlands. Den Havelberger Pferdemarkt!« Dann schlägt er das Bierfaß an.

»Natürlich wird uns oft Elitedenken vorgeworfen«, sagt Dr. Hoffmann leise. »Aber wir wollen schon Leute im Club haben, die Entscheidungen treffen können. Ein einfacher Arbeiter und Angestellter kann ja viel denken und meinen, aber der kann nichts bewegen.« Vorn führt sein Rotarierfreund und Bürgermeister Poloski gerade eine Art elektrisches Rodeo durch.

Er sitzt auf einer ruckelnden Plastekuh und versucht, nicht runterzufallen.

Filzhüte in der Wüste

Es stinkt. Es ist teuer. Und trotzdem ist es voll.
Was suchen die Menschen auf der Grünen Woche?

Herr Seppacher lebt seit einer guten Woche in einem Gewächshaus. Es ist ein sogenanntes Anlehngewächshaus und kostet
fast 9 000 Mark. Weil es ziemlich ungemütlich ist – es sind ja
noch keine Pflanzen drin –, hat Herr Seppacher drei Korbstühle
in sein Anlehngewächshaus gestellt und einen kleinen Heizlüfter gegen die morgendliche Kühle.

Herr Seppacher wohnt normalerweise in einem richtigen Haus
in Niederolm bei Mainz. Er ist nach Berlin gekommen, um sein
Gewächshaus zu verkaufen. Er ist schon zum 15. Mal auf der
Grünen Woche, aber diesmal interessieren die Leute sich kaum
für ihn. So sitzt Georg Seppacher den größten Teil des Tages auf
seinem Korbstuhl, raucht von Zeit zu Zeit eine HB, guckt durch
die Glasfenster raus zu den Leuten und macht sich Gedanken.
Zwei Sachen hat er festgestellt: Es sind mehr Menschen hier als
früher. Und die Menschen, die hier sind, haben weniger Geld als
früher.

Was aber wollen sie hier?

Gucken, vermutet der Mann im Glashaus. Aber sicher ist er
sich nicht.

Die klare, beißende Morgenkälte schiebt die Menge in die Hallen.
Eingehüllt in eine große weiße Atemwolke. Noch erkennt man
keine Einzelheiten. Die Menge knöpft sich die Mäntel auf, lockert
die Schals und begibt sich nach Australien. Sie riecht nach Rasierwasser, ist relativ alt und hat am Hinterkopf plattgedrückte
Haare. Von den Hüten.

Hinter Australien, kurz vor Rußland, kristallisieren sich die
ersten Schicksale aus der Masse. Zwei Ehepaare aus Hoyerswerda.

Peter und Helga Häplich sowie Petra und Steffen Kleemann
sind heute morgen mit einem Reisebus hergekommen und fahren am Nachmittag wieder zurück. Sie sind lange nicht in Ber-

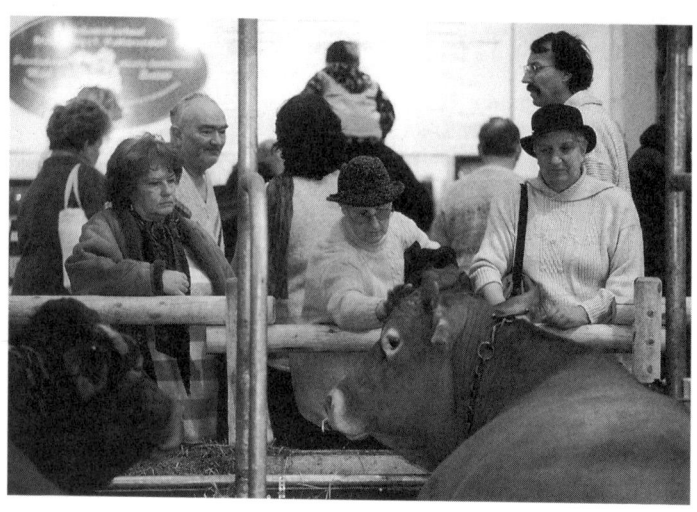

Apfelkuchen im Kuhstall

lin gewesen. Das letzte Mal waren sie zu einer Delphin-Show hier. Da war noch DDR. Weshalb besuchen sie nach all den Veränderungen in der Stadt ausgerechnet die Grüne Woche? »Wir sind ja alle arbeitslos. Wir wollten mal was erleben«, sagt Petra Kleemann. Peter Häplich erklärt: »Wann kann man sonst schon mal harte Wurst vom Känguruh probieren.«

Am Israel-Stand wird Schultheissbier ausgeschenkt, der Tee-Experte aus Hongkong berlinert, und in Halle neun lebt die Wüste. Menschen in Filzmänteln traben durch Kakteenlandschaften. Hunderte Hüte fallen in die Tropen ein. Schirmmützen, Helmut-Schmidt-Kappen, vereinzelte Schapkas, wenig Basecaps, viel Baskenmützen und Kunstfellschiffchen, deren Seitenteile man als Ohrenklappen verwenden kann, vor allem aber diese grauen Filzhüte mit kurzer, abfallender Krempe, die immer ein bißchen zu klein aussehen, wandeln unter hohen Palmen. Dazu dudeln Superoldies und das Beste von heute durchs Paradies. Das Motto der Internationalen Blumenhalle heißt »Pflanzen und Musik«.

Unter einer Palme sitzt Kurt Breitlauch aus Prenzlauer Berg und verschnauft. Schließlich ist er schon 84. Außerdem hatte er vor fünfunddreißig Jahren bei Rostock mal eine schwere »Karambolage« mit seinem EMW und seitdem immer Kopfschmerzen. »Sie werden staunen«, sagt Kurt Breitlauch, »ich bin politisch linken eingestellt.«

Während sich gegenüber am r. s.2-Stand das Glücksrad für einen Karlheinz aus Friedrichshain dreht, lobt Kurt Breitlauch die weitsichtige Nationalitätenpolitik von Tito und die DDR-Wirtschaft. »Musikinstrumente aus Klingenthal, die haben doch gute Töne gemacht.« Karlheinz aus Friedrichshain hat im September Geburtstag. Leider, muß man sagen. Wäre er im Juli geboren worden, hätte er eine CD gewonnen. »Der Bierschinken sieht ja heute besser aus als früher«, erklärt Kurt Breitlauch. »Aber er schmeckt nach nischt. Kann ick nur mit Mostrich essen.«

Warum kommt er hierher?

»Wegen Peterle. Ick hab' einen Kater, der heißt Peterle. Wir sind eine richtige Familie. Meine Liesbett, ick und Peterle.«

Vor einem großen blubbernden Whirlpool steht ein staunendes altes Ehepaar. Ein dünner Mann, der krank aussieht, und eine dicke Frau. »Wat is denn dit?« fragt die Frau. »Springbrunnen«, sagt der dünne Mann. »Springbrunnen für Kinder.« Dann gehen die beiden weiter, und Karl Kotz aus Werneuchen kommt. »Schöne Sache«, sagt Karl Kotz, »aber leider 40 Jahre zu spät.«

Karl Kotz ist 70 und mit seinem Sohn hier, der in Werneuchen eine kleine Baumschule betreibt. Früher war Karl Kotz der Chef, die Baumschule war eine LPG und hatte 50 Mitarbeiter. Die Zeiten sind nicht gut, findet Kotz, aber es gab schlimmere. »'45 um die Zeit«, sagt er, »hab ick in der dicksten Scheiße gesteckt. Wir waren in Ostpreußen an der Front. Allenstein. Nur Schießen, keine Zelte und 20 Grad Miese. Na, am 20. Februar hab' ick meinen Heimatschuß gekriegt. Gut, dit alles vorbei ist.«

Weswegen kommt er aus Werneuchen hierher, bezahlt 17 Mark Eintritt, um sich Whirlpools anzugucken, die er sich sowieso nicht leisten kann?

Karl Kotz guckt ins bewegte Wasser und trifft eine Entscheidung. »Stimmt nicht, wat ick vorhin gesagt hab'. Die Sprudel-Badewanne kommt nicht zu spät für mich. Ick brauch' nämlich keene.«

Wilfried Kämper aus Bielefeld ist auf der Grünen Woche, weil er Gartenstühle verkaufen will. Wer denkt bei der Kälte an Gartenstühle? »In drei Wochen ist Frühling«, sagt Kämper. Klaus

Karisch verkauft hier Abonnements der Fachzeitschrift *Kraut und Rüben*, weil er früher Offizier der Nationalen Volksarmee war. Lothar und Helga Machowiak aus Neukölln sind unter anderem hier, weil die Frau von Walter Brütz gestorben ist.

Machowiaks stehen mit Walter Brütz auf einem irischen Marktplatz aus Pappe, trinken Irish Mist und denken dabei an ihren Urlaub im Altmühltal. »Da haben wir bei Uschi gesessen, Im Faßl hieß die Kneipe, und ooch Irish Mist getrunken. Und Bier zu. Mein lieber Scholli, waren wir voll gewesen. Damals hat Waltern seine Frau noch gelebt.« Walter Brütz stürzt seinen Whisky hinunter. Früher haben sie immer zusammen Urlaub gemacht, aber jetzt wäre er ja nur drittes Rad am Wagen. Aber weil sie ja seit über 40 Jahren Freunde sind, alle drei Rentner und Neuköllner, unternehmen sie gelegentlich was zusammen. »Womit ham wir heute morgen anjefangen?« fragt Helga Machowiak, wohl um Walter Brütz ein bißchen aufzuheitern. »Küstennebel«, sagt ihr Mann, und sein rotes Gesicht leuchtet. Dann Budweiser, spanischen Rotwein und Paulaner. »Vorher ham wir aber 'ne Bockwurst gegessen«, sagt Brütz. Helga Machowiak lächelt erleichtert. Es wird schon wieder.

Es ist Mittag. Die drei Neuköllner Rentner verlassen Irland und gehen nach Korea.

Die Menge schiebt sich von Halle zu Halle rund um die Welt und durch Brandenburg. Sie verliert ihren Rasierwasserduft und zerfällt in einzelne Menschen. Immer mehr Fragen, immer weniger Antworten.

Vor den Goldfischaquarien erzählt Bernd Koltzenburg aus Treuenbrietzen, daß er im vorigen Jahr am offenen Herzen operiert wurde, weswegen er jetzt nicht mehr als Kunstschmied arbeiten könne. Dann wählt er seinen Favoriten im Goldfisch-Wettbewerb. Die 80. Der Fisch sieht aus, als habe schon mal jemand versucht, ihn zu essen. In einer vier Quadratmeter großen vergitterten Box hocken drei erwachsene Menschen und zwei kuhgroße Doggen. Eine heißt Cindy und eine Hork. Einer der Menschen, sein Name ist Georg Reinicke, erzählt, daß sie den ganzen Tag in dieser Kiste sitzen, um für den Deutschen Doggen Club 1888 e. V. Werbung zu machen. Er schiebt vorsichtig einen Prospekt durchs Gitter.

Der Spielplatzwächter studiert Jura und fragt, wie Boris Becker gespielt hat.

Der Stand des Deutschen Doggen Clubs

Dieter Reich war der erste Mann für Ingeborg Reich. Es sollte ihr einziger bleiben. Sie haben sich beim Bäcker kennengelernt. Das ist jetzt 44 Jahre her. Sie stehen neben einem großen Gatter, durch das dicke, aufgeplusterte Rassehühner hüpfen. Frau Reich hat eine kleine 100,6-Papierfahne in der Hand. »Fünf Kinder, alle verheiratet, acht Enkel«, sagt sie.

»Unsere erste Waschmaschine war ein Kopflader von Siemens«, erzählt ihr Mann. Er war lange Busfahrer bei der BVG, bis er diese Durchblutungsstörungen im Nacken bekam. Jetzt sind beide Rentner. Drei Zimmer in Lankwitz. Zur Miete natürlich. Zwei der Jungs sind Polizisten und leben in Westdeutschland. Ein Huhn kratzt ein paar Strohhalme durchs Gitter. Drei landen auf den Schuhen von Ingeborg Reich.

»Zu unserer Zeit gab's ja noch keine Pille«, gesteht Dieter Reich, »da hat mir mal ein Kollege so ein Buch mitgegeben, Sie wissen schon, mit diesen Ratschlägen. Aber Pustekuchen!«

Weswegen sind sie hier? Ingeborg und Dieter Reich sehen sich ratlos an.

Es muß doch einen Sinn geben, irgendeinen Sinn. Etwas, das Menschen dazu bringt, eine Woche in einem Hundezwinger zu sitzen oder fünf Mark für ein Stück Kuchen zu bezahlen, das sie dann praktisch im Kuhstall essen müssen. Mirko Schreiber hatte einen. Er wollte 20 Kühe kaufen. »Aber die wollen 5 000 Mark haben. Und die Kühe sind nicht tragend. Ich hätte höchstens dreieinhalb gezahlt. Ich bin ganz schön sauer.« Daher erklärt er auch seine gewaltige Fahne. Er sei mit seinem Audi quattro, 200 PS, heute morgen, nachdem er das Vieh gefüttert habe, den ganzen langen Weg aus Varlosen bei Göttingen hierher nach Berlin gefahren, und nun sei alles umsonst gewesen. Mirko Schreiber ist erst 18 Jahre alt und schon ein reicher Mann. »Ich hab' die Landwirtschaft von meinem Opa geerbt. Mein Vater ist Ingenieur in Göttingen, der wollte nicht. Jetzt hab' ich die 7 800 Hektar Ackerland, 760 Morgen Wiese. Ich hab 992 Rinder und 592 Schweine. Ich hab' einen 400-PS-Trecker, der fast 'ne Million gekostet hat, und der Mähdrescher ist bestimmt anderthalb wert.« Plötzlich hat er eine Idee, die seine Reise doch noch sinnvoll machen könnte. »Komm, wir gehen einen Trecker kaufen.« Doch auf dem Weg zur Landmaschinen-Halle fällt ihm ein, daß wir auch noch seinen Freund mitnehmen sollten, der hier irgendwo ein Pferd für seine Verlobte kaufen wolle. Als wir ihn finden, verschwindet Mirko, um ein Dutzend Schweine zu kaufen.

»Ein Pferd für meine Freundin?« fragt Gerd Bührmann aus Varlosen erstaunt.

Sie sind heute morgen mit einem Reisebus nach Berlin gefahren, um ein bißchen zu gucken. Mirko hat gerade eine Lehre als Fleischer abgebrochen. Er hat keinen Audi, er hat nicht mal einen Führerschein. Er wohnt bei seinen Eltern, die beide arbeitslos sind und trinken. »Mirko ist kein schlechter Kerl. Er träumt ein bißchen viel. Er würde so gern was darstellen«, sagt Gerd Bührmann. 50 Meter von uns entfernt redet Mirko Schreiber leicht schwankend auf eine Kuh ein.

Es wird Abend. Ein dicker Brei aus Gerüchen, Geräuschen und Bildern legt sich auf die Sinne. Waldpilze aus Schweden vermischen sich mit indischem Lamm-Curry, amerikanischen Donuts, syrischem Honig, Bio-Kats-Katzenspreu, Känguruh-Gulasch, Kuhscheiße, Schweizer Käsetoasts und Fischfutter. Am Stand der Dominikanischen Republik spielen fünf Lateinamerikaner »Guantanamera«, in Papp-Irland eine Folkband, Sven Burski vom Unternehmen »Tanzmusik und Stimmung« singt mit viel Echo die Mandolinen der Schwälmer Trachtengruppe zu. Auf der Bühne des Bundeslandwirtschaftsministeriums verlost ein Rudi-Carell-Typ Feuerzeuge und Kugelschreiber. Im gespenstisch leeren Pressezentrum gibt es Informationsblätter zum »Treffpunkt Kartoffel«, zum »rotbedornten Tonnen-Kaktus«, es gibt den »5. Milch-Infodienst« und zwei ältere Herrschaften, die sich über ein großes Stullenpaket beugen. Die österreichischen Weinvertreter stehen in langer Reihe vor ihren Schenken und versuchen, die Leute zu einem Glas zu überreden. Wie auf der Reeperbahn.

Tja. Es gibt keine Antworten. Es gibt keinen erkennbaren Sinn. Aber es gibt ein Ende.

Der Abend treibt die Menge wieder auf die Straße. Sie knöpft sich die Mäntel zu und rückt die Hüte zurecht. Sie trägt den Tag in dicken Plastiktüten nach Hause. Die Menge schwankt und schwitzt und ist erst mal zufrieden.

Eine alte Dame wartet in der Schleuse vor dem Ausgang. Auf wen?

»Ach, uff gar keinen. Ick will mich nur ein bißchen abkühlen. Drinne war so warm, draußen ist so kalt. Heute morgen bei mir in Wilmersdorf auf'n Balkon, ick wohn' Parterre, 13 Grad Minus. Und ick muß ein bißchen vorsichtig sein. Ick bin ja schon 83 und hab' in letzter Zeit Herzrhythmusprobleme. Deswegen habe ick mir auch zwei Tüten Paranüsse gekauft. Paranüsse sind gut fürs Herz. Aber nur eine täglich. Warten Se mal, ick zeig' se Ihnen.«

Sankes erobern die Welt

Ein Ehepaar aus Prenzlauer Berg flog zu seinem
40. Hochzeitstag für drei Tage nach New York.

Plötzlich, kurz vor dem Times Square, hält Manfred Sanke inne. Mäntel fliegen eilig an ihm vorbei, sperrige Macy's-Einkaufstüten knuffen ihn, der Geräuschbrei aus jaulenden Sirenen und nervösem Hupen dröhnt in seinen Ohren, und überall um ihn explodieren die Lichter der Musicalbühnen, Sexshops und Schmuddelkinos. Ein breites Nachrichtenband hetzt unheilverkündend um das *New-York-Times*-Gebäude, und auf dem gewaltigen Sony-Bildschirm tanzen wohlgeformte Mädchen in Lee-Jeans. Mitten in diesem wunderbaren Chaos, mitten im Herzen der Welt steht Manfred Sanke aus Prenzlauer Berg.

Fassungslos scheinbar, überwältigt, um Ruhe ringend. Dann geht ein Ruck durch Manfred Sanke. Er stampft seinen rechten dunkelbraunen Halbschuh auf den Bürgersteig, als wolle er dessen Echtheit überprüfen. Keine Pappe. Kein Traum. New York. »Dit is der Broadway, Ingrid!« ruft Manfred Sanke seiner Ehefrau zu und strahlt. »Ja. Männi. Is dit nich irre?« ruft Ingrid Sanke zurück.

Nach diesem kurzen Zwischenstopp lassen sich Sankes endgültig in die Stadt fallen, lassen sich willig von ihr durchprügeln und aussaugen. Ausruhen, das haben sie nun entschieden, können sie sich zu Hause, in der Grellstraße in Prenzlauer Berg. Manfred Sanke pflanzt sich die Videokamera aufs Auge. Ingrid Sankes Hände umklammern einen kleinen automatischen Fotoapparat. Sie sind einsatzbereit.

Denn eines ist ebenfalls klar, dies hier ist eine Mission.

Vor 40 Jahren haben sie geheiratet. Es war die große Liebe, aber Ingrid Sanke war erst 16, und alle rieten ab. Frau Sanke preßte ihrer Mutter die Sondergenehmigung zur vorzeitigen Hochzeit mit den Worten ab:»Wenn ick den Manfred nich krieje, geh' ick ins Wasser.« Sie kriegte ihn, und alles war gut. Es blieb gut. Obwohl sie lange Jahre im gleichen Betrieb, im Backwarenkombinat an der Prenzlauer Allee, arbeiteten. Immer zusammen.

Herr Sanke ist eher ruhig, Frau Sanke eher laut. Vielleicht liegt es daran. Sie bekamen drei Kinder. Gute Kinder wohl, denn sie schenkten ihren Eltern zum 40. Hochzeitstag eine Drei-Tage-Reise nach New York.

New York! Manfred Sankes Kameraauge fährt immer und immer wieder die endlosen, in den Himmel wachsenden Häuserwände entlang. Hoch und runter. »Manni, kiek doch mal, der Truck!« schreit Frau Sanke aufgeregt. »Hab' ick druff«, sagt Sanke.

Die Videokamera saugt eine blinkende, heulende Feuerwehr auf, die Billiguhrenverkäufer, das gelbe Taximeer, das durch die Straßen schwappt, eine Pferdekutsche, gläserne Fahrstühle im A & S-Warenhaus. Ingrid Sanke ruft immer wieder »is dit hoch«, »is dit groß«, »is dit irre« und prüft hier und da Weihnachtsbäume und Blumen in Foyers und Auslagen auf ihre Echtheit, schließlich sitzen die beiden in einem Steakhouse am Broadway vor zwei großen, dampfenden Barbecue-Bergen, trinken Heineken vom Faß und reden von Bako und der Grellstraße, in der es jetzt vier Uhr nachts ist, um zu begreifen, wo sie sind.

Draußen vor dem Fenster tobt die Straße, Herr Sanke denkt einen Moment daran, jetzt sofort aufs Empire State Building zu klettern, was ihm seine Frau ausredet. Später, am Ende der ersten New Yorker Nacht seines Lebens, steht Manfred Sanke im Schlafanzug am offenen Hotelfenster, schaut auf einen kleinen Zipfel 32. Straße mit Drugstore, Wendy's und Sexshop und muß, komisch eigentlich, an Erich Honecker denken. »100 Jahre, hat er gesagt, soll die Mauer stehen«, murmelt Manfred Sanke.

In den letzten Monaten, als die ganzen Wendeserien im Fernsehen liefen, dachten sie oft daran, wie es bei ihnen war vor fünf Jahren. Am 24. Juli 1989 floh ihr Sohn Carsten über Ungarn in den Westen, im August folgte ihm sein jüngerer Bruder Bernd mit Frau und Kind. Sankes saßen erstarrt und traurig in Ostberlin.

Zwei Kinder, eine Schwiegertochter und ein Enkel weg, die zweite Schwiegertochter hatte für sich und zwei weitere Enkel gerade die Ausreise beantragt. Sankes waren sich sicher, daß sie sie jahrelang nicht wiedersehen würden, und bei Bako warf ihnen die Betriebsleitung vor: »Ihr habt eure Kinder falsch erzogen!« Eine Lösung, zumindest eine, die im Ermessen von Ingrid und Manfred Sanke lag, gab es nicht, weil sie nicht aus der

Grellstraße ausreisen wollten. Aber Frau Sanke, Ingrid Sanke, gibt nie auf.

Sie stellte einen Besuchsantrag zum Geburtstag von Onkel Willi aus dem Westerwald. Onkel Willi war zwar gar nicht ihr Onkel, aber der alte Mann spielte mit, lud Sankes ein, und die staatlichen Organe, weiß der Teufel warum, stempelten alles ab. Im Oktober 1989 sahen Sankes ihre beiden Söhne wieder. Doch der Abschied am 27. Oktober auf dem Bahnhof Zoo erschien Ingrid Sanke nun wirklich wie ein Abschied für immer. »Ick hab' nischt mehr gesehen, bis wir zu Hause in der Wohnstube saßen. Ich hab' nur jeheult.« Manfred Sanke dachte kurz an den Rat vom alten, kriegserfahrenen Onkel Willi: »Ihr müßt die Kommunisten stürzen. Ihr braucht Waffen!«, verwarf den Gedanken aber schnell.

Weil New York nie schläft, konnten auch Sankes nicht so richtig schlafen. »Vier Stunden höchstens«, erklärt Ingrid Sanke, aufgeschreckt durch ein 18-Dollar-Frühstück. »Aber an den Betten hat's nicht gelegen. Die sind ja traumhaft. Dit sind praktisch doppelte Matratzen mit einer Zwischendecke zwischen. Da könnten nochmals zwee Leute druff schlafen. Wenn wir dit jewußt hätten, hätten wir ja jemanden mitjenommen. Aber dit weeß ja keener.«

Sie verläßt ihren Mann kurz, um zu überprüfen, ob die Blumen in der Hotellobby »echte« sind, und dann kommt auch ihr Reiseleiter Franz, ein schwuler holländischer Schauspieler und Sänger, der seit 20 Jahren im Greenwich Village auf den Durchbruch wartet und von Ingrid Sanke konsequent Karl genannt wird. Frau Sanke ist als erste im Sightseeing-Bus.

Franz erzählt Anekdoten von Woody Allen, John Lennon, Ivana Trump, macht sich über Schwarzeneggers und Stallones Planet Hollywood lustig, lobt den Russian Tea Room und das Apollo Theater, Herr Sanke filmt durchs Busfenster geduldig die rußigen Fassaden Harlems und die glitzernden Geschäfte der Fifth Avenue, Elizabeth Arden, Tiffany's und Gucci. Für die Grellstraße.

Nach einem Helikopterflug über Manhatten telefoniert Manfred Sanke mit seiner alten Schwiegermutter in Berlin, die sich immer Sorgen macht. Er steht an dem Automaten eines leeren Chinarestaurant auf der Lower East Side, er hat die phantastischen Luftbilder von Manhattan in Kamera und Blut, er will irgendwie und so schnell es geht, zusammenfassen, was er emp-

Manfred und Irmgard Sanke auf dem Weg zur Freiheitsinsel

findet. »Ick bin's«, sagt er, »Manfred aus New York. Wir kommen gerade vom Hubschrauber. Wahnsinn. Wir sehen uns dann Freitag.« Frau Sanke entdeckt auf einem Tisch einen Salzstreuer, wie sie ihn »orjinal« in Berlin gesehen hat. »Dit jibt's doch jar nich.«

Für das Broadway-Musical »Miss Saigon« hat sich Ingrid Sanke noch schnell einen Ondulierstab bei Woolworth's in der 34. Straße gekauft, Manfred Sanke steckt in seinem besten Anzug, in dessen Jackettasche er zwei abgerissene Karten eines Ku'damm-Stücks mit Harald Juhnke findet, das sie vor anderthalb Jahren sahen. Er trägt den Anzug ja nicht oft. Der Mann, der sich neben ihn setzt, sagt freundlich »Good evening«, Manfred Sanke erwidert »Good evening«, später stellen sie fest, daß sie beide aus Berlin sind. »Miss Saigon« ist traurig und feierlich, ach, und da sind die roten Seidensitze, der glimmernde Vorhang, das Licht, die vielen gutgekleideten Leute, der Gin Tonic in der Pause, all das. Kurz bevor sich der Vorhang zum zweiten Akt öffnet, stöhnt Manfred Sanke: »Mensch, übermorgen sitzen wa wieder zu Hause. Und allet is wie immer.«

Am 30. Juni 1990 wurden Sankes bei Bako entlassen. Alle beide. Manfred Sanke hatte 35 Jahre lang für das Kombinat gearbeitet, die meiste Zeit fuhr er nachts Brot aus. 8 000 Mark Ab-

findung hat er dafür bekommen. Sie haben sich davon ihr Wohnzimmer neu eingerichtet und sind mit einem Holiday-Bus an die
Côte d'Azur gefahren. Sechs Tage für 299 Mark. Als sie wieder da
waren, hat Frau Sanke zu ihrem Mann gesagt: »Mach dir mal
keene Sorgen, Männi. Du bist 28 Jahre lang jede Nacht um eins
uffjestanden, jetzt ruhste dich erst mal 'n halbet Jahr aus. Dit
haste verdient.« Inzwischen sind es viereinhalb Jahre geworden. Und Manfred Sanke hat die »Befürchtung, dit die gar nicht
mehr runterkommen von den Arbeitslosenzahlen«. »Nee Männi«,
bestätigt seine Frau, »dit steckt so drin im Kapitalismus. Kiek
dich doch um.«

Ingrid und Manfred Sanke demonstrieren ihre Begeisterung
jetzt auch äußerlich. Als sie am dritten Tag das Hotel Pennsyl-
vania verlassen, stecken beide in frisch erworbenen New-York-
T-Shirts aus dem Hotelshop. Frau Sanke wählte die schrille
Goldschrift, Herr Sanke dezentes Blau.

Die Hetzjagd geht weiter. Mit dem Boot nach Ellis und Liberty
Island, zu Fuß durch die Wallstreet. Stock exchange, Port 17,
Chinatown und Greenwich Village. Fotos vor der Freiheitsstatue,
Fotos vor der Skyline, Fotos vor George Washington. Den riesigen Weihnachtsbaum auf dem Rockefeller Plaza filmt Manfred
Sanke quer, damit er ihn in ganzer Länge draufbekommt, die
Bitte des Guides im UN-Gebäude, nur ohne Ton zu filmen, boy-
kottiert Ingrid Sanke, indem sie ihrem Mann zuflüstert: »Dit
merkt doch sowieso keener, ob dit Mikro an ist, Männi.« Und in
der Börse surrt Manfred Sankes Videokamera dann sogar, obwohl dort Aufnahmen völlig verboten sind.

Ingrid und Manfred Sanke haben längst das Schrittmaß von
vielbeschäftigten Downtown-Yuppies angenommen. Nahrung
nehmen sie nur in Form flüchtig verschlungener Frankfurter
zu sich, die Ingrid Sanke »Wurscht mit Sauerkraut« nennt. Als
Schlaftrunk holen sie sich nach Mitternacht zwei Büchsen Bier
im Drugstore neben ihrem Hotel.

Sie schonen sich nicht. In der letzten Nacht steht Manfred
Sanke bei Eiseskälte auf dem Empire State Building und filmt
das Lichtermeer der Stadt. Völlig durchgefroren kommt er von
der Plattform in den Andenkenshop zurück, wo seine Frau gerade das Preis-Leistungs-Verhältnis einer 20 Zentimeter hohen
und 20 Dollar teuren Freiheitsstatue überschlägt. »Ick kann nich
anders«, bibbert Manfred Sanke. »Ick muß noch mal raus, Ingrid.«

Sankes erobern die Welt. Zaghaft zunächst wagten sie 1990

ihre erste Busreise, doch seitdem starten sie durch. Im Frühling waren sie mit dem Bus in Paris. Versaille, Notre-Dame, Lichterfahrt auf der Seine, Eiffelturm. »War ooch jut«, sagt Frau Sanke. »Bißchen stressig, weil wir ja nur einen Tag hatten. Aber jut.« – »Nur dit Centre Pompidou war irgendwie enttäuschend. Wie ein Kraftwerk«, sagt ihr Mann. Im Sommer fuhren sie mit dem Auto nach Ungarn und jetzt eben New York. Was für ein Leben.

Nur manchmal ertappt sich Manfred Sanke bei einem sehnsuchtsvollen Blick zurück in die DDR. Wie es war, als er noch Arbeit hatte und niemandem »uff der Tasche« lag wie heute. Aber dann fallen ihm auch gleich wieder die Parteifunktionäre bei Bako ein, seine Jungs, die nach Ungarn flüchteten, Onkel Willi aus dem Westerwald und die Feier zu ihrem 30. Hochzeitstag vor zehn Jahren.

Ein halbes Jahr im voraus hatten sie im Jade, dem asiatischen Restaurant im Palasthotel, einen Tisch bestellt. Und dann kam nach zwei Stunden, als sie gerade mit dem Essen fertig waren, der Kellner und bat sie, zum Ende zu kommen, weil draußen Gäste warten würden. »Den Kaffee könnten wir doch ooch woanders trinken, hat er gesagt«, erinnert sich Manfred Sanke. »Nee danke. Dit war dit allerletzte. Und jetzt zum 40. sind wir hier in New York. Wat soll ick mir denn da zurückwünschen?«

»Wir sind glücklich«, faßt Ingrid Sanke zusammen. »Und nächstet Mal machen wir London. Dit is ooch so'n Traum.«

Ingrid und Manfred Sanke donnern mit der Subway über die Williamsburg Bridge nach Brooklyn. Frau Sanke sitzt neben einem dicken Neger, in dessen Kopfhörern Bässe wummern. Manfred Sanke hockt auf der Bank gegenüber und filmt das Glitzern der Nachmittagssonne auf dem East River. Dann dreht er sich um, legt die Kamera in den Schoß und lehnt sich zurück.

»Wat machst'n du in New York, Männi?« ruft Frau Sanke quer durch die U-Bahn.

»Rumtreiben«, antwortet Herr Sanke.

Die Heimat hat sich schön gemacht

Ein kleiner, aber öffentlicher Streit darüber, wie wichtig die Fernsehzeitschrift F. F. dabei *für die ostdeutsche Seele war.*

Michael Maier: F. F. vorbei

Medienvielfalt ist ein trockener Begriff. Die Demokratie lebt allerdings davon, daß die gesellschaftlichen Farben auch in entsprechenden Zeitungen und Zeitschriften wiederzufinden sind. Mit der Fernsehzeitschrift *F. F. dabei* ist mehr als eine bloße Fernseh-Programmzeitschrift verschwunden. Das Blatt hatte ein Stück Identität für den Osten Deutschlands dargestellt und mit über 300 000 eine eigentlich beachtliche Auflage erreicht. Zum wirtschaftlichen Überleben war es offensichtlich zuwenig, zur Konkurrenzfähigkeit gegenüber anderen TV-Zeitschriften war es weit zuwenig. Der Markt unterscheidet nicht zwischen Ost und West, er unterscheidet zwischen Gewinn und Verlust. Das ist im Hinblick auf *F. F. dabei* schade. Denn es mag schon stimmen, daß es ohnehin zu viele Fernsehzeitungen gibt. Es stimmt auch ganz sicher, daß gerade der wuchernde Wald der bunten TV-Blätter gewiß nicht über das Schicksal der Nation entscheidet. Was jedoch auch stimmt: daß mit dem Ende der beliebten Zeitschrift aus dem Osten den Bürgern in den neuen Ländern ein weiteres Stück Heimat verlorengeht. Und Heimat gehört nun eben genauso zu einer vitalen Demokratie wie eine sinnvolle Vielfalt von Medien. Daß die Gesellschaft da völlig handlungsunfähig geworden ist, muß nachdenklich stimmen.

Alexander Osang: Heimatlos?

Heute vormittag um halb elf war es ziemlich frisch draußen. Das weiß ich, weil ich zu exakt dieser Zeit das Café Adler am Checkpoint Charlie betreten wollte, um noch ein bißchen Zeitung zu lesen, bevor in einer halben Stunde der Kollege eintreffen würde, mit dem ich mich hier verabredet hatte. Leider öffnet das Café Adler erst um elf. Ich stand also draußen auf der kühlen Friedrichstraße, dachte an den Frühling und daran, daß es vielleicht eines der vielen Hauptstadtphänomene ist, daß sich das Frühstück nach hinten verlagert, als die Tür aufging.

Eine Frau aus der Küche ließ einen Kellner rein und mich gleich mit. Vielleicht dachte sie, ich bin der Neue, vielleicht tat ich ihr leid, vielleicht ist es nicht gut fürs Geschäft, wenn unglücklich aussehende Menschen vor der Gaststätte rumlungern. Jedenfalls bot ich zum Dank an, ein paar Stühle runterzustellen. »Du machst gar nichts«, sagte der Kellner zu mir. »Du bist gar nicht da.«

Komische Situation, plötzlich nicht mehr dazusein. Ich sah auf die Uhr, es war fünf Minuten nach halb elf, ich würde also 25 Minuten verschwunden sein. Glücklicherweise hatte ich nicht aufgehört zu rauchen. Ich saß als qualmender Geist im Herzen der Stadt, sah von Westen auf den Checkpoint Charlie und fühlte mich ein bißchen verloren. Sollte ich heimatlos sagen? Erst vor ein paar Tagen hatte der Chefredakteur meiner Zeitung behauptet, mir als Mensch »in den neuen Ländern« wäre ein Stück Heimat verlorengegangen. »Ein weiteres Stück Heimat«, hatte er geschrieben.

Dieses weitere Stück Heimat wäre die *F. F. dabei*. Eine Fernsehzeitschrift, Sie erinnern sich vielleicht. Zu DDR-Zeiten hat man sie nur schwer bekommen, aber damals gab es auch kein Pflaumenmus. Dann kam die Wende, es gab Pflaumenmus, und die *F. F. dabei* versuchte, eine gesamtdeutsche Fernsehzeitschrift zu werden. Weil aber die Leser nicht so richtig zusammenwachsen wollten und es neben Pflaumenmus auch die *Hörzu* und jede Menge andere Fernsehzeitungen gab, beschloß die *F. F. dabei* vor etwa anderthalb Jahren, wieder eine ostdeutsche Programmzeitschrift zu werden. Mit Jens Weißflog, Dagmar Frederic und Gunther Emmerlich. Auf ihrem letzten Titelbild war dann aber Linda de Mol mit hochgerecktem Schumi-Daumen zu sehen. Außerdem gab es einen Bericht über Hans Meiser sowie die »Neue Serie: Millionen leiden unter Haarausfall. F. F. hilft«. Vielleicht gab es ganz zum Schluß noch mal eine kleine Kurskorrektur. Wir werden es nicht erfahren. Die *F. F. dabei* ist letzte Woche verschieden.

Ein Stück Heimat? Eine rückgratlose, bunte Zeitschrift, die wahlweise Achim Mentzel oder Ulla Kock am Brink aus dem Ärmel zieht? Also, ich weiß nicht. Das spräche nicht unbedingt für »die Menschen in den neuen Ländern«. Das spräche nicht mal für die neuen Länder an sich. Wenn man geradewegs vom Geburtsort auf Heimatgefühl schließt, wäre den Ostlern letztlich auch mit Günther Krause, Rainer Ortleb und der Nationalen Front ein Stück Heimat genommen worden. Wogegen ihnen mit Angela Merkel, Claudia Nolte und der *Super-Illu* drei Stücke Heimat zugewachsen wären. Und wer wollte das behaupten?

Ich war kurz davor herauszufinden, welche Heimat ich wirklich vermißte. Es ist ja wirklich schwer, weil alle nur auf den grünen Pfeil und die Geborgenheit lauern, aber diesmal hatte ich es fast, es lag mir auf der Zunge. Da war ich wieder da. Es schlug elf Uhr, ich durfte wieder sein, das Café Adler öffnete, mein Kollege kam, und ich verlor meinen Heimatgedanken.

Etwa eine Stunde später fragte mich draußen auf der Straße ein Bürger aus Singapur, wo die Mauer stehe. Ich konnte ihm nicht helfen. Die Mauer war weg.

Michael Maier: Eigentlich wird es immer mehr.

Was ist Heimat, Alexander? Sie stellen sich diese Frage, und wohl nicht nur Sie. Hier, in dieser Stadt zwischen Ost und West, muß man sie sich ja ganz besonders stellen. Vieles verschwindet, ganz anderes kommt. Ich habe manchmal das Gefühl, daß diese Stadt geradezu exemplarisch geeignet ist für Heimatsucher.

Nicht nur Sie sind einer. Sie sind neulich nahe Checkpoint Charlie einem Bürger aus Singapur begegnet. Ich war neulich mit einem Taxifahrer unterwegs, der ist auf dem Weg zum Flughafen Tegel plötzlich mitten im Tiergarten an den Rand gefahren. Wissen Sie, was ich gedacht habe? Peter Handke hat recht, habe ich gedacht, Berlin ist eine brutale Stadt.

Ich hätte dem Taxifahrer meine wenigen D-Mark-Noten und ein paar 100-Schilling-Scheine gegeben. Ich hätte Peter Handke recht gegeben, der seine Lesung in Berlin abgesagt hat, weil er sich vor der Stadt fürchtet. Ich hätte vielleicht sogar Helmut Kohl recht gegeben, der sich auch vor der Hauptstadt fürchtet und deshalb möglichst viele und tiefe Tunnel will, unter eben jenem Tiergarten. Und der auch viele Sicherheitskräfte will und Ausweise für die Bürger. Einmal hat ihm ein besonders Eifriger vorgeschlagen, um das neue Kanzleramt herum eine 22 Meter hohe Mauer zu bauen.

Die Mauer hätte die Stadt getrennt und wird nun wohl aus finanziellen Gründen nur 7,8 Meter hoch und mit Durchbrüchen versehen. Aber denken Sie sich: Der Taxifahrer sprang aus dem Mercedes und verschwund im Gebüsch. Als er zurückkam, sagte er, er werde mir zwei Mark weniger verrechnen, er entschuldige sich, aber er habe es tun müssen, weil es sonst zu einer Katastrophe gekommen wäre.

Ich mußte da an Sie denken, Alexander, und an Ihren Bürger aus Singapur, der gekommen war, um die Mauer zu suchen. Mein Bürger kam aus der DDR, aus dem äußersten Winkel des Brandenburgischen. Er fühle sich großartig im neuen Deutschland, seine Frau habe Arbeit, er auch. Er komme öfter mit Fahrgästen nach Berlin, weil immer wieder welche in die Charité zu bringen wären.

Der Mann aus Fürstenberg war ruhig, besonnen, entspannt. Für ihn war alles, was geschehen war, das Natürlichste auf der Welt. Die Mauer war für ihn kein Thema mehr, obwohl sie in seinem Leben eine Rolle gespielt hatte: Seine Frau konnte einen Posten nicht bekommen, weil sie nicht in der Partei gewesen war. Jetzt habe sie den Posten, weil sie in einer Ausschreibung die bestqualifizierte war. So einfach kann Heimat sein, dachte ich mir, so einfach unter so ganz anderen Umständen.

Wissen Sie, ich kann Sie gut verstehen: Sie fühlen sich gelegentlich verloren und wollen herausfinden, welche Heimat Sie vermissen. So geht es vielen hier, und viele fragen mich, wie ich mich denn hier fühle. Immerhin ist meine Heimat auch physisch ziemlich weit weg, und sie ist auch ganz anders. Da gibt es Berge und kaum Hochhäuser, keine S-Bahn, dafür Pferde – na ja, Sie wissen schon. Aber ich habe mich komischerweise noch nie gefragt, welche Heimat ich wirklich vermisse.

Vielleicht liegt das an meinem Arbeitsplatz. Ich blicke auf den Platz Ihres Namens, Alexander, und sehe die Hochhäuser des sozialistischen Realismus. Solche Hochhäuser sind in dem Dorf, aus dem ich komme, undenkbar. Dennoch habe ich das Gefühl von Vertrautheit. Ich muß, wenn ich aus dem Fenster sehe, an Ljubljana denken. Kennen Sie Ljubljana? In Österreich nennt man die slowenische Hauptstadt beharrlich Laibach, weil man sie für Heimat-Land hält.

In Ljubljana, wie es auch die in Österreich lebenden Slowenen nennen, weil es für sie ein Stück Heimat ist, gibt es einen großen Kulturpalast. Er heißt Cankerev-Dom und kann mit dem

Palast der Republik in keinem Fall mithalten. Doch die Architektur ist die gleiche, so, wie sich auch die umstehenden Hochhäuser gleichen. Es sind jene Häuser, die ich täglich entlang der Leipziger Straße abfahre. Ich muß oft an Laibach denken, wenn ich diese Häuser sehe, und an die Biographien, die diese Häuser verbergen. Wenn ich über die Leipziger Straße auf den Alexanderplatz komme, dann blicke ich nach Bukarest. Oder nach Prag, wo ich diese merkwürdige Bauweise zum ersten Mal gesehen habe.

Was ist Heimat? Mir sind die Hochhäuser nicht fremd, obwohl die Häuser in meinem Dorf ganz anders aussehen; dort wie da gibt es Balkone, aber die Ausrichtung ist eine andere. Dort blickt man auf den Südrand der Alpen, der, wenn der Föhnsturm die Wolken hochtreibt, den ganzen Tag glänzt im Licht der Sonne aus Italien. Hier blickt man auf das Springer-Haus in der Kochstraße. Es wurde, wie alle wissen, direkt an die Mauer gebaut und hat herübergeblickt.

Die Häuser in der Leipziger Straße sollen, wie manche erzählen, gebaut worden sein, damit man das Springer-Haus nicht mehr sieht. So haben die Wohnblöcke und das Verlagshaus jahrelang Aug' in Aug' gestanden, bis auf einmal die Mauer unter ihnen wegbrach. Der Einheitswert der Grundstücke ist danach kurzfristig gestiegen, das hat sich aber bald wieder gegeben.

Mein Arbeitsplatz erinnert mich auch noch an etwas anderes. Manchmal öffne ich das Fenster und lehne mich an den weißlackierten Pfosten, unter dem die Mauer wegbricht, so, daß man mit den Fingern immer größere Löcher herausbrechen kann. Ich schaue in die Sonne, und ich schaue auf das Forum-Hotel. Ich höre den Autolärm und blicke gedankenverloren nach unten. Dabei geschieht etwas Merkwürdiges. Ich suche die fahrenden Kolonnen nach Trabis ab.

Eigentlich haben Trabis in meinem Leben keine Rolle gespielt. Ich habe sie erst bei Freunden in der DDR kennengelernt und sie für keine besonders guten Autos gehalten. Dennoch suche ich heute die Autokolonnen nach Trabis ab, gelegentlich schaue ich sogar einem Wartburg nach. Das erste Auto, welches es in unserer Familie gegeben hat, war ein Fiat 1800. Ich habe lange noch als Kind jedem dieser Fiats nachgeschaut, bis sie eines Tages alle verschwunden waren. Abgelöst durch VW, Mercedes oder Opel. Einfach weg. Der Fiat 1800 war hellblau, das könnte auch eine Trabifarbe gewesen sein. Er hatte in unserer kindlichen Vorstellung ein Gesicht und lächelte.

Als ich zum ersten Mal nach Leipzig gefahren bin, sind mir die Trabis aufgefallen. Sie hatten, so fand ich, auch ein Gesicht, ein freundliches Gesicht. Das war mir damals aufgefallen, weil die S-Klasse längst kein Gesicht mehr hatte. Verstehen Sie mich nicht falsch, Alexander. Ich glaube nicht, daß der Trabi ein guter Mensch ist. Aber er erinnert mich an meine Heimat und an meine Geschichte, obwohl ich weiß, daß es damals schon bessere Autos gegeben hat.

Ist die S-Klasse die neue Heimat? War Honecker die alte Heimat? Ich weiß, Alexander: Sie finden, daß die *F. F. dabei* kein Stück Heimat für die DDR ist, weil sie für Sie nichts anderes war als eine manipulierte Kommerz-Postille im Kostüm der Verbindlichkeit, aus Ihrer Sicht verlogen und dank Ulla Kock am Brink und Linda de Mol gänzlich ungeeignet für eben diese Verbindlichkeit. Und Sie finden, daß man nicht vom Geburtsort auf das Heimatgefühl schließen kann, weil sonst den Ostlern letztlich auch mit Günther Krause, Rainer Ortleb und der Nationalen Front ein Stück Heimat genommen worden wäre.

Also, ich weiß nicht. Ich glaube, daß das schon alles zur Heimat dazugehört. Natürlich haben Sie recht: Ich hätte auch lieber so eine richtig ideale Heimat im Hinterkopf. Aber das habe ich leider nicht. Dort, wo ich herkomme, gab es immer auch viele Nazis und Leute, die die Slowenen und Juden hassen. Und es gab Opportunisten, Korrupte und Alkoholiker. Und Fabriken, die die Wälder zerstörten, ehe sie die Arbeitslosen ausspieen und in ihren Einfamilienhäusern zurückließen, ganz allein.

Die Wälder! Wissen Sie, das waren wunderbare, tiefgrüne Wälder mit Efeu und seltenen Blumen. Aber bald waren sie braun und verdorrt, im Namen der Arbeit und des Fortschritts. Die Kinder waren oft lungenkrank, und die Häuser lagen so eng ins Tal gedrückt, daß im Winter der Schatten alles mit Eis belegte und man die Sonne nicht sah, obwohl sie da war.

Ist das Heimat? Ich glaube schon. Wenn ich herauszufinden versuche, welche Heimat ich heute vermisse, fällt mir der Schatten ein, der diese Täler im Winter fast zur Verzweiflung trieb, und die Sonne, die vom Süden her aus Italien kam und sich auf die Hänge der Alpen legte wie eine müde, zufriedene Katze. Ich habe beides mitgenommen, und beides ist mein. Zu meiner Heimat gehört der Abgrund ebenso wie der goldene Herbst, den

Georg Trakl für jene Gegend hätte besingen können, aus der ich komme.

Wissen Sie, Alexander, ich will eigentlich niemandem einen Rat geben. Der Trabi, die S-Klasse, *F. F. dabei*, Sarah Wagenknecht, Bärbel Bohley, die Alpen, die Sonne, das Eis. Eigentlich wird es immer mehr Heimat. Ljubljana, Bukarest, Radenthein, Berlin, Prag, New York und sogar Wien. Daran muß ich denken, wenn ich von der anderen Seite zum Alex komme, nicht von der Leipziger Straße, sondern weiter nördlich. Dort ist eine S-Bahn-Brücke, an der immer gebaut wird. Der Lärm ist symphonisch, weil man nach dem Preßlufthammer zum Bagger und zum Schweißbrenner und danach zum laufenden Dieselmotor des Tiefladers kommt. Man absolviert dort mehrere Minuten des Weges, ohne ein Wort sprechen oder verstehen zu können, wo man einfach schweigen muß. Und genau da denke ich dann an all die Orte auf einmal. Und während ich mich die ersten Male geärgert habe über den Baulärm bei Tag und bei Nacht, bin ich heute ganz froh. Ich habe es gelernt, mich mit dieser Baustelle anzufreunden.

Ich bin übrigens überzeugt, daß sie eines Tages verschwunden sein wird. Ich bin sicher, daß an einem sonnigen Märztag die russischen Straßenmusiker aus der Unterführung unter der Karl-Liebknecht-Straße herauskommen werden und in der freien Luft ihre traurigen Lieder singen werden. Auch daran werde ich mich dann vielleicht erst gewöhnen müssen.

Alexander Osang: Eigentlich wird es immer weniger.

Irgendwie kam mir das alles bekannt vor.

Der große Saal mit den langen Tafeln, um die rote Stühle standen, auf denen Menschen mit breitem und zu lautem Lachen saßen. Sie trugen, je nachdem, Bundjacken, Zahnprothesen sowie Anzüge, denen man ansah, daß sie vor langer Zeit für »gute Anlässe« gekauft wurden. In letzter Zeit waren die guten Anlässe ausgegangen. Lediglich Egon Krenz' silbergrauer Anzug amortisierte sich bei DDR-Rückblicksendungen und Gerichtsterminen.

Die Tafeln bogen sich unter Bratwurst mit Sauerkraut und Bierhumpen. Herbert Mies sah zufrieden, aber ungesund aus und Hartmut König ziemlich wichtig. Aus den Boxen klang »Sag mir, wo du stehst« vom Oktoberklub. Aufgelegt von Steffens Diskothek aus Wittstock an der Dosse, die verloren auf einer zu großen Bühne stand. Steffen Schulz, der Betreiber von Steffens Diskothek, trug eine schwarze Lederweste, schwitzte und rief, als der Oktoberklub fertig war, den Gästen im Saal zu: »Schön, daß ihr alle da seid zu. Schön, daß wir unter uns sind. « Dann legte er »In der Mokka-Milch-Eis-Bar« auf.

In der Mokka-Milch-Eis-Bar, da ist es gescheh'n. In der Mokka-Milch-Eis-Bar hab' ich sie geseh'n. Der Saal schunkelte zufrieden.

Ich saß also in dieser Woche an einer der langen Tafeln im großen Saal der Berliner Kongreßhalle, wo die FDJ ihr »Fest der Junggebliebenen« feierte, und fragte mich wieder einmal, warum ich mich so verloren fühlte. Ich meine, es war alles da, die bekannten Gesichter von früher, der große Saal, das Lachen, der Alkohol und die Lieder. Gerade lief »Jugendliebe« an. Aber ich fühlte mich fremd, um nicht zu sagen, heimatlos.

Am fehlenden Bezug zur FDJ lag es wohl nicht. Schließlich war ich einst sogar der Jugendredakteur meiner Zeitung gewesen, hatte das letzte Pfingsttreffen propagandistisch begleitet und von den Weltfestspielen aus Korea berichtet. Vielleicht war ich kein »Junggebliebener«? Ich wußte es nicht. Deshalb kletterte ich hoch auf die Bühne, um den Diskjockey zu fragen, was mit mir los ist. »Das mit der Ostmusik ist irgendwo voll im Kult«, erklärte mir der Diskjockey, während er die Nadel des Plattenspielers in das Rennsteig-Lied von Herbert Roth setzte.

»Das ist ja alles irgendwo unsere Geschichte«, sagte Steffen Schulz, der 27 Jahre alt ist und so immerhin den Tod von Herbert Roth bewußt miterlebt haben könnte. Anschließend bereitete er einen G.-G.-Anderson-Titel zum Abspiel vor. »Sommernacht in Rom«.

G. G. Anderson? Rom?

Mißtrauisch begutachtete ich Steffen Schulz' Schallplattensammlung. Da lagen die AMIGA-Schlagererinnerungen 1953 bis 1968 mit Julia Axen und Fred Frohberg neben den Flippers, den DDR-Rockballaden und der Saragossa-Band. Mir fiel ein, daß Schulz vorhin Veronika Fischer und Ute Freudenberg verwechselt hatte. Wahrscheinlich würde er auch auf dem Landesparteitag der Brandenburger CDU Musik machen, dachte ich bei mir und wußte plötzlich, warum ich mich so verloren fühlte.

Der Diskjockey verkauft mir ein Gefühl. Nennen wir es Heimatgefühl. Er ist ein Heimatgefühleverkäufer.

Vergleichbar mit Karl Moik vom »Musikantenstadl«, der uns gute Laune verkauft, saubere Luft, die Berge, die lachenden Madeln und überhaupt ein positives Gefühl. Vergleichbar mit der Berliner-Pilsner-Werbung, die uns ein Bier als »Bier von hier« verkauft. Und um jegliche Zweifel zu zerstreuen, was mit »hier« gemeint ist, singen die Puhdys ihr Lied dazu. Vergleichbar mit Henry Maske, der sich wahlweise mit seiner Familie oder mit Helmut Kohl fotografieren läßt, um uns weiszumachen, daß es selbst dann gar nicht so schwer mit der deutschen Einheit ist, wenn man der alte geblieben ist. Vergleichbar mit der *Super-Illu*, deren Macher irgendwann feststellten, daß ihre Leser offenbar genug hatten von Busen und Stasi und sich fortan auf »unsere« alten Oststars und »unsere« schöne Heimat konzentrierten. Dagmar Frederic verkaufte sich einfach besser als Ingrid Köppe.

Das Geschäft mit dem Heimatgefühl läuft. Achim Mentzels »Volkstümliche Hitparade« hat die besten Einschaltquoten beim *Mitteldeutschen Rundfunk*, das Bier von hier verkauft sich so gut wie die *Super-Illu*, die »Schwarzwaldklinik«, Franziska van Almsick und der »Musikantenstadl«. Nur die *F. F. dabei*, die sich aus ähnlichen Motiven wie die *Super-Illu* irgendwann aufs Ostgefühl gesetzt hatte, ist tot. Vielleicht muß eine Fernsehzeitschrift überparteilich sein, vielleicht haben die Leser, wenn man denn in diesem Fall von Lesern sprechen kann, die jähen Profilwechsel nicht verkraftet, wer weiß. Sie ist weg, und sie fehlt mir nicht.

Was? Lakomy? Hatte Steffen Schulz da eben Reinhard Lakomy angekündigt? Reinhard Lakomy bei der FDJ? Konnte ich mir nicht vorstellen.

Ich dachte daran, wie Jan Hofer von der *MDR*-»Riverboat«-Talkshow den Sänger kürzlich als Reiner Lakorny ankündigte. Ich hatte vor dem Fernseher einen kleinen lokalpatriotischen Anfall bekommen. Da saß dieser Hofer von der »Tagesschau« mitten in »meinem« Sachsen und nannte Lakomy frech Lakorny. Inzwischen ging es wieder.

Der Diskjockey spielte »Marie, der letzte Tanz ist nur für dich« von Rex Gildo. Und dann kam Lakomy wirklich. Ein kleiner Mann mit weißer Mähne und weißem Schnauzbart. Er setzte sich hinter eine Orgel, sagte Hallo und sang »Heute bin ich allein«.

Die ehemaligen Funktionäre quatschten und lachten, Lakomy
sang: »Und ich geh' in den Tag« und dann sagte er: »Leute, so
macht dit keenen Spaß, wenn ihr so laut seid.« Es rauschte unbeeindruckt weiter im großen Saal der Kongreßhalle. Ich dachte
an die Szene in »Solo Sunny«, in der Sunny sich in einer Bar die
Seele aus dem Hals singt, während ein Fettsack in der ersten
Reihe uninteressiert frißt. Ich dachte an die fabelhaften Baker-
boys, und Lakomy sang »Heute fahr' ich nach Prag«. Ein wunder-
schönes, kleines Lied über eine Reise in die ČSSR, in dem die
Tankstelle Freienhufen und die Festung Königstein vorkommen,
viele Skodas und viel Bier.

Die Veranstaltung wurde mir immer fremder, aber in dem
Lied war ich Zuhause.

Ich bin kein Definitionsexperte. Und ehrlich gesagt, denke ich
auch selten in Kategorien wie Heimat.

Wenn ich aus dem Fenster auf den Alexanderplatz gucke,
denke ich nicht an Ljubljana oder Prag, sondern nehme mir an-
gesichts der vielen Autos vor, wieder mal mit dem Rad zu fahren oder ich denke: Richtig, du mußt noch mal zur Sparkasse.
Aber ich glaube schon, daß Heimat ein positives Wort ist. Ein
Ort, von mir aus ein idealer, an dem man sich wohl fühlt, zu
Hause fühlt. Es hat mit Stimmungen zu tun und mit Zeit. Mit
viel Zeit. Es hat mit Erfahrungen zu tun, die man gesammelt
hat. Und so ist es etwas ganz Persönliches.

Womöglich kann man Heimat schminken. Schönmachen. Der
Ernst-Busch-Chor schmettert, Cindy und Bert trällern, und der
Trabant lacht dazu. Aber Heimat ist nichts, was man lehren
kann, anordnen, einklagen oder ausrufen. Und abschaffen kann
man sie auch nicht.

Als ich erfuhr, daß die Fernsehzeitschrift *F. F. dabei* eingestellt wurde, mußte ich an einen Kollegen denken, der dort gearbeitet hat. Der Mann hatte den ersten Beitrag, den ich je für
die *Berliner Zeitung* schrieb, redigiert. Ich sollte eine Nachricht
über eine Ausstellung im Bezirksneuererzentrum verfassen und
kam mit einem komplett vollgeschriebenen Notizblock zurück.
Ich hatte sämtliche Neuerervorschläge von den Schautafeln
abgekritzelt, ich hatte 10 000 Wörter im Block und zehn Zeilen
Platz in der Zeitung. Ich schwitzte. »Nu bleib ma janz ruhig«,
sagte der Kollege, zündete sich eine Duett an und hackte mir
die zehn Zeilen in die alte mechanische Schreibmaschine, die er

immer benutzte. Er war ein netter, ruhiger Kollege, ein gemütlicher Spötter, der unsere Zeitung noch vor der Wende verließ, um zu einer Zeitschrift zu wechseln, die nach der Wende eingestellt wurde. Irgendwann landete er bei der *F. F. dabei*. Er zog mit ihr in andere Gebäude um, er sah zu, wie Kollegen neben ihm entlassen, ruhiggestellt oder in Heulkrämpfe getrieben wurden, er wechselte den Besitzer und das Profil. Zum Schluß wurde er von einem cholerischen Trinker regiert, für den der Osten aus Axel Schulz, Franziska van Almsick und Wolfgang Lippert bestand.

Wir haben uns in den letzten Jahren nur noch selten gesehen. Aber in diesen Momenten zählt das wenig. Wir haben zusammen Fußball gespielt, und er hat mich danach öfter mit seinem Trabant nach Hause gefahren, ich hatte kein Auto, nur eine Autoanmeldung, und einmal hat er mir vor meinem Hauseingang erzählt, daß er und seine Frau sich trennen werden. Wir haben Platten getauscht, unsern Chef verscheißert, uns zum Geburtstag besucht, und auf meinem Balkon steht noch eine Leiter, die er mir einmal geborgt hatte. Wir haben eine Zeit zusammen verbracht. Womöglich hat das wenig mit Heimat zu tun, aber für mich ist es das, was zählt. Das ist das, was letztlich übrigbleibt.

Ich fühle mich gelegentlich heimatlos. Aber ich brauche niemanden, der mir erklärt, wo meine Heimat ist.

Ich habe nie so richtig verstanden, wie einige meiner Kollegen die Städte wechseln können wie die Hemden. Ich erinnere mich noch gut, wie ich 1990 ein dreimonatiges Praktikum in Hamburg angetreten habe. Ich bin fröhlich aufgebrochen in die neue, große Welt, doch schon auf dem Hamburger Hauptbahnhof hatte ich so ein unwohles Gefühl. Meine Kollegen waren sehr nett, und bei der nettesten Kollegin habe ich gewohnt. Trotzdem habe ich manchmal abends todtraurig in meinem schönen Zimmer gesessen und gewartet, daß es endlich Freitag wird. In Berlin haben sie mich beneidet, und ich habe ihnen auch nicht erzählt, wie entwurzelt ich mir in Hamburg vorkam. Bestimmt, weil ich mir selbst nicht richtig erklären konnte, woran das lag. Vielleicht am Februar, vielleicht auch daran, daß 40 Jahre eine lange Zeit sind.

Sicher tue ich mich gelegentlich ein bißchen schwer dabei, mich auf die Dinge einzulassen. Aber wenn ich mich frage, wo und wann ich mich denn wirklich wohl fühle, dann fällt mir meine Wohnung zu Weihnachten ein. Und die Morgen, an denen ich in der Tiefgarage unseres Verlages noch eine halbe Stunde im Auto sitze, weil Robert Skupin und Volker Wiebrecht im Radio sind. Und der Moment, in dem im Kino der Vorhang aufgeht. Zuletzt war es der Moment, in dem ich Jacob Arjounis neues Buch zum ersten Mal aufschlug.

Es ist schwierig.

Ich will die DDR nicht wiederhaben und auf keinen Fall Egon Krenz, aber wenn ich so einen aufrechten Trabantfahrer neben mir sehe, dann wird auch mir ganz warm ums Herz. Ich bestehe darauf, daß mein Supermarkt Kaufhalle genannt wird und daß er mehrere Sorten Olivenöl führt. Neulich war ich im Maxwell, ein ziemlich vornehmes Restaurant in einem Hinterhof der Bergstraße in Mitte. Ich ging an verfallenen Häusern vorbei zu der Edelkneipe und fand, daß die Menschen, die dort drin saßen, alle gleich aussahen. Austauschbare, erfolgreiche Gesichter, die es witzig und spannend finden, sich zwischen Ostberliner Trümmern zu amüsieren. Und als ich später in einen Klospiegel guckte, stellte ich fest, daß ich genauso aussah wie sie.

Ich bin wohl ein wenig zwischen die Zeiten geraten. Und das hat nicht nur mit Osten und Westen zu tun.

Die ehemaligen FDJ-Funktionäre klatschten halbherzig, als Reinhard Lakomy die Bühne verließ. Der Diskjockey ermunterte sie lautstark zu »Zugabe«-Rufen. Es half nichts. Der spärliche Applaus versiegte, und der Diskjockey wußte, was sie wollten. Er legte »Sing, mei Sachse, sing« auf. Ich ging an ihm vorbei, hinter die Bühne, um Reinhard Lakomy zu fragen, wie er hierhin geraten war.

»Mensch«, sagte Lakomy, »dit war 'ne Mugge. Der Hartmut König hat mir gesagt, dit dit ein Fest der Junggebliebenen iss. Und gegen junggeblieben iss ja eigentlich nisct einzuwenden. Aber als ick dann die ganzen alten FDJ-Knacker gesehen hab', dachte ick, ick spinne. Ick war ja früher nicht mal in der FDJ. Ick war der einzige, der beim Fahnenappell immer im weißen Hemde dajestanden hat. Ick bin zwar ein Linker, aber mit denen hab' ick nisct am Hut.«

Warum aber hatte er dann überhaupt gesungen?

»Als ick da oben stand und die alle gesehen habe, dachte ick, spielen mußt du. Sonst gibt's keene Kohle.«

Ich sagte ihm dann nicht mehr, daß ich mich in seinem Prag-Lied wohlgefühlt hatte. Ich wußte nicht einmal, ob das stimmte.

Die Funktionäre im Saal tanzten ausgelassen zu »Du hast den Farbfilm vergessen« von Nina Hagen. Der Diskjockey rief ihnen zu: »So war's.«

Vor der Tür recherchierten Journalisten die letzten Fakten für ihre angewidert-belustigten Beiträge. Nina Hagen machte Werbung gegen Pelze. Auf dem Haus der Elektrotechnik brannte das Panasonic-Schild.

Die Heimat hatte sich schön gemacht.

Quellennachweis

Freitag nacht im Reich der neuen Mitte: entstanden für dieses
  Buch im Januar 1999
Die Poesie des Kommerzes: Erstveröffentlichung in der
  Berliner Zeitung (wie alle folgenden Texte) vom 2.3. 1996
Die verlorenen Revolutionäre: 30.11. 1996
Guten Morgen, Berlin!: 3.5. 1997
Rom fühlt sich nicht zuständig: 2.10. 1998
Im Osten geht die Sonne auf: 17.6. 1996
Pralinen welken nicht: 13.2. 1996
Ansonsten, wo soll man hin?: 27.4. 1996
Mißverständnisse in Rathenow: 29.8. 1998
Deutscher Ketchup ist gut: 27.12. 1997
Die Freude am Schachspiel: 26.11. 1998
Schabowskis Schuld: 23.8. 1997
Ein brauchbarer Held: 4.4. 1998
Der kritische Punkt: 13.1. 1996
Das einfache Lottchen: 7.6. 1997
Wodkatrinker unter Wodkatrinkern: 28.9. 1996
Wie groß ist Europa?: 14.9. 1996
Filzhüte in der Wüste: 27.1. 1996
Sankes erobern die Welt: 31.12. 1994
Die Heimat hat sich schön gemacht
  Michael Maier: F.F. vorbei: 17.2. 1996
  Alexander Osang: Heimatlos?: 24.2. 1996
  Michael Maier: Eigentlich wird es immer mehr: 2.3. 1996
  Alexander Osang: Eigentlich wird es immer weniger:
  9.3. 1996

Fotonachweis

Mike Fröhling: S. 86, 91

Harald Hauswald/Ostkreuz: S. 37 (2x), 41, 45, 47, 50, 52, 54, 57, 59, 123 (2x),

Max Lautenschläger: S. 90

Nicole Maskus: S. 143

Wulf Olm: S. 24, 97, 107, 110, 115, 139, 153, 155, 161, 167, 197, 204, 207, Einband: hintere Klappe und Rückseite

Alexander Osang: S. 175, 189, 213

Paulus Ponizak: S. 63, 66, 73, 80, 83, 133 (2x)

Maurice Weiss/Ostkreuz: Einband Vorderseite